# SCHULE BEI KRANKEN KINDERN UND JUGENDLICHEN

W0040265

# SCHULE BEI KRANKEN KINDERN UND JUGENDLICHEN

Wege zu Unterricht und Schulorganisation in Kliniken und Spezialklassen

herausgegeben

von

Christoph Ertle

1997

VERLAG JULIUS KLINKHARDT · BAD HEILBRUNN

Die Deutsche Bibliothek – CIP-Einheitsaufnahme

**Schule bei kranken Kindern und Jugendlichen** : Wege zu
Unterricht und Schulorganisation in Kliniken und Spezialklassen /
hrsg. von Christoph Ertle. - Bad Heilbrunn : Klinkhardt, 1997
ISBN 3-7815-0900-1

1997.9.d. © by Julius Klinkhardt
Gesamtherstellung: WB-Druck GmbH & Co. Buchproduktions-KG, Rieden
Printed in Germany 1997
Gedruckt auf chlorfrei gebleichtem alterungsbeständigem Papier
ISBN 3-7815-0900-1

Christoph Ertle (Hrsg.)

# Schule bei kranken Kindern und Jugendlichen – Wege zu Unterricht und Schulorganisation in Kliniken und Spezialklassen

## Christoph Ertle

## Sieglinde Schuldt

## Hans-Jörg Polzer

**Andrea Volk-Moser**

**Zwischen Zukunftshoffnung und Resignation - zur
Brückenfunktion des Unterrichts am Krankenbett**  . . .    57

**Eva Maria Birri-Dutschek**

**Diabetes mellitus bei Grundschulkindern
- Informationen für Eltern, Lehrer und Mitschüler**  . . .    77

# Christine Kotzian-Hörist

# Volker Schiffermüller

# Alexandra Fritz

# Gabriele Dörr

## Projektunterricht mit Grundschulkindern an der Schule einer kinder- und jugendpsychiatrischen Klinik

# Günter Hilff

## Zwischen Distanz und Nähe - aus der Arbeit mit Schülern der Sekundarstufe in einer kinder- und jugendpsychiatrischen Klinik

## Susanne Lock

## Marie-Louise Funk

## Christoph Ertle / Frieder Schmitt

# Christoph Ertle

# Die Schule für Kranke –
# „eine Brücke zum ganz normalen Leben"

Mit diesem Bild hat ein früherer Schüler einer Schule für Kranke die Aufgabe dieser besonderen Einrichtung gekennzeichnet. Es spricht manches dafür, diesem vermittelnden und hoffnunggebenden Signal zwischen Klinik und Draußen, zwischen außergewöhnlichem Leben und sogenanntem normalem Leben eine Bedeutung zuzuerkennen, die ganz individuelle Nuancen verliehen bekommt. Die in diesem Band versammelten Arbeiten zeichnen solche Brückenfunktionen in erstaunlicher Vielfalt nach; zugleich vermitteln sie den Eindruck, trotz einer ansehlichen Zahl gelungener Zugänge, doch immer wieder ganz am Anfang zu stehen, dort, wo Probleme, Ratlosigkeit und Konflikte das Feld beherrschen. Man mag dies dem bis heute noch wenig entwickelten Theoriebewußtsein, der erst in Ansätzen vorhandenen besonderen Didaktik und einer vielfach enorm eigenständigen und sensiblen praktischen Pädagogik am Krankenbett, in der Kleingruppe oder im Hausunterricht insgesamt als Zeichen von Mangel anlasten - andererseits gibt es nach meinem Eindruck wenige Bereiche von Schule und Unterricht, die in solcher Selbstverständlichkeit auf  ständiges Ausloten von Möglichkeiten für immer neue Anfänge pädagogischen Nachdenkens angewiesen sind.

Eine Brückenfunktion mag zunächst darin bestehen, den *Anschluß an den Kenntnisstand der Mitschüler* zu halten, eben auf diese Weise am "normalen Leben" der Schulklasse weiter teilzunehmen. Dann erscheint es ohne weiteres einsichtig, daß auch *Nachhilfe* das Ziel der Wahl sein kann, doch schafft bereits die völlig ungewohnte und vielleicht ersehnte Kleingruppe oder gar die 1 : 1 Beziehung einen besonderen Arbeitsrahmen. Vielleicht wirken dabei neben dem förmlichen Üben von Regeln, Abläufen auch psychodynamische Momente einer Übertragungsbeziehung mit, denen wir auf der Spur sind. In anderem Zusammenhang konnte R. Mack zeigen, welche psychischen Kräfte bei unterschiedlichen Angeboten an Problemkinder ins Spiel kommen, die er im Rahmen seiner Kooperationsarbeit Sonderschule - Regelschule betreut (MACK 1994, S.65 ff.). Für manche Kinder ist es eine völlig neue Lebenserfahrung, daß eine solche ausschließliche Beziehung zustande kommt, sie den Lehrer nicht wie sonst üblich mit vielen anderen teilen müssen. Das größere Gewicht  im Rahmen der Brückenfunktion dieser Schule mag indessen auf *Angeboten nach Plan* beruhen, der allerdings von einer doppelten Form von Gültigkeit regiert wird: verläßliches Festhalten an Verbindlichkeiten  des Bildungsplanes  und zugleich Bereitschaft davon abzugehen, je nach Situation, also einen eigenen Plan  der

Erkenntniserweiterung zu suchen und dessen Motivation zu begreifen. Es erstaunt, daß von der Mehrzahl befragter Schüler im Rahmen einer vom Forschungsprojekt "Schüler im Klinikum" an der Fakultät für Sonderpädagogik Reutlingen durchgeführten Untersuchung dem Lehrer nicht etwa allgemein entlastende Funktionen angesonnen werden, jedenfalls nicht primär, durchaus den Realitätscharakter der Schule gestärkt wissen wollen. Dieser soll zunächst sichergestellt, bewiesen, damit Stabilität garantiert sein. Dann mag das persönliche Thema dazukommen, aber eben ganz ausdrücklich in dieser Sequenz. Im Forschungsprojekt wird derzeit u.a. an der Frage gearbeitet, welche Inhalte und welche didaktisch - methodischen Überlegungen für den Unterricht an der Klinikschule besonderes Interesse beanspruchen können. Schon jetzt hat sich die Erfahrung bestätigt, daß die Schule innerhalb der Institution Klinikum ein Stück Realität zu garantieren vermag und dies im Genesungsprozeß eine nicht zu unterschätzende fördernde Rolle spielt.

Doch auch die umgekehrte Richtung eines sozialen und wissenschaftlichen Verkehrs über die Brücke Unterricht ist nicht zu übersehen. Dazu gehört in erster Linie die Information gegenüber der Regelschule, besonders der Klassenkameraden über die Lebensbedingungen kranker Mitschüler, zumal mit lebenslangen Beeinträchtigungen und bei Kindern und Jugendlichen mit begrenzter Lebenserwartung. Ergänzend kommt hinzu, daß der Kunstweltcharakter der sogenannten Realität Draußen spätestens dann in Zweifel gezogen werden kann, wenn an Ort und Stelle Einblick in das Leben innerhalb der Institution Kinderklinik möglich wird. Hier wird mit Nachdruck auf die Möglichkeit der Projekttage verwiesen , die seit Jahren immer wieder als Chancen für neue Lernfelder herausgestellt und auch von Schulen wahrgenommen werden.

Schließlich ist noch eine dritte Brückenfunktion zu nennen - sie betrifft die *Arbeit in Spezialklassen*. Auch davon ist im Buch die Rede. Angesiedelt zunächst im Rahmen einer der üblichen Schulen, in unserem Fall der Sonderschulen, machen sie auf ein Problem - und Arbeitsfeld aufmerksam, das vermutlich den gleichen Weg gegangen wäre wie andere Innovationen auch - sie wäre über eine eigene Sonderschule tüchtig organisiert worden, das Problem wäre gebannt gewesen. Spezialklassen haben, zumal solange sie noch im Verbund einer so heterogenen Schule wie der Schule für Kranke bleiben können, die Chance, die Verbindung zur Regelschule zu halten. Kommt dann die Bereitschaft dazu, sich auch Praktikanten gegenüber zu öffnen, die wißbegierig sind und Anregungen mit in ihr Studium nehmen, dann bleibt die Brückenfunktion erhalten: Schulen machen unruhig und gespannt, sie halten die Frage offen, ob denn Problemkinder wirklich einer weiteren Sonderschule zuzuweisen sind, oder ob nicht die Regelschule über verlorengegangene Fragen und mögliche pädagogische Antworten nachzudenken hätte.

Es gehört zum allgemeinen Verständnis über den Zusammenhang von Beruf, bzw. beruflichem Handeln und vorausgehender Ausbildung, daß dies nach einem Plan inhaltlich und formal überschaubar geregelt ist. Lehrämter für einzelne Schularten und Schulstufen bilden hier keine Ausnahme; sie gründen auf Studiengängen mit staatlichen Abschlüssen, in denen Wissensbestände, dann auch Lerninhalte des künftigen Berufsfeldes, deren Vermittlung an die Schüler und Vorstellungen über Bildungstheorie und Schulorganisation wesentliches Gewicht haben.

Immer wieder im Verlauf der Lehrerbildung gab es Anstöße zur Veränderung dieses scheinbar sicheren, planbaren und stimmigen Zusammenhangs, um Ausbildung und Erfordernisse des pädagogischen Alltags von Zufälligkeiten zu befreien, um neue Erkenntnisse aus wissenschaftlichen Untersuchungen in den Dienst verbesserter Praxis zu stellen und um Lehrern Spielräume zu eröffnen, die eigener Kreativität Impulse verleihen können. Besonders nachhaltig wirkten die Erschütterungen gegen Ende der sechziger Jahre auf die Diskussion in der Pädagogik, als mit SAUL B. ROBINSOHNS Vorstoß "Bildungsreform als Revision des Curriculums" der Anspruch erhoben wurde, aus "Beliebigkeit aus pädagogischem oder politischem Dezisionismus heraus," das Bildungswesen "in Formen eines rationalen gesellschaftlichen Konsens" zu heben. Damit sollte Unterricht in Inhalt und Verfahren dem Dialog unterworfen, mithin die Ausbildung der Lehrer aus lähmender Tradition befreit und mit ständiger Revision konfrontiert werden. Trotz dieser Bemühungen um Anstöße für kritische Diskussion und manchen Veränderungen blieben Ausbildungsgänge und Schularten insgesamt mehr oder weniger direkt einander zugeordnet; Spielräume für neue Erfahrungsbereiche, so z.B. ob Laien nicht genauso gut lehren können wie ausgebildete Lehrer oder Überlegungen zu einem sozialpädagogischen Element in der Regelschule, wurden nur zögernd erschlossen.

Bei diesem insgesamt überschaubaren und ordentlichen Zusammenhang von Ausbildung und Anwendung tanzt eine Schulart, die sowohl in den gesetzlichen Vorgaben der Länder als auch in Verlautbarungen der KMK ihren Platz hat, aus der Reihe: die Schule für Kranke. Dabei läßt ihr offizieller Name, ergänzt um die Zuordnung zu den Sonderschulen - so auch in der revidierten Fassung der KMK-Rahmenempfehlungen - die übliche Abhängigkeit zwischen Ausbildungsgang und Schultypus zunächst durchaus erwarten. Bei näherer Betrachtung indessen ist fast alles anders und in so unterschiedlicher Form ausgeprägt wie bei keiner anderen Schulart hierzulande.

Die unterrichtliche Versorgung kranker Schüler in den Ländern der Bundesrepublik wirkt eigenartig zufällig organisiert und von Vorstellungen bestimmt, die sich um die pädagogischen Aufgaben an kranken Kindern und deren Praxis kaum groß geschert haben. Die Ergebnisse einer kürzlich durchgeführten Untersuchung zum Stand der Beschulung kranker Kinder in der Bundesrepublik

13

lassen Varianten von Unterricht erkennen, die solche Zufälligkeit praktisch demonstrieren. Eine bunte Vielfalt an Lösungen tut sich da auf: von "fliegenden" Lehrern aus Regelschulen, abgeordnet für einzelne anfallende Lektionen, über die "Ein-Lehrer-Schule" als ständiger Schulstelle in der Klinik bis zum differenzierten Kollegium einer Schule für Kranke als Sonderschule, in der Lehrer aller Schularten versammelt sind. Doch nicht nur die quantitative Erhebung zeigt erstaunliche Unterschiede - die Schranken herkömmlicher Schularten und die oft geradezu beschworene Passung von erworbenem Lehrerpatent und Schulart als Arbeitsfeld erscheinen nur bedingt gültig. So, als seien alle wohlbegründeten Weisheiten über Planung, methodische Überlegungen und altersgemäße Stoffauswahl außer Kraft gesetzt, erweisen sich in dieser Schule ganz andere Elemente als bestimmend für das, was allgemein als Voraussetzung für Unterrichtserfolg betrachtet wird.

Man wird indessen bei einer weiteren Betrachtung noch davor anzusetzen haben und fragen, ob Schule und öffentliche Erziehung ihre gesetzliche Aufgabe suspendieren, wenn Kinder und Jugendliche krank sind, oder umgekehrt gefragt, ob Schule nicht gerade dann gebraucht wird, wenn es um die Stabilisierung von Gesundheit geht, ob der Erwerb von Fertigkeiten und Schulwissen sich nicht aus dem Kontext von Schulverdruß lösen müssen und zu ganz neuen Lebensperspektiven Wege eröffnen können. Vielleicht wird man auch dem Gedanken von Nachhilfe, meist im Umfeld einer mehr oder weniger verächtlichen Einschätzung von Unterricht, Lehrtalent und Schulbegabung angesiedelt, neuen Sinn abgewinnen, wenn es gelingt nach der Bedeutung dessen zu fragen, was, als Nachhilfe angeboten, eben dies für das einzelne Kind persönlich bedeutet. Soweit wir bis jetzt sehen, haben wir uns an einer ganzen Reihe von Positionen auf solche veränderten Bedeutungen einzurichten. Das eingehende Studium der Schule für Kranke verspricht spannend zu werden !

Da drängt eine schwerkranke Schülerin der Sekundarstufe II darauf, im Unterricht am Krankenbett unregelmäßige lateinische Verben durch alle Zeiten zu konjugieren; sie möchte dazu von der Lehrerin abgehört werden und hinterläßt den Eindruck, als verhandele sie dabei das Thema ihrer Zeitlichkeit. Der ausdrückliche Wunsch, neben indikativischen Formen auch den Konjunktiv miteinzubeziehen unterstreicht diesen möglichen Hintergrund. Nicht die fachliche Ausgewiesenheit der Lehrerin in Klassischer Philologie war entscheidend für den höchst lebendigen Unterrichtsverlauf und schon gar nicht angelerntes Wissen über die Psychologie der Pubertät, sondern die innere Bereitschaft der Lehrerin, sich vom drängenden Interesse der Schülerin geradezu anstecken zu lassen, dabei selbst am Formenreichtum lateinischer Grammatik Interesse zu entwickeln und selbst lernen zu können.

Es wäre auch vorstellbar gewesen, auf den Abwehrcharakter gegenüber dem bedrückenden Erleben schwerer Krankheit, der sich im drängenden Lernwunsch abbildet, ausführlich und über längere Zeit einzugehen und der Schülerin die unbewußte Motivation für das Thema "Gegenwart, Vergangenheit und Zukunft" zugänglich zu machen. Voraussetzung dafür wäre allerdings die Begleitung solchen Unterrichts etwa über ein Fallseminar, günstigenfalls in einer Balintgruppe. Und diese wiederum könnte kaum erfolgreich arbeiten, wenn nicht Angst und deren Abwehr ein Thema sein könnte, dem sich ein Kollegium ausgesprochen interessiert zuwenden mag. In unserem Beispiel beschränkte sich die Lehrerin darauf, sich vom Elan ihrer Schülerin beflügeln zu lassen, den sie zeitweise für nahezu erloschen erachtet hatte. Vielleicht gibt es am Krankenbett Unterricht, der mit gegenseitiger Vitalisierung zu tun hat. Entscheidend für die Zuwendung an das Segment Latein war wohl auch, daß eben darauf das primäre Gewicht gelegt wurde - und die Lehrerin folgte dieser Spur ohne schlechtes Gewissen gegenüber Bildungsplan und Stoffverteilung.

Oder: Der "Heißhunger" einer Hauptschülerin auf alles Wissenswerte über Sizilien, ihre Heimat, nötigt dem Lehrer ungewöhnliche Aktivitäten ab, mit denen er sich in großer Anstrengung Materialien beschafft, auch weil er den Eindruck gewonnen hat, viel Zeit bleibe nicht mehr: das Abschiednehmen von Vertrautem, von Städten, Bergen und Tieren. Plötzlich ist ihm seine Fakultas nicht mehr wichtig, er erschließt sich und der Schülerin neue Zusammenhänge und wundert sich dann kaum noch über seinen Elan, mit dem er sich neuen Wissensbereichen zuwendet.

Die im Band vorgestellten Beiträge zeigen auf ganz unterschiedliche Weise, wie Wege zu kranken und schwierigen Schulkindern und Jugendlichen führen können, dorthin, wo über die Entschlüsselung rätselhafter Motivation Zugänge gefunden werden und auch, wo scheinbar offene methodische Modelle wie projektorientierter Unterricht als Chance verstanden und angenommen werden. Manches wirkt auf den ersten Blick selbstverständlich, fast lapidar, einfach oder klar, wobei dabei der Rahmen außerhalb der Betrachtung bleibt, der den Unterricht in der Schule für Kranke wesentlich bestimmt: Schule ist Institution *in* einer anderen Institution. Gerade deshalb sind die Rahmenbedingungen zu beachten, die Schule überhaupt erst möglich machen. Was unter Regelbedingungen selbstverständlich ist, gerät zum anstrengenden Suchen, z.B. nach Arbeitsbedingungen für kontinuierliche Angebote, die zugleich von Tag zu Tag gefährdet sind, die aber auch, wenn sie auf Resonanz stoßen, neue Anfänge voll Hoffnung stiften können. Deshalb haben die Beiträge eher formaler Prägung wegbereitenden Charakter. Ohne Fragen nach der Organisation von Unterricht in einer Schule mit mehreren Standorten (*S. Schuldt*), nach dem Sinn amtlicher Richtlinien und ihren Vorgaben für den Unterrichtsalltag (*H. J. Polzer*), nach der Geschichte einer Schule in einer Klinik und ihrem sich wandelnden Selbstverständnis des Lehrers (*G. Hilff*) und nach der allgemeinen Situation der Schule für Kranke im Vergleich der Bundesrepublik in den neunziger Jahren (*A. Volk-Moser*) sind Antworten für den Unterrichtsalltag nicht zufriedenstellend zu finden.

Oft erscheint Bekanntes und Vertrautes auf den Kopf gestellt: Das individuell ausgeprägte existentielle Grundthema macht Schüler zu Entdeckern neuer Fähigkeiten bei sich selbst und beim Lehrer; die im Studium erworbene und per Examen überprüfte Fakultas, jahrelang nur in zufälligen Ausschnitten erprobt und geschätzt, erhält neue Impulse, weil andere Bereiche brennende Aktualität bekommen. Und was bedeutet Aktualität in diesem Zusammenhang? "Aktuell" mag bedeuten "jetzt unmittelbar stärkend", oder "jetzt Gegenstand von Bewährung, lebensnotwendig, um die Kränkung des Körpers durch Krankheit oder Unfall über schulische Leistung in Gegenwart eines Lehrers wenigstens ein wenig zu kompensieren". "Aktuell" mag auch bedeuten, daß die günstige Lehrer-Schüler-Relation, - in der Regelschule utopisch - sich als unbekannte und einmalige Situation erweist, mit Lernwunsch und dessen Nuancen von Arbeitswegen und erworbenem Können auf einen Lehrer zu treffen, der, wenn auch nur vorübergehend, einem einzelnen Schüler ungeteilt zur Verfügung steht.

Unterricht in der Klinikschule bietet die Möglichkeit, endlich ausprobieren zu können, ob die bei Grundschülern halbwegs geduldete, bei Sekundarschülern als störend verurteilte Verknüpfung von persönlichem Erleben und Erwerb von Faktenwissen nicht tatsächlich Modell für Lernen sein könnte. Es muß doch bedenklich stimmen, daß solche Lernwege, die inzwischen in wissenschaftlichen Untersuchungen bestätigt werden konnten (vgl. S. GRUEHN 1995, S. 531 ff.), offenbar zu persönlichen Erfahrungen nur unter Bedingungen von Krankheit werden können; dies dann auch noch, daß der Lehrer solche jähen Übergänge von einer Lernebene in die andere, im weiteren "Brüche" genannt, nicht nur nolens, volens hinnimmt, sondern sie als konstituierendes Merkmal von Unterricht in seine Vorbereitungen miteinbezieht.

Der Bericht von *C. Kotzian-Hörist* vermittelt einen ungewöhnlichen Zugang zu einer kranken Schülerin: Unterrichtsvorbereitung wird zum Entfalten von Phantasien über ein Kind, zum Abwägen möglicher und unmöglicher Ideen, zum Erfinden einfacher Verständigungstechniken, mehr noch, die Lehrerin übernimmt z.T. an Stelle der Schülerin deren Aufgaben. Vielleicht sind gerade Phantasien der Lehrerin Antworten auf Phantasien des Kindes, das nicht mehr sprechen kann, bewegungsunfähig und mit düsterer Perspektive für seine Gesundung vor ihr liegt? Doch weshalb soll das vitale 7-jährige Mädchen, das es vor dem gräßlichen Verkehrsunfall gewesen war nicht weiterleben und das kranke Kind von heute damit am Leben erhalten? Ist es vorstellbar, daß gerade aus diesem Beispiel für eine "Pädagogik letzter Hoffnung" Anstöße auch für den Unterricht der Regelschule erwachsen können, Lehrer ermuntert werden, das Wagnis einzugehen, Schüler mit ihren Phantasien zu begleiten und daraus kreative Prozesse entstehen? Ist es auch vorstellbar, daß solches Begleiten nicht zu einem Verfolgen sich entwickelt ? Kranke Kinder als eine große Chance, der allgemeinen Pädagogik neue Anstöße zu geben, mithin Beleg für die Bedeutung sonderpädagogischer Überlegungen für die Regelschule ? Solche Überlegungen sind angesichts dieser Arbeit nicht mehr fremd. Allerdings läßt diese pädagogische Arbeit auch erkennen, wie sehr Gelassenheit mit gründlicher didaktischer Erfahrung gepaart sein muß, um wirklich zuverlässig beurteilen zu können, wo Chancen an ein Ende gekommen sind und andere sich auftun.

Kunstunterricht mit Schülerinnen einer kinder- und jugendpsychiatrischen Klinik - eine Gruppe, schweigsam, herausfordernd, inaktiv und lähmend langweilig, eigentlich Beweise für die Randstellung eben dieses Faches ? Solchen Unterricht muß man, zumal unter erschwerten Bedingungen, niemanden zumuten! Allerdings, hier mutet keiner dem anderen etwas zu, hier drängt niemand, es bleibt Zeit, niemand pocht auf Leistung. Behutsam begleitet die Lehrerin, kommentierend, das allmähliche Entstehen einer Idee von Arbeitsvorhaben. Nichts wird vorschnell "organisiert" und damit im Entstehen bereits "weggenommen" - die Schüler können mit ihren Vorstellungen allein sein, diese prüfen auf Vermutungen über längeres Bestehen und dann deren Realisierung überdenken. Hier ist dann die Lehrerin bereit, mit Vorschlägen zu Material und Techniken Ratschläge zu geben. Der Beitrag von S. Lock zeigt, wie der Autorin ein Kampf gegen das "rätselhafte Schweigen" - so nennt sie es selbst - aufgedrängt wird; eine Entsprechung hätte vermutlich zu Verhärtung und frühem Ende produktiver Arbeit geführt. Es gelang ihr, sich den Schülerinnen als "container" anzubieten und zuzulassen, daß sich deren abgewehrte aktive Anteile in ihr "psychisch erholen" und dann zurückgegeben werden können. Offenbar konnten die Schülerinnen daraufhin ihre eigenen kreativen Anteile auf dem Umweg über die Lehrerin annehmen und kreativ nutzen. Auch dieses Beispiel legt nahe, das zugrundeliegende Modell Bions von container und contained auf den Unterricht der Regelschule zu überdenken.

Die Diskussion in den Klinikschulen kreist seit längerem immer wieder, - allerdings viel zu wenig engagiert geführt -, um die falsche Alternative Einzelunterricht *oder* Gruppenunterricht. Aus der genannten Erhebung geht hervor, daß beide Unterrichtsformen begründet vertreten und gefordert werden: Schule ist auch in der Klinik zunächst eine soziale Veranstaltung, die Gruppe als Schulklasse die Form der Wahl, Einzelunterricht freilich dort anzubieten, wo die Vorgaben der Klinik dies erforderlich machten. Vielfach hat inzwischen Einzelunterricht das weitaus größere Gewicht bekommen, gelegentlich noch in der Variante einer Kleingruppe von zwei Schülern und einem Lehrer. Wesentliche Gründe liegen in den z.T. sehr ungünstigen räumlichen Voraussetzungen, die Unterricht am Krankenbett eindeutig favorisieren, weil es keine Schulräume gibt. Oder auch, die Schule sucht ihre Schüler auf der Station auf, weil zwar Räume vorhanden, diese aber für bettlägerige Patienten unerreichbar sind. Diese Fakten machen gut einsichtig, wie wenig Spielraum für Improvisieren hier bleibt und andererseits, wie Unterricht auf Improvisieren angewiesen ist. Allerdings, die ungünstigen Voraussetzungen haben vielfach dazu geführt, den bequemen Weg zu gehen und mögliche, wenn auch beschwerliche Formen von Kleingruppenbeschulung gar nicht mehr ins Auge zu fassen. Gewiß kann es nicht in Frage kommen, entgegen ärztlicher Indikation Schüler gemeinsam zu unterrichten, etwa, wenn Infektionsgefahr besteht, aber die Klinikschule muß sich der Frage stellen, ob alle Möglichkeiten erwogen sind, den wichtigen Gruppenunterricht auch für Schüler aus unterschiedlichen Stationen anzubieten. G. *Dörr* hat versucht, in einer altersheterogenen Klasse Unterricht mit projektähnlichem Charakter anzubieten, um auch bei Kindern aus einer kinderpsychiatrischen Klinik Ansätze produktiven und produktorientierten Lernens zu erproben. Wenn ich das Vorhaben recht verstehe, hat nicht nur die üblicherweise als Begründung herangezogene Geduld der Lehrerin entscheidend zum Erfolg der "Stationszeitung" beigetragen, sondern vermutlich genauso das intendierte und immer erneut vorgetragene Ziel, das Produkt auf der Station zu verkaufen. Vielleicht bestätigt sich hier, was aus Schulen für Erziehungshilfe seit langem bekannt, aber kaum je auf die heimlichen Motive hin untersucht worden ist: daß nämlich Kinder unter Bedingungen maximaler Fremdversorgung zwar manchen Ausgleich für erlittene Entbehrungen an basaler Lebenssicherung im Elternhaus erhalten mögen, vielfach aber überdeckt wird, was Kinder selbst zu leisten in der Lage sind, gerade wegen, oder auch trotz widriger äußerer Umstände (vgl. HELBIG 1977, S.19ff; ERTLE 1991, S. 616 ff.; FRANZ 1994, S. 18 ff.). Es sollte nicht übersehen werden, wie kränkend gerade umfassende Versorgung erlebt werden kann, zumal dann, wenn die subjektive Bewertung von Krankheit nicht mit körperlicher Schwäche, Schmerzen oder Verlust bzw. sichtbarer Beschädigung eines Körperteils verbunden ist, sondern mit Auffälligkeit, Schulversagen oder der Trennung von Eltern und Geschwistern. Es liegt nahe, in der trotz fortbestehender psychischer Irritation in allen Ausprägungen der Krankheitsbilder der Schüler gerade im gemeinsam erarbeiteten Produkt ein Äquivalent für fortbestehende und durch Schule am Leben erhaltene Kreativität zu sehen.

Diese Aufgabe von Schule im Klinikum kommt bei *V. Schiffermüller* besonders zum Ausdruck. Sein autobiographischer Bericht, ergänzt um Ergebnisse einer Befragung, macht nachvollziehbar, wie wichtig Unterricht in Zeiten existentieller Krisen sein kann: Unterricht als Garant für das Fortbestehen der Realität außerhalb, als Gegenpol zur Klinik mit ihren Merkmalen einer Kunstwelt und Unterricht ergänzend zur Nachhilfe als Angebot für die Zeit danach. Daß seine Schule für Kranke es möglich gemacht hat, entsprechend den KMK-

Richtlinien, nicht nur Noten zu erteilen, sondern auch Teile der Abiturprüfung abzunehmen, zeigt noch von einer anderen Seite die Farbigkeit der Klinikschule als einer Gesamtschule en miniature. Schule in der Klinik ist das eine, Stammschule draußen als Ort, an dem sich Klassenkameraden und Lehrer versammeln, ist das andere. Schiffermüllers zweiter Schwerpunkt macht unübersehbar deutlich, wie dringend nötig die soziale "Veranstaltung Schulklasse" als vertraute Gruppe ist, und, gerade in Zeiten besonderer Not, auch bleibt. Die diskreten bis offenen Formen von Rückzug und Abwendung, von peinlichen bis nachvollziehbaren Begründungen dafür rufen eindringlich in Erinnerung, wie nötig Sonderpädagogik in einem Bereich allgemeiner Pädagogik vor der Haustüre ist und dort dauerhaft verankert werden muß.

*E.M.Birri-Dutschek* kann diese Notwendigkeit umfassender Aufklärung von Lehrern und Eltern mit ihrem Bericht über den Diabetes mellitus bei Kindern im Grundschulalter belegen. Fast noch mehr erscheint hier Sonderpädagogik dringend erwünscht, weil diese Kinder weniger sichtbar "krank" oder gar körperlich gezeichnet sind, sondern, im Gegenteil, angeblich besondere Vorrechte genießen, so z.B. Essen im Unterricht, Befreiung von besonderer körperlicher Anstrengung, häufige Gegenwart der Mutter. Daß die Bindung an die Mutter, die gerade in einer Zeit beginnender Loslösung in Gestalt der schulischen Sozialisation erfolgt, lebenserhaltend notwendig, wenn auch gänzlich unerwünscht ist, wird von Außenstehenden kaum gesehen. Nicht weniger schlimm sind die begleitenden schwarzen Phantasien über die Genese oder Hintergründe der Erkrankung. Die Aufgabe der Klinikschule liegt hier im Vorfeld ihrer Einrichtung; Schule wird zur beratenden Institution, angegliedert als Beratungsstelle an die Klinikschule und mit einem Stundenpool ausgestattet, um diese wichtige Vermittlungsfunktion in den Stammschulen der Klinikpatienten zu leisten, vorbereitend und bei Bedarf auch krankheitsbegleitend.

Ähnlich ist der Ansatz bei *A. Fritz* zu sehen, wenn die Klinik bei Kindern mit Krebserkrankungen Mitschüler und Lehrer informiert. Hier jedoch wird der Kontakt zwischen der Schule für Kranke und der Stammschule in einer Reihe von Modellen systematisiert, vor allem gewinnt der "Integrative Hausunterricht" als bemerkenswerter Beitrag der Wiener Heilstättenschule in dieser vergleichenden Darstellung besonderes Gewicht. Der Kliniklehrer übernimmt dabei den Hausunterricht des kranken Schülers, hält die Verbindung zur Stammschule und betreut auch dann wieder, wenn erneuter Klinikaufenthalt notwendig wird. Ein zweites Moment kommt hinzu: Nicht nur die Schule wird im Regelschulbereich tätig und informiert, so wie es bereits von E.M. Birri-Dutschek gezeigt werden konnte - die Regelschule geht den umgekehrten Weg und nimmt das Angebot der Klinikschule wahr, indem Projektunterricht ins Klinikum verlagert und dabei für viele Schüler ganz unbekannte Eindrücke und Informationen vermittelt werden. Klinik und Klinikschule werden zum Unterrichtsgegenstand , der dazu beizutragen mag, einer vielfach angstbesetzten Institution mit mehr realistischen Gefühlen zu begegnen. Klinikschule bekommt damit eine erweiterte Funktion, indem sie neben ihrer naheliegenden Aufgabe sich auch um Unterricht außerhalb ihrer vier Wände kümmert und neben Informationen der Regelschule ihre Türe für Unterricht über ihre Aufgabe öffnet. Mit dem Hinweis auf das Schicksal der Geschwisterkinder erkrankter Schüler und mit dem persönlichen Dokument einer Schülerin erweitert A. Fritz den unmittelbaren schulischen Bereich. Damit weist sie über den schulisch-didaktischen Bezug hinaus und kann zeigen, wie Unterrichtsthemen ständig von persönlichen Themen überlagert sind, ohne deren gebührende Berücksichtigung Schule zu einem Vorgang ständiger Abwehr von Phantasien über existentielle Bedrohungen werden muß.

Rezepte für die Gestaltung dieser häufig zentralen Situation im Klinikunterricht kann es nicht geben. Allerdings liegen zuverlässige Angaben aus unterschiedlichen Klinikschulen darüber vor, wie die Bereitschaft des Lehrers, sich auf "Brüche" im Unterricht einzustellen, darin nicht Störung, sondern Voraussetzung für schulischen Dialog zu sehen, entscheidend ist. Es zeigte sich nämlich ein wesentlicher Zusammenhang zwischen Offenheit für Angstthematik in unterschiedlicher Ausprägung auf der Seite des Lehrers und Motivation auf Seiten des Schülers, sich überhaupt auf Themenangebote einzulassen. *A. Volk-Moser* kann in ihrem Beitrag auf eigene Erfahrungen verweisen; die Ergebnisse der bereits genannten Untersuchung zum Schwerpunkt "Unterricht mit kranken Schulkindern" lassen Vergleichbares erwarten. Wenn auch eine solche doppelte Unterrichtsführung relativ leicht in eine pure Strategie münden kann, sich damit der Eindruck von Machbarkeit aufdrängt, so erscheint es dennoch vertretbar, sich auf einen Themenbereich "Fragen persönlicher Bedeutung" einzustellen. Auch hier bleibt offen, ob nicht eine wichtige Brücke zur Didaktik der Regelschule zu schlagen wäre, denn wer mag dort prinzipiell geringere Bedeutung bedrängender persönlicher Fragen vermuten?

Wie dringend sich die Krankenpädagogik, zumal mit dem Anspruch eines psychodynamischen Verständnisses von kindlichen Auffälligkeiten, um die Gruppe sog. autistischer Kinder kümmern muß, zeigt der Bericht von *M. L. Funk.* Er fußt zunächst ähnlich, wenn auch breiter angelegt wie bei A. Fritz, auf der Kooperation mit der Wiener Heilstättenschule, wiederum auf dem Modell einer speziellen Beschulung von Kindern in besonderen Lebenslagen. Während dazu die Theoriediskussion aufgenommen wird, sucht die Autorin ihren Weg eines Verstehensprozesses und für pädagogisches Handeln zwischen dem vorgefundenen Verfahren verhaltenstherapeutischer Einzelmaßnahmen und dem Modell einer Schule für psychotische Kinder, dem Bettelheim'schen Vorbild nachempfunden, so, wie sie es eigentlich gerne verwirklicht sehen möchte. Vielleicht ist dieser Bericht der am wenigsten abgeklärte, in sich abgeschlossene, am deutlichsten mit Unsicherheit lebende, zeigt er doch immer wieder die Grenzen überzeugender Praxisdokumente. Doch gleichzeitig wird der Leser unmittelbar an den rätselhaften Alltag autistischer Kinder herangeführt ohne mit falschen Lösungen abgespeist zu werden. Der Leser bleibt, zusammen mit der Autorin, neugierig zurück, gewiß auch unzufrieden angesichts unfertiger Konzepte und nur weniger,kleiner Schritte auf Kinder zu - man wüßte gerne mehr, was sich hinter Schweigen, plötzlichem Schreien und jenen selbstschädigenden Handlungen verbirgt, die der Lehrer dann nur, mäßigend, unterbrechen, kaum aber kurzfristig auf ihren Hintersinn erforschen kann. Einmal mehr macht diese Praxis auf die unerläßliche Ergänzung eines Schulkonzepts durch Anleitung über fachliche Hilfe aufmerksam, die durch interne Gespräche nicht ersetzt, allenfalls hinausgeschoben werden kann. M.- L. Funk stellt sich immer wieder ihren Zuständen von Ohnmacht, gelegentlich läßt sie sich auf beginnende Trauerprozesse über nicht zustandegekommene Beziehungen ein, über die der Leser wenig im Detail erfährt, - die ihn auch wenig angehen -, und die doch neue Wege oder überhaupt Wege zu Kindern erst möglich machen. Es überrascht, wie oft die Lehrerin die Fingerzeige der Klassenkameraden autistischer Kinder für ihren Unterricht nutzen kann.

In einer Schrift programmatischen Charakters haben A. Freud und Th. Bergmann auf die Situation kranker Kinder und deren wechselnde Motivationslagen in den unbewußten Phantasien und in den Ausdrucksformen aufmerksam gemacht. Vieles davon finden wir in den vorliegenden Beiträgen aufgenommen, z.T. in andere Richtungen vertieft; manche Überlegungen A. Freuds können darüberhinaus Anstöße geben und auch in diesem besonders sensiblen Bereich pädagogischen Alltags verändertes Nachdenken auf den Weg bringen. Ganz selbstverständlich ist die Krankenpädagogik für die Autorinnen ein Bereich, in dem sich die Psychoanalyse in angewandter Form als hilfreich erweist, so, wie dies „auf Erziehung und Unterricht der Gesunden, auf die Fürsorge, Behandlung und Pflege der Gestörten oder Kranken, auf die Schwierigkeiten der Verwaisten, Verwahrlosten und Delinquenten" in vergleichbarer Weise zutrifft (Freud, Bergmann a.a.O, S. 3). Wenn es die Pädagogen lernen könnten, die Ängste ihrer Schulkinder und die Formen von deren Abwehr, etwa in Gestalt von Gefügigkeit, von Übereifer, in Gestalt von Auflehnung über Einstellung zu den Themen Hoffnung und Resignation wahrzunehmen und dies den jüngeren Patienten gegenüber erkennbar werden lassen, dann bieten sich Chancen, Unterricht im Klinikum als realistische Chance auch für neue Erfahrungen zu nutzen. Auf diesen Zusammenhang machen einige Textstellen aufmerksam, wenn unter dem Stichwort "Schulunterricht im Krankenhaus" u.a. ausgeführt wird: Es gehe zunächst darum, "mit den Altersgenossen Schritt zu halten" (S. 9, auch S. 42 und S.54), dann wird die enorme stabilisierende Funktion von Schulklassen gerade auch in Zeiten von Krankheit audrücklich anerkannt (S. 63).

Schließlich vermag Unterricht die innere Verarbeitung von Krankheit über autobiographische Notizen zu stärken (S. 63). Soweit treffen A.FREUDS und TH.BERGMANNS Folgerungen weitgehend auf entsprechende Begründungszusammenhänge in der pädagogischen Argumentation. Dort allerdings, wo im Drängen kranker Schüler auf ganz spezielle Techniken oder Unterrichtsthemen mit beinahe monomaner Tendenz nur Bewunderung über hohe Begabung gesehen wird, der naheliegende,gleichwohl verborgene Abwehrcharakter außer acht bleibt, ein mögliches Kindheitstrauma und seine kunstvolle Umschreibung damit niemand zur Kenntnis nimmt, kann es zum Zusammenbruch, im schlimmsten Fall zu einer Krise mit suizidalem Ausgang kommen (S.65 ff.). Einmal mehr zeigt dieses Beispiel, wie wesentlich fachliche qualifizierte Anleitung für das Lehrerhandeln in diesem extrem belastenden Arbeitsfeld ist.

Konsultiert man Programme von Fortbildungsveranstaltungen für Lehrer an Klinikschulen und bezieht dabei auch Ergebnisse der vergleichenden Pädagogik mit ein, so zeigt sich, daß neben Fragen zur Schulpraxis und zur Stellung der Schule für Kranke innerhalb des Klinikums die Themen vor allem um Fragen nach der Lehrerpersönlichkeit kreisen. Damit wird eine Diskussion aufgenommen und in das Feld Klinikschule übertragen, der sich die pädagogischen Berufe zunehmend mehr ausgesetzt sehen und, in unserem Fall, auch nachdrücklich stellen. Zu einem der ersten Foren der Lehrer an Klinikschulen geriet die Tagung in Vorderbüchelberg 1991. Die dort versammelten Teilnehmer wandten sich erstmals dem Themenbereich "Qualifikation und deren Merkmale" zu; es entstand damals die erste Fassung eines Papiers, das dann beim II. Kongreß Europäischer Krankenhauslehrer, Wien 1992, breite Beachtung fand. Über die schulinterne Diskussion hinaus war es damit gelungen auch international auf das Thema aufmerksam zu machen. Und dabei zeigte sich, daß die überschaubare Zahl der Kliniklehrer in Europa, zumal in den EG-Staaten, von vergleichbaren Themen umgetrieben wird. Hatte der I. Kongreß, Ljubljana 1988, einen Anfang gesetzt und die besonderen Aufgaben der Kliniklehrer erstmals öffentlich und international artikuliert und der genannte II. Kongreß die Basis der Erkenntnis vor allem in der Schulpraxis und deren Nuancen in den einzelnen Typen von Krankenhäusern verbreitern können, gelang es dem III. Kongreß, Uppsala 1996, die Konsolidierung der Schule für Kranke und den Status des Kliniklehrers weiter theoretisch voranzutreiben. Dies gelang auch deshalb, weil sich seit 1992 in der Gestalt von HOPE (Hospital Organisation of Pedagogues in Europe) eine internationale Vereinigung mit einer an EG-Maximen orientierten formalen Vereinssatzung etabliert hat. Es finden inzwischen kaum noch Arbeitstagungen ohne internationale Beteiligung statt, und dies trägt zur Vertiefung und zur nachhaltigen Überprüfung von Berufsidentität entscheidend bei.

Der vorgelegte Beitrag von C. *Ertle und F. Schmitt* soll die weitere Entwicklung zum Thema der Professionalität und ihrer Merkmale dokumentieren, dies, nachdem die vorgelegten Positionen inzwischen auch in die wissenschaftliche Diskussion Eingang gefunden haben: Hier waren die abstrakten und allgemeinen Formulierungen auf Skepsis und auch Ablehnung gestoßen, weil sich damit ein Rückfall in die Zeiten allgemeiner Tugendkataloge abzeichnete, wie er z.T. heute noch Bildungspläne, zumal in den Präambeln prägt. Die beiden Autoren konnten ihre Positionen in den wesentlichen Unterschieden markieren und schärfen, um sie dann in einem gemeinsamen Seminar vorzutragen. Als entscheidend für die weitere Entwicklung wurde angesehen, daß die gedankliche Entstehung und die Motivation, die zu bestimmten Forderungen des Qualitätsprofils geführt hatten, nunmehr zugänglich gemacht wurden. Damit öffnete sich wissenschaftlichem Streit die Türe, der immerhin dazu führte, den interessierten Leser mit einer spannenden und für die berufliche Situation entscheidenden Auseinandersetzung bekannt zu machen. Die Autoren ermuntern die Lehrerschaft an Klinikschulen, sich in den Dialog einzumischen und ihn weiterzutreiben.

Freilich, auch die erwünschte und auf den Weg gebrachte weitere Klärung beruflicher Qualifikation und damit eine Stärkung der pädagogischen Aufgabe in einer zunächst fremden Institution der Klinik sollte nicht zur Vorstellung führen, als sei über exakte Beschreibung und Definition allein das Ziel zu erreichen. Es kommt eher darauf an, ob es gelingt, die Arbeit mit Kindern in extremen Lebenssituationen, in denen nahezu alles anders ist als üblicherweise Schule sich auszeichnet, so zu gestalten, daß diese etwas für sich Lohnendes entdecken. Und dieser Prozeß einer möglichen Annäherung hängt auch davon ab, ob es den Lehrern gelingt, schulisches Angebot mit Respekt vor dem augenblicklichen Zustand des Kindes zu verbinden. Dies kann nicht über Merkmale fixiert werden, sondern bleibt einem Modell von ständigem, neuem Anfang vorbehalten. Insofern bietet das vorliegende Buch eine Reihe von Anfängen, Zugangsweisen, aufregend unfertig, gleichwohl durchzogen von Hoffnung und Dankbarkeit gegenüber kranken Kindern, die Lehrern das Leben bereichern können.

Konsequent in diesem Sinn neugieriger Zugänge haben Klinikschulen den Autoren, - Lehrern, angehenden Lehrern und dem Hochschullehrer - , Einblick gewährt und damit dieser weithin übersehenen Schule Chance für vertiefte Beachtung eröffnet. Daß sich dabei auch Psychologen, vor allem aber Ärzte in den Dialog zwischen Medizin und Pädagogik, vor allem Sonderpädagogik haben einbeziehen lassen, spricht für das Interesse, das dieser Schule entgegengebracht wird. Je drei der vorgestellten Untersuchungen sind in Zusammenarbeit zwischen der Lehrerbildung in Baden - Württemberg und der Schule für

Kranke am Olgahospital Stuttgart, an der Schule an der Kinder - und Jugendpsychiatrie der Universität Tübingen und an Schulstellen der Heilstättenschule
Wien entstanden.

Der Herausgeber dankt Lehrerinnen und Lehrern, die sich dem Forschungsprojekt "Schüler im Klinikum" gegenüber aufgeschlossen und kritisch hilfreich
erwiesen haben. Die Robert Bosch Stiftung GmbH hat über ihre Stiftungsmittel
und ihre Bereitschaft zum Dialog wesentlich dazu beigetragen, den anfangs nur
bedingt kalkulierbaren Verlauf des neuen wissenschaftlichen Themas "Schüler
im Klinikum" zu stabilisieren. Hier ist Frau Dr.A.Satrapa-Schill zu danken.
Hilfreich waren auch Mittel aus dem Forschungspool des Landes Baden-Württemberg. Dank schulde ich meinen Studierenden, die den beschwerlichen Weg
in das neue Arbeitsfeld mitgegangen sind und über ihre Neugier die einzelnen
Beiträge zu diesem Buch erst möglich machten; ferner Frau A. Volk-Moser,
Wiss. Mitarbeiterin für die Diskussion im Forschungsprojekt „Schüler im Klinikum" an der Fakultät für Sonderpädagogik Reutlingen, Herrn Dr.med. W.
Hecker, Oberarzt an der Abteilung für Stoffwechselstörungen des Olgahospitals
Stuttgart für die Durchsicht der Textteile zum Diabetes mellitus, Herrn W.
Schmid, Wendlingen, für die Erstellung der Druckvorlage, Frau M.Rieder für
die Durchsicht des Manuskripts und den Mitarbeitern im Schreibbüro der Fa-
kultät, Frau S. Buck und Herrn D. Serotzki.

Christoph Ertle

ERTLE, C.: Gier, Bedürftigkeit, Teilhabe und Wiedergutmachung. In: Neue Samm-
lung 31 (1991), S. 616 ff.

FRANZ, J.: Wir bauen ein Ökohaus - alte Reformpädagogik oder moderne Schule? In: ERTLE / NEIDHARDT (Hrsg.): Unterricht mit Kindern in Not. Bad
Heilbrunn 1994, S. 18 ff.

FREUD, A./BERGMANN, Th.: Kranke Kinder - ein psychoanalytischer Beitrag zu
ihrem Verständnis. Frankfurt/Main 1972.

GRUEHN, S.: Vereinbarkeit kognitiver und nichtkognitiver Ziele im Unterricht.
In: Z.f.Päd. 41 (1995), S. 531 ff.

HELBIG, W.: Schulische Projekte und außerschulische Aktivitäten mit verhaltens-
gestörten Kindern. In: ERTLE /SCHMID (Hrsg.): Der andere Unterricht. München 1977, S. 19 ff.

MACK, R.: Kooperation, das dritte Arbeitsfeld der Schule für Erziehungshilfe –
ein Erfahrungsbericht. In: ERTLE, C./NEIDHARDT, W.: Unterricht mit Kindern
in Not, Bad Heilbrunn 1994, S.65-81.

ROBINSOHN, Saul B.: Bildungsreform als Revision des Curriculums. Neuwied
und Berlin 1967.

# Sieglinde Schuldt

# Aspekte schulischen Arbeitens an einer Schule für Kranke in längerer Krankenhausbehandlung - eine Monographie

## 1. Anfänge und heutige Struktur

1983 ermittelte das Staatliche Schulamt Heilbronn, daß in den Krankenhäusern von Stadt- und Landkreis Heilbronn durchschnittlich etwa 15 Schülerinnen und Schüler zu unterrichten seien. Und ein Jahr später stellte das Ministerium für Kultus und Sport Baden-Württemberg den Bedarf für eine gemeinsame Krankenhausschule fest. Schüler, die länger als vier Wochen im Krankenhaus liegen, sollten sichergehen, daß sie durch Krankheit nicht allzuviel Unterricht versäumen. Für die Schule übernahm der Landkreis Heilbronn die Trägerschaft. Damit konnte der Betrieb zum Schuljahr 1985/86 mit drei Kolleginnen und insgesamt 55 Deputatsstunden aufgenommen werden. Ich hatte bereits fünf Jahre lang als Sonderpädagogin spezielle Unterrichtserfahrungen an der Kinder- und Jugendpsychiatrie in Weinsberg sammeln können und wurde als kommissarische Schulleiterin bestellt. An zwei Krankenhäusern, in denen die meisten Schüler zu erwarten waren, traf man Vorbereitungen für die neue Sonderschule und richtete in den Kliniken „Am Gesundbrunnen" Heilbronn und „Am Plattenwald" Bad Friedrichshall jeweils einen Raum für unterrichtliche Zwecke ein, den der Träger mit dem benötigten Mobiliar ausstattete; ebenso konnten die erforderlichen Lehr-, Lern- und Unterrichtsmittel als Grundausstattung beschafft werden. Zuvor hatte ich jeweils mehrere Schulen aus dem Grund-, Haupt-, Real-, Sonderschul- und Gymnasialbereich des Einzugsgebietes nach gängigen Büchern für die Hauptfächer befragt, eine Auswahl getroffen und sichergestellt, daß zumindest bis Klasse 10 jeweils ein Schülerbuch mit dazugehörendem Lehrerhandbuch zur Verfügung stand. Auch spezielle Hilfsmittel wie Prismenbrille, Haftfolie für schriftliche Arbeiten am Krankenbett wurden beschafft. Das damals eingerichtete Büro im Krankenhaus „Am Plattenwald" bildet heute noch das Rektorat unserer Schule.

Von Unterricht, um den es in diesem Buch vor allem gehen soll, also noch keine Spur. Das Vorfeld, also Planung, Organisation und Überlegungen zur Pädagogik beherrschte die Diskussion. Organisatorische Belange mögen banal, überflüssig wirken; bei Licht besehen ist Unterricht als Kunst der Vermittlung von Wissen grundlegend darauf angewiesen, daß Voraussetzungen stimmen. Ich stelle sie an den Anfang meiner Überlegungen, auch deshalb, weil die Mehrzahl der Schulen für Kranke Einrichtungen mit mehreren Standorten sind, die Schule mit einem größeren Kollegium in einer Klinik und nur für diese zuständig, eher die Ausnahme ist. Schon mit diesem Merkmal stellt sich die Schule für Kranke als eine außergewöhnliche Einrichtung vor, doch gereicht ihr diese Besonderheit eher dazu, übersehen zu werden. Es fehlen die traditionellen Insignen der Macht wie Klassen, Klassenzimmer, wie verbindliche Regelmäßigkeit eines vollständigen Stundenplans mit allen Fachstunden und Kontinuität, auf die alle Beteiligten bauen können. Dennoch, und vielleicht gerade deshalb, ist die "Schule für Kranke in längerer Krankenhausbehandlung", wie der Name etwas sperrig lautet, ein Vorhaben voller Spannung, das eingehender Betrachtung und sorgsamer Untersuchung würdig ist.

**Unsere Schule stellt sich heute so dar:**

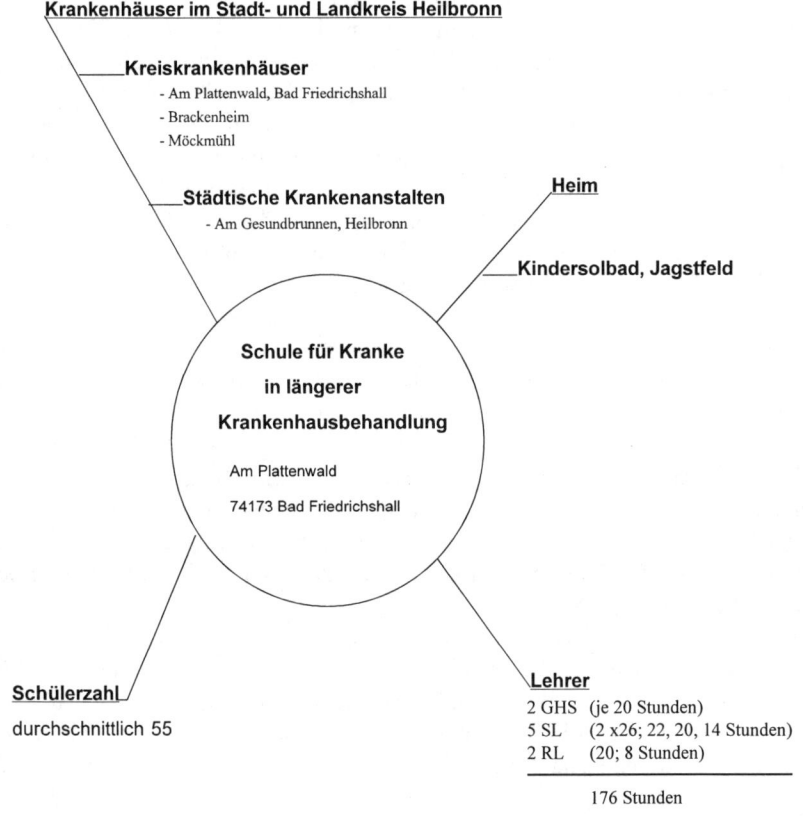

Krankenhäuser im Stadt- und Landkreis Heilbronn

Kreiskrankenhäuser
- Am Plattenwald, Bad Friedrichshall
- Brackenheim
- Möckmühl

Städtische Krankenanstalten
- Am Gesundbrunnen, Heilbronn

Heim

Kindersolbad, Jagstfeld

Schule für Kranke
in längerer
Krankenhausbehandlung

Am Plattenwald
74173 Bad Friedrichshall

Schülerzahl
durchschnittlich 55

Lehrer
2 GHS   (je 20 Stunden)
5 SL    (2 x26; 22, 20, 14 Stunden)
2 RL    (20; 8 Stunden)

176 Stunden

Von den Krankenhäusern ist die Klinik „Am Gesundbrunnen" Heilbronn heute die einzige, an der wir mit ca. 35 bis 40 Deputatsstunden tätig sind. Hier beschulen wir wöchentlich bis zu 14 Kinder und Jugendliche. In den beiden anderen Krankenhäusern ist die Verweildauer meist zu kurz und die Erkrankungen der Schüler selbst machen Unterricht nur selten erforderlich. Kinderklinik und Kinderchirurgie „Am Gesundbrunnen" (110 Betten) gehören zu den größten nichtuniversitären Kinderkrankenhäusern in Baden-Württemberg mit einem Einzugsbereich von ca. 480.000 Einwohnern. Mit den Aufgaben eines Krankenhauses der Zentralversorgung betreut die Kinderklinik im stationären Bereich ca. 4000 Patienten pro Jahr und versorgt damit fast das gesamte pädiatrische Krankheitsspektrum: Neben Kardiologie, Neuropädiatrie, Dermatologie, pädiatrischer Nephrologie und pädiatrischer Urologie, Atemwegserkrankungen und ambulanter Nachbehandlung von sehr unreifen Frühgeborenen sind es auch Kinder mit anderen chronischen Erkrankungen wie Diabetes mellitus, Mucoviscidose, chronisch entzündlichen Darmerkrankungen und Kinder mit schweren allgemeinen Entwicklungsstörungen.

Den größten Teil unserer Deputatsstunden bindet das Kindersolbad in Bad Friedrichshall / Jagstfeld. In seiner über 130jährigen Geschichte hat sich diese Einrichtung stets den aktuellen Erfordernissen angepaßt; unverändert geblieben ist das Ziel, geschwächten und gesundheitlich angegriffenen Kindern und Jugendlichen zu körperlicher und psychischer Gesundheit zu verhelfen. Es läßt sich heute in zwei Bereiche gliedern:

– Stationäre und ambulante Vorsorge- und Rehabilitationskuren.

Bis zu 75 Kinder und Jugendliche zwischen 5 und 16 Jahren werden für ca. sechs Wochen alleine oder für ca. vier Wochen zusammen mit ihren Müttern, gegebenenfalls auch ihren Geschwistern, wegen folgender Indikationen aufgenommen: Erkrankung der Atemwege, allergologische Erkrankungen, Neurodermitis, Ernährungsstörungen, psychovegetative Störungen, Verhaltensprobleme.

Neben Maßnahmen wie Solbäder, Soleinhalationen, Haltungs-, Fuß- und Koordinationsgymnastik kommen andere Anwendungen wie Kneippanwendungen und Massagen hinzu. Je nach psychischer und körperlicher Situation wird der Ernährungsplan mit verschiedenen Diäten durchgeführt. Im medizinischen wie psychologischen Bereich gibt es vielfältge Diagnosemöglichkeiten. Erzieherinnen tragen wesentlich zur abwechslungsreichen Gestaltung des Tages bei.

– Kinder aus familiären Notsituationen

Die Aufnahmekapazität liegt bei 42 Kindern zwischen 2 und 12 Jahren.

## 2. Schüler und Lehrer

In der 1988 erschienenen Verwaltungsvorschrift über den organisatorischen Aufbau der "Schule für Kranke in längerer Krankenhausbehandlung" (vgl. Anlage I) wird unter I. als Grundsatz festgelegt, daß kranke Kinder, die zu unterrichten und zu fördern sind, sich voraussichtlich mindestens vier Wochen im Krankenhaus befinden oder deren Genesungsverlauf voraussichtlich insgesamt sechs Wochen übersteigt. Zeitliche Flexibilität ist gefragt, um ..."die Voraussetzungen für eine erfolgreiche leistungsmäßige und soziale Wiedereingliederung nach Möglichkeit in den bisher besuchten Klassen..." zu schaffen oder „im Falle schwerer Folgen von Erkrankungen und Verletzungen" ..."die für schulisches Lernen notwendigen Grundlagen wieder zu entwickeln" (VwVschr. I.). Wenige Langlieger bedeuten vielfach weniger Unterrichtsstunden für den Lehrer; viele Schüler bedeuten Unterricht z.t. weit über das jeweilige Deputat hinaus bis hin zur Verrechnung von Mehrarbeitsunterricht. Entsprechend der Verwaltungsvorschrift unterrichten wir in Absprache mit dem zuständigen Arzt in jedem Fall Kinder und Jugendliche, - ihre Zahl schwankt zwischen 3 und 10 - die den folgenden Krankheitsbildern zuzuordnen sind:
- rheumatische Erkrankungen,
- schwere urologische Erkrankungen,
- schwere asthmatische Erkrankungen,
- spezielle allergische Erkrankungen,
- Morbus Crohn, Colitis, Ulcus,
- schwere Infektionen,
- Kinder nach schweren Mißhandlungen, nach Mißbrauch; Deprivation,
- schwere psychovegetative Störungen,
- Magersucht,
- Krebserkrankungen,
- Kinder und Jugendliche nach Unfällen (komplizierte Knochenbrüche, großflächige Hautverletzungen, innere Verletzungen).

Bei der amtlichen Festlegung der voraussichtlichen Verweildauer auf vier, bzw. sechs Wochen wird nicht beachtet, daß es eine stark differierende Anzahl von Patienten gibt, die diese Bedingungen nicht erfüllt, aber dennoch dringend einen Krankenhauslehrer benötigt. Folgende Gründe sprechen für diese Position:
- Bei Kindern und Jugendlichen mit unklaren Krankheitsbildern oder nach Suizidversuch ist die Verweildauer oft völlig offen. Hier kommt dem Krankenhauslehrer die besondere Aufgabe zu, mitzubedenken, ob Schule, Lehrer, Eltern, etwa durch Leistungsüberforderungen dazu beigetragen haben könnten. Sind schulische Gründe mitverursachend gewesen, ist Nachhilfefunktion des Krankenhauslehrers u.U. nur der kleinere zu erbringen-

de Anteil. Gefragt ist hier die Aussage über schulische Leistungen und Leistungsvermögen. Gegebenenfalls sind Gespräche mit Eltern (z.b. Schullaufbahnberatung), Lehrern der Stammschule und anderen an der Erziehung und Bildung Beteiligten zu führen.

– Kurz vor Prüfungen werden in den Schulen die relevanten Inhalte wiederholt. Für Schüler, die sich zu dieser Zeit im Krankenhaus befinden, ist es folgenschwer, hieran nicht teilnehmen zu können. Dies kann nicht nur den Genesungsverlauf negativ beeinflussen, sondern auch schlechteres Abschneiden, im Extremfall ein zusätzliches Schuljahr bedeuten. Kranke Schüler vor Prüfungen alleinzulassen ist deshalb nicht zu verantworten. Die Abnahme von Prüfungen im Krankenhaus ist im Einzelfall notwendig, sinnvoll und praktikabel. Es gibt Patienten, deren chronische oder längerfristige Erkrankung immer wieder Krankenhausaufenthalte erforderlich macht, so daß regelmäßiger Besuch der Stammschule nicht möglich ist. Dies sind vor allem Kinder und Jugendliche mit Mucoviscidose, mit Krebserkrankungen, zum Teil auch bei Diabetes mellitus oder Epilepsie. Durch ihre Erkrankung versäumen sie immer wieder Unterrichtsstoff, den der Krankenhauslehrer teilweise aufzuarbeiten vermag; er kann dazu beitragen, den Eltern das Gefühl zu vermitteln, mit der Krankheit ihres Kindes nicht alleingelassen zu werden, kann wichtige Aufklärungsarbeit in der Heimatklasse des Schülers leisten und helfen, mit Krankheit besser umgehen zu lernen. Solche Aufgaben sind nicht als Therapie zu verstehen, sondern gehören zum pädagogischen Auftrag und Alltag des Kliniklehrers. In vielen Fächern, besonders in Deutsch, kann der Lehrer gezielt im Rahmen des geforderten Unterrichtsstoffes arbeiten, indem er spezielle Lesetexte auswählt, eine Vorgangsbeschreibung über den Injektionsvorgang bei einem Diabetiker einübt oder besondere Übungen zur Ichstärkung anbietet. Der Lehrer muß zusammen mit dem Arzt entscheiden, ab wann und in welchem Umfang der Schüler Unterricht erhält; im Bedarfsfall kann schon am Tag nach der Aufnahme begonnen werden. Ist die Aufnahmekapazität der Schule erschöpft, muß sie Prioritäten setzen, u. U. sogar von Beschulung absehen.

## 3. Hausunterricht und Fahrzeiten

Besonders für Schüler mit absehbar längerfristigen Erkrankungen ist es wesentlich, den Hausunterricht umgehend beginnen zu lassen. Hier muß in erster Linie die Stammschule in die Pflicht genommen werden, die ohnehin in der Verantwortung für den kranken Schüler bleibt. Dennoch gibt es Einzelfälle, bei denen es sinnvoll ist, wenn der Krankenhauslehrer den Hausunterricht übernimmt, um eine möglichst reibungslose Fortführung der begonnenen schulischen Arbeit zu gewährleisten. Die Wiener Heilstättenschule - so der Name der Schule für Kranke der Stadt Wien - übernimmt in ihrem „Integrativen Hausunterricht" stets diese Aufgaben, allerdings nur im Bereich der Stadtbezirke. Von unserer Schule wird Hausunterricht nur in besonderen Fällen erteilt. Lehrer, die regelmäßig Hausunterricht anbieten oder an mehreren Außenstellen tätig sind, werden durch die Anrechnungsvorschrift gegenüber anderen Lehrern benachteiligt. Diese bestimmt nämlich: "Erteilen Lehrer regelmäßig Unterricht außerhalb ihrer Stammschule und erhöht sich dadurch der Zeitaufwand, der üblicherweise zum Erreichen der Stammschule erforderlich ist, um mehr als fünf Zeitstunden im Monat, so erhalten sie für einen Zeitaufwand von zwei weiteren vollen Zeitstunden eine Anrechnung von einer Wochenstunde im Monat" (vgl. Arbeitszeit der Lehrer 3. Sonstige Anrechnungen VwVschr. vom 17. Mai 1983; K.u.U. S 459/1983 an öffentlichen Schulen in Baden-Württemberg). Wir legen großen Wert auf kontinuierliche Zusammenarbeit von Lehrern und behandelnden und betreuenden Fachkräften. Die Aufteilung der Deputate und vielfältige Einsetzbarkeit der Kollegen machen es nur selten erforderlich, daß Lehrkräfte ihren gewohnten Einsatzort verlassen müssen. Sachzwänge, wie stark wechselnde Schülerzahlen an den Außenstellen oder Krankheitsausfälle machen es allerdings unvermeidlich, daß Lehrer mitunter täglich längere Zeit unterwegs sind. Ebenso können Krankheitsstellvertreter von dieser benachteiligenden Regelung betroffen sein. Eine umgehende Änderung wäre deshalb nötig.


## 4. Lehrer

Mangelnde Wertschätzung, vielfach in Unkenntnis dessen, was ein Krankenhauslehrer zu leisten hat, verbunden mit knappen Resourcen, haben dazu geführt, daß viele Krankenhausschulen um eine ausreichende Anzahl geeigneter Lehrer aus allen Schularten kämpfen müssen. Die Lehrer-Schüler-Relation ruft immer wieder Diskussionen zwischen Lehrern, die in einem Krankenhaus arbeiten und Vertretern der Schulbürokratie hervor. Nach der Verwaltungsvorschrift (II.1.) ist in der Regel für sechs bis neun Schüler ein Deputat vorzusehen, was auf den ersten Blick als durchaus günstig anzusehen ist. Manche Krankenhausschulen kommen damit nicht aus, weil ein Großteil ihrer Schüler nicht mit anderen Patienten zusammen beschult werden darf oder kann (z.B. krebskranke Kinder, extrem verhaltensauffällige und solche mit ansteckenden Krankheiten), der aber dennoch in vollem Umfang unterrichtsfähig wäre (vgl. VwVsch.III.1.). Viele Krankenhausschulen haben zudem kaum Möglichkeiten, Schüler in schuleigenen Räumen zusammenzufassen. Für viele Kollegen bedeutet der Mangel an

Deputatsstunden von vornherein, die Forderung der Verwaltungsvorschrift nicht erfüllen zu können, nämlich Schüler so zu unterrichten, daß die Voraussetzungen für erfolgreiche leistungsmäßige und soziale Wiedereingliederung geschaffen werden. Der musische Bereich bleibt oft unterversorgt (VwVschr.III.4.). (Welches Gewicht er für einzelne Schülerpatienten bekommen kann, zeigt die Arbeit von S. Lock in diesem Band).

Unsere Schule kommt mit der vorgegebenen Lehrer-Schüler-Relation insofern zurecht, als wir durch den Kurbetrieb im Kindersolbad gelegentlich bis zu sechs Schüler in einer Gruppe zusammenfassen können. Dies erfordert allerdings vom Lehrer hohen Arbeitseinsatz, großes pädagogisches Geschick und umfangreiches fachlich-methodisches Wissen. Es stehen uns zudem ausreichend Räume zur Verfügung. Durch den anwachsenden Bereich „Kinder aus familiären Notsituationen" - derzeit 19 Schüler - wird die vorgegebene Lehrer-Schüler-Relation auch für uns immer enger. Eine Zielvorgabe ist hier, die Schüler so zu unterrichten, daß sie möglichst bald eine Schule außerhalb des Kindersolbades besuchen können. Die Stundentafel sollte daher diesen Schulen angeglichen sein. Unterschiedliche Gründe machen zunehmend längere Verweildauer (mehrere Monate) notwendig, bzw. tragen dazu bei, den Kindern, die außerhalb in die Schule gehen, durch besondere Übungen so zu helfen, daß sie dort auch bleiben können. Gruppenstärken von 6 - 9 Schülern bilden in diesem Bereich eine Überforderung: hier sitzen geistigbehinderte Kinder neben schwachen Grund-, Haupt-, Förder-, selten Realschülern, extrem verhaltensauffällige, aggressive Schüler neben sexuell mißbrauchten, vielfach depressiven Kindern, die alle besonderer Zuwendung und Behandlung bedürfen. Es wäre unsinnig, für den Bereich der Lehrerversorgung einen allgemeingültigen Schlüssel festzulegen; die Lage vor Ort muß die Grundlage für den Lehrerbedarf bilden.

Die Schülerschaft setzt sich vorwiegend aus dem Grund- und Mittelstufenbereich aller Schularten zusammen; ab und zu kommen Schüler der gymnasialen Oberstufe hinzu. Komplexität und Vielfältigkeit der Aufgaben (vgl. v.a. die Punkte I., III.4. und IV. der VwVschr.) machen die Forderung nach geeigneten Pädagogen aus allen Schularten verständlich. Nicht unterschätzt werden darf, daß der Krankenhauslehrer tendenziell im Rampenlicht der Öffentlichkeit arbeitet; diese Stelle mit unqualifizierten Pädagogen zu besetzen, kann das Ansehen des Berufsstandes schädigen. Falsch wäre es, einfach zu sagen, das Kollegium einer Krankenhausschule müsse sich aus Lehrern zusammensetzen, ähnlich der Schulartverteilung im Einzugsgebiet. Ich vertrete die umgekehrte Position: Unsere Schüler müssen hinsichtlich ihrer Herkunftsschulen analysiert werden, und dementsprechend hat die Schule Lehrer bereitzustellen.

# 5. Fortbildung

Die skizzierte Vielfalt an Aufgaben macht es einsichtig, daß Lehrer, die nur bereit sind, in den von ihnen studierten Fächern, Schularten, Sonderschultypen und Klassenstufen zu unterrichten, fehl am Platz sind. Besonders gefragt ist der Pädagoge, der zwar seine Schwerpunkte und Lieblingsfächer haben kann, aber prinzipiell offen ist für weitere Aufgaben; der sich in Erstlesen fortbildet, obwohl er Reallehrer ist, oder, der sich mit der Hauptschulabschlußprüfung und beruflicher Weiterbildung befaßt, obwohl er ursprünglich für die Grundschule ausgebildet wurde. Viele, die schon längere Zeit in unserer Krankenhausschule arbeiten, möchten gerade diese abwechslungsreiche Seite ihres Arbeitslebens mit ständig neuen Herausforderungen nicht mehr missen.

Fortbildung, die über die Staatlichen Schulämter und Akademien angeboten wird, kann zwar die angesprochene Seite abdecken, ist jedoch längst nicht ausreichend. Spezielle Weiterbildungsmöglichkeiten, wie z.B. Kennenlernen verschiedener Krankheitsbilder, spezielle Hilfen im Umgang mit kranken Kindern, Gesprächsführung u.a. sind unabdingbar für die Arbeit an einer Krankenhausschule. Einrichtungsinterne Fortbildungsangebote sollten wahrgenommen werden, vor allem auch um Kontakte zur jeweiligen Institution zu pflegen. Teilnahme an pädagogischen Fallbesprechungen hilft Lehrern mit den vielfältigen psychischen Belastungen besser fertigzuwerden; sie finden aber oft so weit entfernt statt, daß dies wieder zu einer Belastung werden kann. Deshalb wird in unserem Kollegium einmal wöchentlich ein Treffen der Lehrer auf freiwilliger Basis angeboten, das dann der internen Fortbildung dient. Wünschenswert ist es, den Kollegen die Möglichkeit zu bieten, für eine bestimmte Zeit in einer anderen öffentlichen Schule zu hospitieren und zu unterrichten. Über die Wintermonate haben wir in der Regel weniger Schüler (v.a. „Kurkinder"). Deshalb nutzten wir bereits zweimal diese Zeit: eine Kollegin übernahm spezielle Aufgaben in der Frühförderung und -beratung; ich arbeitete 6 Wochen im „Tandem" mit einer Grundschullehrerin zusammen. Von unserer Schule wird neben detaillierter Diagnostik und speziellen Förderprogrammen auch eine pädagogische Stellungnahme erwartet, die vielfach eine tiefgreifende Änderung für das Kind bedeutet. Es liegt deshalb nahe, bei Stellenbesetzungen an unserer Schule der Schulleitung ein Mitspracherecht einzuräumen.

# 6. Raumbedarf

In der Verwaltungsvorschrift für Krankenhausschulen wird unter Punkt III.3. festgestellt: „Der Unterricht wird in Räumen des jeweiligen Krankenhauses erteilt". Diese Regelung geht offenbar davon aus, daß im allgemeinen kein, bzw. kein nennenswerter Schulraumbedarf erforderlich ist; Schulbaufördermittel kommen deshalb auch nicht in Betracht.

Hat man mit dieser Feststellung nur dem Recht auf schulische Bildung genüge getan ohne die Konsequenzen zu tragen? Viele Räume an Kliniken dienen unterschiedlichen Aufgaben; Lehrer können oft nur ein kleines, fahrbares Schränkchen abstellen, es fehlt ein Raum für Lehr- und Lernmittel. Und der unerläßliche Gruppenunterricht - wo soll er stattfinden? Bei Klinikneubauten muß frühzeitig Verständigung zwischen Schulträger, Oberschulamt, Schulamt und Schulleitung stattfinden, um die benötigten Schulräume von vornherein einzuplanen. Gelingt dies nicht, sollte ganz auf die Einrichtung einer selbständigen Schule verzichtet werden. Für unsere Schule im Kindersolbad sind derzeit genügend Unterrichtsräume vorhanden; es müßten Fachräume hinzukommen, um z.B. geistigbehinderten Kindern besser gerecht werden zu können. In der Kinderklinik ”Am Gesundbrunnen” wurde der Stellenwert unserer Arbeit bereits 1987 erkannt; wir bekamen zwei neue, ausreichend große Unterrichtsräume; zudem steht ein Durchgangszimmer für Besprechungen und für die Schülerbücherei zur Verfügung. Man kann sehen, daß die Durchsetzungsfähigkeit der Schule entscheidend von der pädagogischen Identität ihrer Vertreter abhängt, vor allem, ob und wie sie ihre Argumente gegenüber Verwaltung und Klinik vortragen. Wer sich am Gedanken werbenden Eintretens für seine Sache stört, hat keinen leichten Stand. Er gerät an den Rand und muß sich dann mit den Resten zufrieden geben.

# 7. Notwendige Formalien

Bei der Verwendung von Formularen gehen wir von dem Grundsatz aus: „So wenig wie möglich". Gleich zu Beginn unserer Arbeit hatten wir das Formular „Anforderung von Schulunterricht" erstellt und dieses in allen Krankenhäusern und Stationen ausgelegt, aus denen mit Kindern und Jugendlichen zu rechnen war. Der Arzt sollte neben allgemeinen für uns wichtigen Daten wie Name, Adresse, Geburtsdatum, Klasse, eine kurze Beschreibung des Krankheitsbildes geben, auch vermerken, worauf besonders zu achten sei und Angaben über die voraussichtliche Dauer des Krankenhausaufenthaltes machen. Schon nach wenigen Monaten fand dieses Formular keine Verwendung mehr. Es hat sich in der Praxis als vorteilhaft erwiesen, mit den verantwortlichen Personen in Kontakt zu bleiben und das persönliche Gespräch vor Beginn der Beschulung zu führen, wenn möglich auch mit den Erziehungsberechtigten. Ihnen lassen wir im Bedarfsfall die „Informationen zum Unterricht im Krankenhaus" zukommen (siehe Anlage II).

Ebenso verwenden wir zur Erfragung von Unterrichtsinhalten und -zielen für den Bereich der Krankenhäuser entgegen erster Bemühungen, kein Formular mehr. Das Gespräch mit dem Lehrer der Stammschule bringt detailliertere und oft zusätzliche Informationen. Als „Fachdienst" haben die Lehrkräfte unserer Schule ihren festen Platz bei verschiedenen regelmäßig stattfindenden oder auch gezielt angesetzten Besprechungen im Kindersolbad und in der Kinderklinik.

Im Kindersolbad wird bereits Wochen vor der Kur der „Fragebogen für den Schulbesuch an der Schule im Kindersolbad" an die Eltern geschickt. Diese geben ihn an den Klassenlehrer weiter, der ihn ausgefüllt an uns weiterleitet (siehe Anlage III). Im Bereich „Kinder aus familiären Notsituationen" wird, sofern keine Geheimhaltungspflicht über den Aufenthaltsort der Kinder besteht, in jedem Fall der Stoffverteilungsplan angefordert und das Gespräch mit dem Klassenlehrer gesucht. Während der Verweildauer wird ein Klassenbuch geführt und vor der Entlassung ein ausführlicher Bericht über Verhalten, Arbeiten und Lernen erstellt; gegebenenfalls werden Testunterlagen weitergegeben, fast immer erfolgt ein Gespräch mit dem zukünftigen Lehrer. Für die „Kurkinder" und die Schüler in den Krankenhäusern wird jeweils eine Karteikarte angelegt. Auf dieser erfassen wir die für den Schulalltag wichtigen Daten wie Name, Adresse, Geburtsdatum, Schulart, Anschrift der Stammschule und Klasse; es wird festgehalten, was mit den Schülern bearbeitet wurde und bei der Entlassung in Kurzform zu Verhalten, Arbeiten und Lernen Stellung genommen. Als Rückmeldung an den Klassenlehrer haben sich hier zwei Formulare bewährt (siehe Anlage IV), die über Unterrichtsinhalte und gegebenenfalls besondere Mitteilungen informieren, so z.B. zu Über- oder Unterforderung durch den angebotenen Schulstoff. Ergeben sich aus Krankenhaus- oder Heimaufenthalt einschneidende Veränderungen, wird in jedem Fall mit dem Klassenlehrer, und, wenn möglich, mit dem Erziehungsberechtigten gesprochen.

Wie bei keiner anderen Schule unterliegt die Arbeit der Krankenhausschule z.T. enorm schwankenden Schülerzahlen. Durch den unterschiedlich belegten Kurbetrieb ist dies in unserer Schule extrem; es gab Jahre, in denen unsere Schülerzahlen zwischen 25 und 130 schwankten. 1988 verlangte das Statistische Landesamt Baden-Württemberg eine Stichtagsstatistik zu einem Zeitpunkt, als gerade eine verlängerte Kurpause von 10 Tagen stattfand, d.h., in dem Aufgabenbereich, der durchschnittlich mindestens ein Drittel unserer Schüler ausmacht, gab es zu diesem Zeitpunkt überhaupt keine Kinder. Erst nach längeren Auseinandersetzungen billigte man mir eine „Vierteljahresstatistik" zu: Ich erfaßte die Schülerzahl über 12 Wochen hinweg (vom Statistikdatum aus 6 Wochen vor- und zurückgerechnet) und teilte anschließend die Gesamtschülerzahl durch die Anzahl der Wochen. Auf diese Weise erhielt ich eine Schülerzahl, die etwa dem jährlichen Durchschnitt entsprach, den ich damals auch berechnet hatte. Der Schulträger bekommt die Sachkostenbeiträge des Landes aufgrund der bei der Statistik erhobenen Schülerzahlen; die Lehrerzuweisung orientiert sich ebenso daran. Deshalb wäre es falsch gewesen, sich bei der Erhebung der Schülerzahl auf das Statistikdatum zu beschränken. Da auch für den Bereich der Krankenhäuser die Schülerzahl stets Schwankungen unterliegt, muß das Statistische Landesamt flexibler auf unseren Sonderschultypus reagieren. Dazu ist Aufklärung, geduldig und längerfristig geführt, unerläßlich notwendig. Viele Gesprächspartner kennen unsere Schule nicht - wie sollen sie sich dann vorstellen können, was nötig ist?

## 8. Wertschätzung

„Die Pädagogik scheint vor nichts und niemandem haltzumachen..." so provozierte G.G. Hiller bei der 1. Arbeitstagung des Forschungsprojekts "Schüler im Klinikum" in Reutlingen am 8.7. 1995. Wer die Krankenhausschule nicht erlebt hat, wird möglicherweise diese Aussage nicht nur provozierend oder ironisch empfinden, sondern sogar als Vorwurf, so, als werde Kindern und Jugendlichen das Recht abgesprochen, krank zu sein und sich erholen zu dürfen! Die Bedeutung eines Krankenhauslehrers, der die spezifischen Krankheitsbilder kennt, der empatische Fähigkeiten besitzt oder solche bei sich entdeckt und entwikkeln kann, physisch und psychisch stabil ist, um sich trotz aller Schicksale genügend abgrenzen zu können und arbeitsfähig zu bleiben, ist nicht hoch genug einzuschätzen. Er wird für jeden Schülerpatienten relevante Lerninhalte über einen wohlüberlegten Zeitraum hinweg aufgreifen, er wird Lücken schließen und dem Kind helfen, mit schulischen Anforderungen vertraut zu bleiben. Er wird ihm helfen, Kontakte zu Mitschülern zu halten und dazu beitragen, eine erfolgreiche Reintegration zu ermöglichen. Er verkörpert ein Stück Normalität in einer für das Kind anormalen Lebenssituation, er spricht die gesunden Teile an, er ist für manche todkranken Kinder ein Lichtblick, und hilft mit Sicherheit, Krankheit und Krankenhausaufenthalt besser zu bewältigen. Eine Schule, die Spaß macht - viele kranke Kinder haben dies zum ersten Mal gerade in einer solchen Schule erlebt.

# 9. Literaturangaben und Anlagen

**Anlage I** Verwaltungsvorschrift für den organisatorischen Aufbau der "Schule für Kranke in längerer Krankenhausbehandlung" vom 28. 7. 1988, in: Kultus und Unterricht, S. 755, 1988, Hrsg. Ministerium für Kultus und Sport, Baden-Württemberg (Abgedruckt unter Anlage 2 bei der Arbeit von H.J. Polzer in diesem Band).
Verwaltungsvorschrift "Arbeitszeit der Lehrer" vom 17. Mai 1983, in: Kultus und Unterricht, S. 459, 1983, Hrsg. Ministerium für Kultus und Sport, Baden-Württemberg

**Anlage II** Informationen zum Unterricht im Krankenhaus für Erziehungsberechtigte, hrsg. Schule für Kranke, Bad Friedrichshall

## SCHULE FÜR KRANKE
### in längerer Krankenhausbehandlung

Am Plattenwald, 74173 Bad Friedrichshall
Telefon 07136/28-1152

INFORMATIONEN ZUM UNTERRICHT IM KRANKENHAUS


Liebe Eltern,

Ihr Kind ist jetzt im Krankenhaus. Im Vordergrund steht für Sie die Sorge, daß es bald wieder gesund wird.
Vielleicht befürchten Sie auch, daß Ihr Kind in der Schule den Anschluß verlieren könnte, wenn die Krankheit zu lange dauert. Deshalb können schulpflichtige Kinder und Jugendliche mit ärztlichem Einverständnis am Unterricht in der Klinik teilnehmen.

Ziel des Unterrichts ist es, größere Lernrückstände zu vermeiden, um die Rückkehr in die Stammschule zu erleichtern.
Gleichzeitig soll der Unterricht auch eine wichtige Bedeutung im Verlaufe des Genesungsprozesses haben.

Wir geben uns Mühe, die besondere Situation Ihres Kindes in der Klinik zu berücksichtigen.
Da wir möglichst reibungslos die Arbeit der Stammschule fortsetzen wollen, ist es günstig, wenn Ihr Kind die eigenen Schulsachen dabei hat, so daß wir mit den gewohnten Lern- und Unterrichtsmitteln weiterarbeiten können.

Unterrichtsort ist die jeweilige Klinik. Der Unterricht kann am Krankenbett oder in einem besonderen Unterrichtsraum erteilt werden.
Je nach Möglichkeit wird das Kind einzeln oder in Kleingruppen unterrichtet.

Da wir eine öffentliche Schule sind, entstehen Ihnen durch unsere Arbeit keinerlei Kosten.

Falls Sie weitere Fragen haben, wenden Sie sich bitte an die jeweilige Lehrkraft oder rufen Sie an.


Mit freundlichem Gruß

Das Kollegium der Schule für Kranke
in längerer Krankenhausbehandlung

**Anlage III** Fragebogen für den Schulbesuch an der Schule im Kindersolbad für Eltern und für die Lehrer in der Stammschule, hrsg. Schule für Kranke, Bad Friedrichshall

---

# Kindersolbad
# Bad Friedrichshall

Träger:
Landeswohlfahrtsverband
Württemberg-Hohenzollern
Körperschaft des öffentlichen Rechts

---

Kindersolbad - Salinenstr. 4 - 74177 Bad Friedrichshall

Salinenstraße 4
74177 Bad Friedrichshall-Jagstfeld

Bankverbindung:
Kreissparkasse Bad Friedrichshall
001820629 BLZ 62050000

Bad Friedrichshall,

---

| Anlagen: | Ihre Nachricht vom: | Ihr Zeichen: | Telefon: | Telefax: | Aktenzeichen bei allen Schreiben angeben |
|---|---|---|---|---|---|
| | | | 07136/9506-60 | 07136/9506-19 | |

Betreff:

---

**Liebe Eltern,**

in Kürze wird Ihr Kind 5 - 6 Wochen im Kindersolbad Bad Friedrichshall verbringen.

Alle schulpflichtigen Kinder und Jugendliche erhalten während ihres Aufenthaltes weiter Unterricht.

Da wir möglichst reibungslos den Unterricht der Stammschule fortsetzen wollen, sollte Ihr Kind die eigenen Schulsachen (Bücher, Hefte, Arbeitsmittel) mitbringen.

**Bitte lassen Sie den rückwärtigen Fragebogen vom Klassenlehrer Ihres Kindes ausfüllen.** Es wäre für eine reibungslose Fortführung des Unterrichtes von großer Hilfe, wenn der Fragebogen bereits vor der Anreise Ihres Kindes bei uns sein könnte.

Für den Unterricht bitte mitbringen:

- Schulbücher      v.a. Bücher der Hauptfächer (Deutsch, Mathematik, Englisch, Arbeitsblätter, z.B. "multi", Schreib- und Leselehrgänge)

- Hefte      vorhandene Schulhefte sollen weiterverwendet werden.

- Schreibwerkzeug      Füller mit Patronen/Konverter, Bleistift, Radierer, Farbstifte.

- andere Werkzeuge      Zirkel, Geo-Dreieck, Lineal u.a. bei Bedarf.

- 1 Schnellhefter      zum Abheften der Arbeitsblätter während des Aufenthaltes.

37

Fragebogen für den Schulbesuch an der Schule

im Kindersolbad, 74177 Bad Friedrichshall, Tel. 07136/9506-60

Sehr geehrte Frau Kollegin,
sehr geehrter Herr Kollege,

Ihre Schülerin/Ihr Schüler durchläuft bald eine gesundheitliche
Heilmaßnahme in unserem Haus. Während des Aufenthaltes soll der
Stoffplan fortgeführt werden.

Bitte geben Sie uns deshalb folgende Daten an:

Name, Vorname                              Geburtstag

Staatsangehörigkeit

Anschrift

Bundesland

Anschrift der Schule

Tel.Nr.                    Schulart              Klasse

Klassenlehrer

| Mathematik | |
|---|---|
| Deutsch | |
| Sprachen | |
| Was soll besonders geübt werden? | |
| Besondere Mitteilungen | |

**Anlage IV** Rückmeldebogen an den Klassenlehrer, hrsg. Schule für Kranke, Bad Friedrichshall

# SCHULE FÜR KRANKE
## in längerer Krankenhausbehandlung

Schule für Kranke, 74173 Bad Friedrichshall

Die Schule ist zuständig für:
Kreiskrankenhäuser
Am Plattenwald Bad Friedrichshall,
Brackenheim,
Möckmühl
Städtische Krankenanstalten
Heilbronn am Gesundbrunnen

Kindersolbad Bad Friedrichshall
Schulträger: Landkreis Heilbronn

| Ihr Zeichen, Ihre Nachricht vom | Unser Zeichen (Bitte bei Antwort angeben) | ☎ Durchwahl | Datum |
|---|---|---|---|

**Sehr geehrte Frau Kollegin,**
**Sehr geehrter Herr Kollege,**

(0 71 36) 28-1152

**Ihre Schülerin/Ihr Schüler** _____ hat in der Zeit

**vom** _____ **bis** _____ die Schule im Kindersolbad besucht.

_____ wurde in einer Kleingruppe von ____ Schülern/

**Einzelunterricht** ____ Stunden pro Woche in den Fächern Deutsch - Mathematik -

**Englisch - Französisch -** _____ unterrichtet.

Dabei wurden folgende Unterrichtsinhalte bearbeitet:

| Deutsch |
|---|
|  |

| Mathematik |
|---|
|  |

| Englisch |
|---|
|  |

| Sonstiges |
|---|
|  |

Schulleitung:
Kreiskrankenhaus am Plattenwald
Gebäude Nr. 7, Zimmer U 75
74173 Bad Friedrichshall

Telefon:
07136/28-1152

- / -

39

_____ hat einen Ordner mit den bearbeiteten
Blättern dabei, der Ihnen hilft, sich einen detaillierten Überblick über
unsere Arbeit zu verschaffen.

**Besondere Mitteilungen:**

Für Rückfragen stehen wir Ihnen gerne zur Verfügung.

Mit freundlichen Grüßen

_____    _____    _____

Datum                      Lehrer/-in                 Schulleitung

# Hans-Jörg Polzer

# Aufgaben der Schulverwaltung bei der Weiterentwicklung der Schule für Kranke

## 1. Schulgesetzliche Grundlagen

In Baden-Württemberg zählt die „Schule für Kranke in längerer Krankenhausbehandlung" zu den zehn Schultypen des Sonderschulwesens. Sonderschulen dienen nach Maßgabe des Schulgesetzes für Baden-Württemberg der „Erziehung und Ausbildung von Kindern und Jugendlichen, die schulfähig sind, aber infolge körperlicher, geistiger oder seelischer Besonderheiten in den allgemeinen Schulen nicht die ihnen zukommende Erziehung und Ausbildung erfahren können" (SchGes für Baden - Württemberg, § 15,1). Sie führen die Schüler „je nach Förderungsfähigkeit" zu den „Bildungszielen der übrigen Schularten, soweit die besondere Förderungsbedürftigkeit der Schüler nicht eigene Bildungsgänge erfordert". Ausgangspunkt des pädagogischen Auftrags der Schule für Kranke in längerer Krankenhausbehandlung ist die „besondere Förderungsbedürftigkeit" ihrer Schüler, die sich aus der besonderen Lebenslage der Betroffenen und der Situation „Krankheit" mit ihren vielfältigen Implikationen und Begleiterscheinungen ergeben kann. Wie für alle Sonderschulen gilt auch für die Schule für Kranke in längerer Krankenhausbehandlung, daß „die Schüler in die allgemeine Schule einzugliedern sind, wenn die besondere Aufgabe der Sonderschule erfüllt ist" (ebd.).

Die Schule für Kranke in längerer Krankenhausbehandlung hat nach diesem Verständnis einen umfassenden, sonderpädagogisch begründeten Erziehungs- und Bildungsauftrag, den sie in Abstimmung mit den allgemeinen Schulen, deren Bildungsziele meist maßgebend sind, erfüllt. Sie ist demnach eine eigenständige, sonderpädagogisch orientierte Einrichtung, deren Auftrag sich nicht in der Funktion organisierter Nachhilfe und reduzierter allgemeiner Didaktik erschöpfen kann. Die Schule für Kranke ist wegen des Situationscharakters, der das Entstehen des besonderen Förderbedarfs bei ihren Schülern und auch die konkreten Fördersituationen selbst kennzeichnet, als Durchgangsschule zu definieren. Sie erfüllt einen Auftrag auf Zeit. Dies bringt unter Umständen eine starke Spannung zwischen dem personalen Beziehungsgeschehen, das ihren Unterricht kennzeichnet, den sich daraus ergebenden besonderen Formen des Unterrichts und dem zwangsläufig von vorn herein gesetzten Ende des Auftrags mit sich. Dies wird besonders deutlich, wenn sich Schüler in schwersten

Grenzsituationen auf schulische Förderung einlassen. Ursächlich für das Entstehen des besonderen Förderbedarfs der Schüler einer Schule für Kranke ist die existentiell begründete Lebenssituation Krankheit.

## 2. Rahmenbedingungen

### 2.1 Organisatorischer Aufbau der Schule für Kranke

Neben dem Schulgesetz werden Grundlagen und Rahmenbedingungen der Schule für Kranke in Baden-Württemberg durch die Verwaltungsvorschrift „Organisatorischer Aufbau der Schule für Kranke in längerer Krankenhausbehandlung" geregelt (Verwaltungsvorschrift des Ministeriums für Kultus und Sport (MKS) Baden - Württemberg v. 28. Juli 1988, K.u.U., S.755). Dort wird festgelegt, daß die Krankenhausschule kranke Schüler betreut, „die sich voraussichtlich mindestens vier Wochen im Krankenhaus befinden oder deren Genesungsverlauf voraussichtlich insgesamt sechs Wochen übersteigt und die deshalb ihre Schule nicht besuchen können" (ebd.). Das Ziel der schulischen Betreuung wird weit gefaßt. Es wird als „leistungsmäßige und soziale Wiedereingliederung ... in den bisher besuchten Klassen" (ebd.) beschrieben. Noch weiter spannt sich der Bogen des pädagogischen Auftrags für schwerkranke Schüler. Hier „kann der Krankenhausschule die Aufgabe zukommen, die für schulisches Lernen notwendigen Grundlagen wieder zu entwickeln" (ebd.).

Spätestens an dieser Stelle werden der sonderpädagogische Stellenwert der Krankenhauspädagogik, ihr Bildungs- und Erziehungsauftrag und die Notwendigkeit der Entwicklung eigenständiger didaktischer Konzepte deutlich. Zugleich zeigt sich gerade in diesem Aufgabenfeld, daß es schwer ist, den Erziehungs- und Bildungsauftrag und seine Grenzen für die Krankenhausschule festlegend zu beschreiben. Sicher ist, daß die Förderung elementarer Lernvoraussetzungen bei schwerkranken oder schwerverletzten Schülern viele Elemente beinhaltet, die vom Aufbau tragfähiger und belastbarer personaler Beziehungen, über umfassende förderungsdiagnostische Kompetenzen, Möglichkeiten der Eltern- und Schullaufbahnberatung bis hin zur Begleitung der Betroffenen in Phasen einschneidender Veränderungen für ihre Lebenskonzepte reichen. Über die oben genannten Gesichtspunkte hinaus, legt die Verwaltungsvorschrift über den organisatorischen Aufbau der Schulen für Kranke weiter fest, unter welchen Gesichtspunkten die Ermittlung des Lehrerbedarfs erfolgen soll. In allgemeiner Weise wird der Umfang der Zuweisung von Personalresourcen an den „Voraussetzungen der zu unterrichtenden Schüler" und an der „Klinikstruktur" festgemacht (ebd.). Die Schule für Kranke müßte vom Grundsatz her so ausgestattet sein, daß sie mit außergewöhnlichen Situationen flexibel umgehen kann. Eine

Ausstattung dieser Schule für pädagogische Standardsituationen allein kann dem grundlegenden Anliegen nicht gerecht werden, weil es keine Standardsituationen gibt. Der sogenannte „Organisationserlaß" (Unterrichtsorganisation im Schuljahr 1996/97, Verwaltungsvorschrift des MKS v. 14. Februar 1996, Az.: III/4-6740.3/713) enthält keine detaillierten Angaben über die Lehrerzuweisung für die Schulen für Kranke. Aus der Offenheit dieser Regelungen läßt sich leicht ableiten, daß alle Entscheidungen über die personelle und sächliche Ausstattung an den speziellen Bedürfnissen vor Ort gemessen werden müssen. Die Schulverwaltung steht hierbei in der Verantwortung, pauschalierende Vorgehensweisen zugunsten flexibler und situationsgerechter Einzellösungen zu vermeiden. Ihr kommt dabei die Aufgabe zu, sich in engem Zusammenwirken mit den Beteiligten in Klinik und Klinikschule umfassende Fall- und Ortskenntnisse zu verschaffen und auf Veränderungen rasch zu reagieren. Dabei ist die gesicherte Entwicklung von Mindeststandards anzustreben, weil diese für eine gestaltbare Entwicklung der Krankenpädagogik unverzichtbar und für die Weiterentwicklung der Schulen für Kranke im Sinne der „Inneren Schulreform" erforderlich sind. Dies gilt auch für den Umgang mit der Arbeitszeit der Lehrer. Die Organisation des Unterrichts an einer Krankenhausschule ist von mehreren ständig sich ändernden Faktoren abhängig. Zur Flexibilisierung des Unterrichts nach diesen Voraussetzungen ist eine freie Handhabung der Lehrerarbeitszeit, die z.B. im Rahmen von Arbeitszeitkonten erfolgen könnte, unerläßlich, mindestens muß die Diskussion darüber geführt werden. Auch Ferienordnungen, die sich an den Regelschulen orientieren, könnten zur Disposition stehen. Sicher ist, daß starre „Stundenpläne" den sich stellenden Aufgaben nicht mehr gerecht werden.

## 2.2 Rahmenbedingungen in den Kliniken; Hausunterricht

Eine Erhebung der Oberschulämter Baden-Württembergs hat ergeben, daß auch die zeitlichen Festlegungen für die Förderungsbedürftigkeit eines Schülers im Sinne der Schule für Kranke, wie sie in der oben genannten Verwaltungsvorschrift vorliegen, nicht dogmatisch betrachtet werden können. Verkürzte Liegezeiten, die sich aus den Maßnahmen im Rahmen der Gesundheitsreform oder durch geänderte Formen der Therapie ergeben, führen nicht von vorn herein zu einem verminderten Bedarf an sonderpädagogischer Förderung durch die Schule für Kranke. Sie bringen vielmehr eine geänderte Struktur ihres pädagogischen Feldes mit sich. So ist sie z. B. durch die zunehmende Bedeutung ambulanter Hilfen, von Beratung und kooperativen Maßnahmen gekennzeichnet. Insbesondere die Zunahme chronisch kranker Patienten mit regelmäßig wiederkehrenden Klinikaufenthalten läßt eine offenere Regelung für die schulische Betreuung als angezeigt erscheinen. Starre Zuständigkeitsabgrenzungen zwischen den Stammschulen und der Klinikschule werden den Lernbedürfnissen der betroffenen Schüler nicht mehr gerecht. Die Konstanz personaler Beziehungen beim schulischen Lernen sollte hier Vorrang vor institutionellen Betrachtungsweisen und starren Zuständigkeitsabgrenzungen haben. Die praktische Durchführung der Regelungen aus der „Verordnung des Kultusministeriums über den Hausunterricht" (Hausunterrichtsverordnung des MKS v. 8. August 1983; K.u.U., S. 625) ist von diesen geänderten Gegebenheiten ebenfalls betroffen. Dort werden die Möglichkeiten zur Erteilung von Hausunterricht durch die Krankenhausschulen einschränkend behandelt. Es ist vom Grundgedanken der Reintegration in die Stammschule her sicher grundsätzlich sinnvoll, die Erteilung von Hausunterricht als Auftrag der allgemeinen Schulen zu betrachten. Abgesehen von den organisatorischen Problemen, Lehrkräfte aus allgemeinen Schulen über Mehrarbeitsunterricht oder nebenberufliche Lehraufträge für die Erteilung zu gewinnen, sollte aber für Schüler aus dem Kreis der chronisch kranken Kinder die Möglichkeit zur Erteilung von Hausunterricht durch die Krankenhausschule dann geschaffen werden, wenn regelmäßig wiederkehrende Abfolge stationärer Krankenhausaufenthalte zu erwarten ist. In jedem Falle bedarf die Kontinuität der schulischen Betreuung dieser Schülerinnen und Schüler einer gesicherten organisatorischen Grundlage. Für den Hausunterricht müssen dazu sicher verfügbare Grundkontingente an Lehrerwochenstunden vorgehalten werden. Auf diesem Hintergrund wäre auch die Diskussion über vorliegende Wiener Erfahrungen mit dem Integrativen Hausunterricht hierzulande zu führen.

## 3. Kranke Kinder und Jugendliche als Schüler - Überlegungen zu einem Schulkonzept

Wenn man die unter 2.2 genannte Befragung in den Mittelpunkt der Betrachtungen stellt, erhält der Unterricht mit kranken Schülern zunehmendes Gewicht für mögliche Weiterentwicklungen an den Schulen für Kranke. Der damit verbundene besondere Begriff von Unterricht wirft auch die Frage nach geänderten Schulkonzepten auf. Schulkonzepte, die sich mit der schulischen Betreuung des kranken - gar noch des schwerkranken Kindes - befassen, bedürfen für ihre Umsetzung interdisziplinärer Zusammenarbeit.

Keine der betroffenen Disziplinen kann den Anspruch erheben, leitend zu sein, während andere dienende Funktionen haben sollen. Dies ist wichtig, weil kein Beteiligter den Anspruch erheben kann, das Schulkonzept einer Schule für Kranke zu besitzen oder die Form der Zusammenarbeit zwischen den am Genesungs- oder Leidensprozess des kranken Kindes Beteiligten gefunden zu haben. Man kann sich nur mit verschiedenen, konkret eingelösten Möglichkeiten und mehr oder weniger gelungenen Beispielen auseinandersetzen und sollte dabei den Kontext ihrer situativen Verfaßtheit nicht aus dem Auge verlieren.

Bereits eine erste Analyse solcher Beispiele zeigt auf, daß Krankenpädagogik oft vom Ereignischarakter geprägt ist. Krankenpädagogische Forschung begründet sich zu einem wesentlichen Teil auf Kasuistik. Auch hinsichtlich ihrer örtlich-institutionell vorfindbaren Rahmenbedingungen weichen die Gegebenheiten der einzelnen Standorte stark voneinander ab (Es wird dazu auf die vergleichende Arbeit von A. VOLK-MOSER in diesem Band verwiesen). Das pädagogische Handeln im Umgang mit dem kranken Kind entzieht sich jeder Rezeptologie. Im Gegensatz zur planvollen medizinischen Therapie, die sich an naturwissenschaftlichen Vorgehensweisen orientiert, also möglichst dem Prinzip der Stetigkeit folgt, vertritt das pädagogische Vorgehen in diesem Feld eher die Seite der unstetigen Formen der Erziehung (vgl. BOLLNOW). Dieses pädagogische Handeln läßt keine Systematik der Methoden zu.

Das pädagogische Handeln im Feld einer Schule für Kranke (oder im Umgang mit schweren Formen mehrfacher Behinderung) verlangt also vom Grundsatz her Offenheit für die Situation und für die augenblickliche Bedürftigkeit seiner Adressaten. Neben die eher empirisch naturwissenschaftlich bestimmten Elemente der medizinisch-therapeutischen Beschreibung eines Krankheitsbildes, des Krankheitsverlaufes und seiner allgemeinen Begleiterscheinungen muß für das pädagogische Handeln das Verstehen der augenblicksgebundenen Verfaßtheit der konkret vorfindbaren pädagogischen Situation treten. Diese sehr auf Einzelsituationen bezogene Betrachtungsweise bringt aber viele Schwierigkeiten mit sich, die sich im Umgang eines Schulaufsichtsbeamten mit der Arbeit in einem solchen pädagogischen Feld bemerkbar machen. Fehlende Rezeptologie bringt eingeschränkte Planbarkeit und Beherrschbarkeit mit sich. Lernziel- oder Kriterienkataloge für die Unterrichtsbeurteilung oder die Beratung stoßen schnell an Grenzen. Festlegungen für die Gestaltung des organisatorischen Rahmens sind nur mit größter Vorsicht möglich. Das Handeln der Schulverwaltung muß deshalb in erster Linie auf die Stärkung der Selbstentfaltungskräfte der im konkreten pädagogischen Feld Handelnden gerichtet sein.

Krankenpädagogik zielt in keinem Falle auf ein moralisierend geleitetes Umerziehen oder Bessermachen. Es geht beim Umgang mit kranken Schülern um das innere Mitvollziehen des bisweilen ins Existentielle reichenden Leidensprozesses. Das Sich-Einlassen ist die Basis dieser Grundhaltung, die den Begleitern des kranken Kindes große Schwierigkeiten bereiten kann. Daraus erwächst als Auftrag für die Schulverwaltung, Maßnahmen zur Verbesserung der psychohygienischen Grundlagen für die Arbeit in Krankenhausschulen zu entwickeln und zu unterstützen. Dies beginnt bei der Personalauswahl und setzt sich über den Einsatz geeigneter Maßnahmen zur Personalförderung, wie z.B. Supervision, fort, und sie wird besonders wichtig bei der Beratung und Ermunterung von Schulleitungen gegenüber den Schulträgern, wenn es um die sächliche Ausstattung von Schulen geht.

Die Begleiter des Handelns in einer Schule für Kranke aus der Schulverwaltung müssen offen sein müssen für ungelöste pädagogische Prozesse, persönlich geprägte Formen ihrer Ausgestaltung und die Möglichkeit ihres Scheiterns, weil sie wesensmäßig zum Handeln in Krisensituationen gehören. Ein Erwarten vorzeigbarer Erfolge verbietet sich. In der Krankenpädagogik haben die Betroffenen es in manchmal zugespitzter Weise mit Verlustängsten und Bedrohungen der Persönlichkeit zu tun. Dabei geht es auch um das Überwinden apathischen Umgangs mit dem Leiden. Es geht nicht darum, dem von Krankheit bedrohten Kind sein Elend abzusprechen, seine Not schönzureden oder sie didaktisch zu materialisieren. Es geht letztlich um personale Zuwendung, die das lebenszugewandte Dynamische in der Schülerpersönlichkeit immer wieder in einzelnen Situationen weckt oder wenigstens erahnbar erhält.

R. Seifert hat sich in einem Aufsatz zur „Begleitung lebensbedrohlich erkrankter Kinder" und zur Begleitung als dem „Bemühen um pädagogische Koexistenz" geäußert. Er stellt das Bildungsziel „sozial verantwortlichen Handelns" heraus und betont, daß dieses sich „in aktuellen Gegenwartsmomenten konkretisiert, in denen der lebensbedrohlich erkrankte Schüler, das Sein zu 'zweien oder mehreren' nicht nur als Grundlage für gemeinsames Tun, sondern auch als Chance erfährt, 'füreinander mitzuwirken an der Befreiung der jeweiligen Manifestation des Selbst'...Schulische Erfolge sind nur insofern bedeutsam, als daß sie sich als Konsequenz erlebter Begegnungen, sowie als Beleg enfühlsamen Zusammenwirkens und wechselseitiger Verständigung darstellen. Der Begleiter muß sich in diesem Beziehungsverhältnis die Freiheit zu gesellschaftlich bedeutungslosem Handeln nehmen" (Seifert, S. 510).

Der Plan des Handelns liegt in der leidenden Person unmittelbar selbst. Das pädagogische Handeln braucht dazu Freiheit und zeichnet sich durch extreme Individualisierung und situative Verfaßtheit aus. „Die Begleitung lebensbedrohlich erkrankter Kinder ist ohne Kooperation nicht zu leisten, da die Lebenserschwernisse dieser Menschen so vielschichtig und tiefgreifend sind, daß ein Einzelner weder in der Lage wäre, damit umzugehen noch die sich aus der existentiellen Not ergebenden Auswirkungen auf seine Befindlichkeit schadlos verkraften könnte. Damit sind zwei Kooperationsebenen erkennbar: auf der einen geht es um die Unterstützung der Bewältigungsbemühungen des lebensbedrohlich erkrankten Schülers, auf der anderen um die Stärkung der eigenen Persönlichkeit des Begleiters"(ebd., S. 510).

Die Schule für Kranke ist zuvörderst ein Ort der personalen Erziehung. Aus diesem Ziel ergibt sich zwingend die Notwendigkeit zur innerlich beteiligten Zusammenarbeit aller Begleiter des Kindes. Somit ist die Schule für Kranke ein Ort der interdisziplinären Zusammenarbeit; sie ist durch die zum Teil extreme Zuspitzung des Beziehungsgeschehens auf Individualisierung hin ein ausgesprochen typisches Feld sonderpädagogischen Handelns.

M. ORTMANN hat diese Gedanken unter anderen Aspekten aufgegriffen: „Konzeptionelle Orientierungslinien zur unterrichtlichen Förderung progredient erkrankter Schüler können...nicht mit einer einzigen Theorie begründet werden, sondern sie müssen interdisziplinär theoriegeleitet und legitmiert werden. Eine fächerübergreifende Gegenstandserschließung erscheint möglich unter Verwendung des ökosystemischen Ansatzes (...), der hermeneutischen Methode des pädagogischen Verstehens in der Tradition Diltheys, entwicklungpsychologischer, psychoanalytischer, (...) Theoreme und empirischer Forschungsergebnisse unter Anwendung des psychologischen Konstrukts des 'Selbstkonzepts', der soziologischen Erklärung der Identitätsbehauptung und des Interaktionsmodells der themenzentrierten Interaktion" (ORTMANN, S. 161). M. ORTMANN geht auch ausführlich auf die psychohygienischen Grundlagen für die Begleiter des progredient erkrankten Kindes ein. Sie wehrt sich entschieden gegen eine Ausgrenzung der Angstgefühle, die in der Begegnung mit Krankheit oder Tod geweckt werden können und prangert an: „Gegen Krankheit wird gekämpft; gestorben wird emotionslos und anonym; Tod wird negiert..." (ebd., S. 161). Es gehört zum Berufsethos der in einer Schule für Kranke Beschäftigten, sich darauf einzulassen, daß man als „Lehrer in der Begegnung mit ...erkrankten Schülern häufig in persönliche Grenzsituationen gerät".

„Es geht nun nicht wie im traditionellen Schulbetrieb um die Sicherung des kindlichen Bildungsanspruchs mit Perspektive auf sein späteres Erwachsenenleben (darum geht es sicher auch, d. Verf.); hier geht es (vornehmlich, der Verfasser) um die Sicherung seines Existenzanspruches" (ebd., S. 162).

Für die didaktische Ausrichtung stehen zwingend die „Stärkung der kindlichen Identität" und des „Selbstwertgefühls" im Vordergrund. Alle fachwissenschaftlichen oder fachdidaktischen Ziele sind dem nachgeordnet. Gerade diese Tatsache verlangt vom Lehrer an einer Schule für Kranke zuverlässige didaktische Kompetenz. Er muß der situativen Verfaßtheit der jeweiligen - meist dialogisch geprägten - pädagogischen Situation in flexibler Weise didaktische Strukturen abgewinnen können. Dazu muß er über gesicherte Formen des „Offenen Unterrichts" verfügen. Gerade die Offenheit des Unterrichts in seinen Formen und Zugehensweisen verlangt gründliche Vertrautheit mit innerer inhaltlicher Ordnung und präzise Kenntnisse der individuell und situativ vorfindbaren Lernvoraussetzungen und möglichen Lernwege. „Sich-Wohlfühlen in der Schule" alleine vermag keine pädagogische Beziehung zu tragen. Diese Floskel wirkt eher tendenziell verächtlich, wenn sie nicht erkennbar in den Gesamtrahmen schulischen Lernens eingebunden ist. Die Erfahrung, etwas leisten zu können spielt gerade beim bedrohten Kind und Jugendlichen als Zeichen des Lebens eine bedeutende Rolle. Diese Erfahrung vertritt die entwicklungsfähigen Möglichkeiten der Zukunft im Beziehungsgeschehen. Die Erörterung dieses Aspekts wäre ein weites Feld, das in der Lehrerausbildung jetzt endlich in ersten Anfängen aufgegriffen wird.

## 4. Zusammenfassung

Die Folgen dieser Überlegungen für das Handeln der Schulaufsicht wurden skizziert. Es muß begleitenden Charakter tragen, frei sein von Bevormundung und gesicherte Freiräume für das Begegnungsgeschehen im pädagogischen Bezug schaffen. Darüber hinaus trägt sie Verantwortung für die psychohygienischen Grundlagen der Berufsausübung. Sie muß die nötigen Formen der Begleitung ermöglichen und in unterrichtsfachlicher Hinsicht bei der Weiterentwicklung von Grundlagen unterstützend tätig sein. Organisatorische Rahmenbedingungen sollten einen gesicherten Handlungsraum gestaltbar halten und von Bürokratisierung verschont bleiben. Es ist eine schwierige Aufgabe, durchaus zupackend und wegweisend aktiv zu sein, zugleich respektvoll die Souveränität der Schule zu achten. Indem wir das eine tun, können wir das andere nicht lassen.

## 5. Literaturangaben

BOLLNOW, O. F.: Existenzphilosophie und Pädagogik. Stuttgart 1968.

BOLLNOW, O. F.: Neue Geborgenheit. Stuttgart 1979.

FLITNER, W.: Die vier Quellen des Volksschulgedankens. Stuttgart 1949.

GUARDINI, R.: Welt und Person. In: GERNER, B. (Hrsg.): Personale Erziehung. Darmstadt 1965,Seite 11 ff.

HENTIG, H. v.: Die Schule neu denken, München 1993.

ILLICH, I. und SANDERS, B.: Das Denken lernt Schreiben. Hamburg 1988.

KEY, E.: Das Jahrhundert des Kindes. In: REBLE, A.: Geschichte der Pädagogik. Dokumentationsband II. Stuttgart 1971,Seite 510 ff.

KÜMMEL, F. u.a.: Vergißt die Schule unsere Kinder ? München 1978.

ORTMANN, M.: Progredient erkrankter Schüler als schulpädagogische Herausforderung an die Körperbehindertenpädagogik. In: Z. f. Heilpädagogik 46 (1995), S. 160-167.

SEIFERT, R.: Die Begleitung lebensbedrohlich erkrankter Kinder. In: Z. f. Heilpädagogik 42 (1991), S. 503-513.

SPRANGER, E.: Das Gesetz der ungewollten Nebenwirkungen in der Erziehung.
Heidelberg 1962.

WIENHUES, J.: Die Schule für Kranke. Rheinstetten 1979.


**Anlage 1:** Schulgesetz für Baden-Württemberg (SchGes), Fassung v. 1. August
1983, (Gesetzblatt S.397 und Amtsblatt Kultus und Unterricht,K.u.U., S.584).

### § 15 Sonderschule

(1) Die Sonderschule dient der Erziehung und Ausbildung von Kindern und Jugendlichen, die
schulfähig sind, aber infolge körperlicher, geistiger oder seelischer Besonderheiten in den allgemeinen Schulen nicht die ihnen zukommende Erziehung und Ausbildung erfahren können.
Sie gliedert sich in Schulen oder Klassen, die der besonderen Förderungsbedürftigkeit der
Schüler entsprechen und nach sonderpädagogischen Grundsätzen arbeiten; sie führt je nach
Förderungsfähigkeit der Schüler zu den Bildungszielen der übrigen Schularten, soweit die besondere Förderungsbedürftigkeit der Schüler nicht eigene Bildungsgänge erfordert.

Sonderschulen sind insbesondere
1. Schulen für Blinde,
2. Schulen für Gehörlose,
3. Schulen für Geistigbehinderte,
4. Schulen für Körperbehinderte,
5. Förderschulen,
6. Schulen für Schwerhörige,
7. Schulen für Sehbehinderte,
8. Schulen für Sprachbehinderte,
9. Schulen für Erziehungshilfe,
10. Schulen für Kranke in längerer Krankenhausbehandlung.

(2) Wenn die besondere Aufgabe der Sonderschule die Heimunterbringung der Schüler ge-
bietet oder die Erfüllung der Schulpflicht sonst nicht gesichert ist, ist der Schule ein Heim an-
zugliedern, in dem die Schüler Unterkunft, Verpflegung und eine familiengemäße Betreuung
erhalten (Heimsonderschule).

(3) Wenn die besondere Aufgabe der Sonderschule erfüllt ist, sind die Schüler in die allgemeinen Schulen einzugliedern.

**Anlage 2:** Organisatorischer Aufbau der Schule für Kranke in längerer Krankenhausbehandlung Verwaltungsvorschrift des Ministeriums für Kultus und Sport Baden - Württemberg vom 28. Juli 1988 (Amtsblatt Kultus und Unterricht, K.u.U., S. 755).

**Sonderschule – Krankenhausschule**

## Organisatorischer Aufbau der Schule für Kranke in längerer Krankenhausbehandlung

**Verwaltungsvorschrift vom 28. Juli 1988 (K.u.U. S. 755)**

Bei der Gestaltung der Schulen für Kranke in längerer Krankenhausbehandlung nach § 15 Abs. 1 Nr. 10 SchG (Krankenhausschulen) ist nach folgenden Grundsätzen zu verfahren:

### I.

**Aufgabe der Schule für Kranke in längerer Krankenhausbehandlung**

Die Krankenhausschule hat die Aufgabe, kranken Schülern einer öffentlichen Schule oder einer privaten Ersatzschule, die sich voraussichtlich mindestens vier Wochen im Krankenhaus befinden oder deren Genesungsverlauf voraussichtlich insgesamt sechs Wochen übersteigt und die deshalb ihre Schule nicht besuchen können, so zu unterrichten und zu fördern, daß die Voraussetzungen für eine erfolgreiche leistungsmäßige und soziale Wiedereingliederung nach Möglichkeit in den bisher besuchten Klassen geschaffen werden.

Im Falle schwerer Folgen von Erkrankungen oder Verletzungen kann der Krankenhausschule die Aufgabe zukommen, die für schulisches Lernen notwendigen Grundlagen wieder zu entwickeln.

### II. Organisation

1. **Größe und Lehrer-Schüler-Relation**

   Eine Krankenhausschule kann in der Regel dann eingerichtet werden, wenn auf Dauer mindestens sechs Schüler zu betreuen sind. Die Krankenhausschule wird grundsätzlich als selbständige Schule eingerichtet. Sofern weniger als zwei Lehrerdeputate benötigt werden, soll die Schule mit einer anderen bestehenden Schule gemäß § 16 SchG verbunden werden.

   Der Lehrerstundenbedarf richtet sich nach den Voraussetzungen der zu unterrichtenden Schüler und nach der Klinikstruktur. Für jeweils sechs bis neun Schüler ist in der Regel ein Lehrerdeputat vorzusehen.

2. Eine Krankenhausschule kann ein oder mehrere Krankenhäuser, auch Krankenhäuser in privater Trägerschaft, im Gebiet des Schulträgers betreuen.

22. – 4/88

# III. Unterricht

## 1. Unterrichtszeit

Als Richtwert ist anzunehmen, daß die durchschnittliche Unterrichtszeit des Schülers einer Krankenhausschule zwölf Stunden pro Woche beträgt. Je nach den Verhältnissen des Einzelfalls ist die Unterrichtszeit jedoch insbesondere vom Alter und von der Schwere der Krankheit des Schülers abhängig. Der Zeitpunkt der Aufnahme und der Umfang des Unterrichts sind im Benehmen mit dem behandelnden Arzt festzulegen.

## 2. Unterrichtsformen

Der Unterricht wird als Einzelunterricht oder als Gruppen- bzw. Klassenunterricht erteilt.

## 3. Unterrichtsort

Der Unterricht wird in Räumen des jeweiligen Krankenhauses erteilt.

## 4. Durchführung des Unterrichts

Der Unterricht orientiert sich an den Bildungsplänen der vom Schüler bisher besuchten bzw. künftig zu besuchenden Schule und berücksichtigt emotionale und soziale Auswirkungen der Krankheit. Die Unterrichtsfächer und deren Inhalte sind unter dem Ziel der Wiedereingliederung des Schülers in die von ihm besuchte Schule ggf. unter dem Ziel der Grundlegungen für eine andere schulische Eingliederung im Einzelfall auszuwählen. Auch musische Fächer sollen im Unterricht in angemessenem Umfang vertreten sein.

Überforderung und Leistungsdruck müssen unbedingt vermieden werden.

## 5. Bildungsgänge

Die Festlegung der angebotenen Bildungsgänge erfolgt, sofern erforderlich, nach den Bedürfnissen des Einzelfalls im Rahmen des Zustimmungsverfahrens nach § 30 Abs. 1 SchG.

## 6. Zusammenarbeit zwischen der vom Schüler bisher besuchten Schule und der Krankenhausschule

Die Krankenhausschule nimmt den Kontakt zur vom einzelnen Schüler bisher besuchten bzw. künftig zu besuchenden Schule auf und erhält ihn während der Verweildauer des Schülers im Krankenhaus aufrecht.

Die bisher besuchte bzw. künftig zu besuchende Schule stellt alle erforderlichen Unterlagen zur Verfügung. Hierzu gehören insbesondere Informationen über die bisher behandelten bzw. geplanten Lernziele und Unterrichtsinhalte und über die Voraussetzungen des Schülers.

Die während der Verweildauer erarbeiteten Unterrichtsinhalte und die festgestellten Lernergebnisse sind schriftlich festzuhalten. Sie bilden die Grundlage für den Abschlußbericht, der in der Regel der nach der Krankenhausbehandlung zu besuchenden Schule zugeleitet wird.

## IV. Lehrer

Im Unterricht an einer Krankenhausschule sind hierfür besonders geeignete Lehrer einzusetzen. Aufgabe und Besonderheiten des Unterrichts erfordern vom Lehrer insbesondere

- die Fähigkeit, in pädagogisch-psychologischer und didaktisch-methodischer Hinsicht den Belangen kranker Schüler Rechnung zu tragen;

- eine flexible, auf die Persönlichkeit des Schülers, seine Krankheit und Therapie sowie auf die Notwendigkeiten des Krankenhausbetriebs eingehende Unterrichtsgestaltung;

- Bereitschaft und Fähigkeit zur schülerbezogenen Zusammenarbeit mit den Erziehungsberechtigten und allen am Heil- und Pflegeprozeß und schulischen Eingliederungsprozeß Beteiligten.

## V. Zusammenarbeit zwischen Krankenhaus und Schule

Die Unterrichtung von kranken Schülern im Krankenhaus erfordert die einvernehmliche organisatorische Abstimmung des Krankenhausbetriebs und des Unterrichtsbetriebs unter Berücksichtigung der Aufgaben und Erfordernisse der beiden Einrichtungen.

Um eine optimale Wirksamkeit von Krankenhausbehandlung und Unterricht zu erreichen, bedarf es der Zusammenarbeit von Lehrern und behandelnden wie betreuenden Fachkräften. Durch gegenseitige Information und entsprechende Koordination zu treffender Maßnahmen sind die notwendigen Voraussetzungen für einen Therapie- und Unterrichtsplan gegeben, der der Situation des Schülers entspricht. Dabei sind auch Informationen über die Besonderheiten des Krankheitsbildes, der geistig-seelischen Situation des Patienten und seiner Umweltprobleme notwendig.

In die Zusammenarbeit sind die Erziehungsberechtigten mit einzubeziehen.

## VI. Ferien

Die Ferienverteilung an den Krankenhausschulen richtet sich nach der jeweils geltenden Ferienordnung des Ministeriums für Kultus und Sport. Abweichungen hiervon bedürfen der Zustimmung des Ministeriums.

## VII. Inkrafttreten

Die Verwaltungsvorschrift tritt ab sofort in Kraft.

**Anlage 3:** Verordnung des Ministeriums für Kultus und Sport über den Hausunterricht vom 8. August 1983 (Amtsblatt Kultus und Unterricht, K.u.U., S. 625).

## Hausunterricht

Verordnung des MKS über den Hausunterricht (HausunterrichtsVO) vom 8. August 1983; K.u.U. S. 625/1983

### § 1 Voraussetzungen

(1) Hausunterricht anstelle des Unterrichts in der Schule sollen auf Antrag erhalten:

1. Kinder und Jugendliche, die in Baden-Württemberg wohnen und zum Besuch einer Sonderschule verpflichtet sind (§ 82 Abs. 2 SchG), für die jedoch die Pflicht zum Besuch einer Sonderschule auf Grund einer Entscheidung nach § 82 Abs. 3 SchG ruht.

2. Schulpflichtige Schüler einer öffentlichen Schule oder einer Schule in freier Trägerschaft, die in Baden-Württemberg wohnen und auf Grund einer Krankheit bereits länger als acht Wochen gehindert waren, die Schule zu besuchen. Ist absehbar, daß der Schüler mehr als acht Wochen der Schule fernbleiben muß, kann Hausunterricht schon vor Ablauf dieser Zeitspanne erteilt werden. Ein Schulbesuch an einzelnen Tagen während dieser Frist bleibt außer Betracht.

3. Schulpflichtige, die in Baden-Württemberg wohnen und deren Krankheit bereits länger als acht Wochen dauert, wenn ihr Schulverhältnis durch Zeitablauf während der Krankheit geendet hat und die anschließend in eine andere Schulart bzw. einen anderen Schultyp aufgenommen worden wären. Nr. 2 Satz 2 und 3 gilt entsprechend.

4. Schulpflichtige Schüler einer öffentlichen Schule oder einer Schule in freier Trägerschaft, die in Baden-Württemberg wohnen und die wegen einer langdauernden Erkrankung, z. B. an fortgeschrittener chronischer Niereninsuffizienz (Präurämie bzw. Urämie), Leukämie oder malignen Tumoren, schwerer Hämophilie und schweren Blutungsübeln, den Unterricht an einzelnen Tagen versäumen müssen.

(2) Hausunterricht wird nur erteilt, wenn der Berechtigte auf Grund seines Gesundheitszustandes dazu in der Lage ist und wenn die Gesundheit des Lehrers dadurch nicht gefährdet wird.

(3) Hausunterricht nach dieser Verordnung ist ausgeschlossen, wenn Anspruch auf Hausunterricht nach anderen gesetzlichen oder privatrechtlichen Vorschriften (z. B. gesetzliche Schülerunfallversicherung) besteht. Solange ein solcher Anspruch nicht erfüllt wird, soll der Berechtigte Hausunterricht nach dieser Verordnung erhalten, falls er entsprechende Ersatzleistungen verfolgt und sich verpflichtet, diese an das Land Baden-Württemberg abzuführen, oder falls er auf Verlangen den Anspruch an das Land Baden-Württemberg abtritt.

### § 2 Ziel und Inhalt

Ziel des Hausunterrichts ist es, eine Erziehung und Ausbildung zu vermitteln, die in angemessenem Umfang an die Stelle des Schulunterrichts tritt. Der Hausunterricht orientiert sich grundsätzlich an den Lehrplänen der Schule, zu deren Besuch der Berechtigte verpflichtet ist oder die er besucht oder besuchen würde.

## § 3 Umfang

Beim Hausunterricht dürfen entsprechend seinem Ziel die nachfolgenden Wochenstunden nicht überschritten werden:

1. Grundschulen sowie entsprechende Sonderschulen
   Klassen 1 und 2                            6 Wochenstunden
   Klassen 3 und 4                            8 Wochenstunden

2. Hauptschulen, Realschulen, Gymnasien bis einschließlich Klasse 10 und
   Berufsfachschulen sowie entsprechende Sonderschulen      10 Wochenstunden

3. Oberstufe der Gymnasien und Berufskollegs sowie entsprechende Sonderschulen
                                           12 Wochenstunden

4. Berufsschulen sowie entsprechende Sonderschulen       6 Wochenstunden

Schüler von Versuchsschulen in freier Trägerschaft, für die keine entsprechende öffentliche Schule besteht, sind wie Schüler der Schulart bzw. Schulstufe zu behandeln, mit der die von ihnen besuchte Schule am ehesten vergleichbar ist.

## § 4 Ort

Der Hausunterricht wird nur am Aufenthaltsort des Berechtigten erteilt. Hausunterricht in Krankenhäusern ist nur zulässig, wenn eine Verlegung des Berechtigten in ein Krankenhaus mit einer Schule in längerer Krankenhausbehandlung nicht möglich oder nicht zumutbar ist. Hausunterricht im Krankenhaus kann auch als Gruppenunterricht durchgeführt werden.

## § 5 Genehmigungsverfahren

(1) Die Entscheidung über die Erteilung des Hausunterrichts trifft im Rahmen der zur Verfügung stehenden Deputate und Mittel

1. der Schulleiter bei Schülern von Schulen, für die das Oberschulamt unmittelbar zuständige Schulaufsichtsbehörde ist. Bei Schülern einer Schule in freier Trägerschaft entscheidet anstelle des Schulleiters das Oberschulamt.

2. Das Oberschulamt, in dessen Bezirk der Schulpflichtige wohnt, bei Schulpflichtigen, die nur durch eine Krankheit an einem Wechsel an eine der in Nr. 1 genannten Schulen gehindert sind.

3. das Staatliche Schulamt in den übrigen Fällen.

Zusammen mit der Genehmigung sind die Lehrer zu beauftragen, die den Hausunterricht erteilen. Der Hausunterricht wird von beamteten und angestellten Lehrern des öffentlichen Dienstes im Rahmen des Regelstundenmaßes oder als Mehrarbeit und von sonst geeigneten Personen nebenberuflich erteilt.

(2) Die Erteilung von Hausunterricht setzt einen Antrag der Erziehungsberechtigten, bei Volljährigen des Berechtigten selbst, voraus. Dem Antrag sind folgende Unterlagen beizufügen:

1. Name, Vorname und Geburtsdatum, Adresse und ggf. besuchte Schule und Klasse des Schulpflichtigen.

2. Ein ärztliches Zeungis über Art und voraussichtliche Dauer der Erkrankung, wegen der der Schüler die Schule nicht besuchen kann, sowie mit Aussagen darüber, ob Hausunterricht bei der vorliegenden Erkrankung im Hinblick auf den Berechtigten und den Lehrer möglich ist und bis zu welchem Umfang (§ 1 Abs. 2).

3. Im Falle des § 1 Abs. 1 Nr. 1 die Entscheidung der zuständigen Schulaufsichtsbehörde gemäß § 82 Abs. 2 und 3 SchG.

4. Ggf. die Benennung eines Lehrers, der bereit und geeignet ist, den Hausunterricht zu übernehmen.

5. Im Falle des § 1 Abs. 3 Satz 2 die Verpflichtungserklärung oder auf verlangen die Abtretungserklärung

# Andrea Volk-Moser

# Zwischen Zukunftshoffnung und Resignation – zur Brückenfunktion des Unterrichts am Krankenbett

Das Forschungsprojekt 'Schüler im Klinikum' an der Fakultät für Sonder-pädagogik der Pädagogischen Hochschule Ludwigsburg mit Sitz in Reutlingen besteht seit Herbst 1994. Seither wird versucht, die Arbeit an einer Schulart wissenschaftlich zu untersuchen, die in der Öffentlichkeit wenig bekannt ist. Die Schule für Kranke ist in Baden-Württemberg eine Sonderschule, an der Schüler jeden Alters und aller Schularten für die Zeit ihres Klinikaufenthaltes unterrichtet werden; angesichts dieses Grundmusters und der Zahl der Schüler kann die Schule für Kranke als eine kleine Integrierte Gesamtschule betrachtet werden.

## 1. Bestandsaufnahme

Die einzelnen Schulen für Kranke in Baden-Württemberg und Sachsen, als Ko-operationspartner, differieren in Organisation, Größe und Ausstattung erheb-lich, je nachdem, welcher Klinik sie angeschlossen sind und wer Träger der Einrichtung ist. Es fällt auf, daß Klinikschulen - im Gegensatz zu Regelschulen - nicht unabhängig und in sich geschlossen arbeiten, sondern geprägt werden von der sie umgebenden Institution Klinik. Die schulischen Maßnahmen ha-ben sich den medizinisch-therapeutischen unterzuordnen. Schüler sind zunächst Patienten, deren Heilung und Gesundung erster Zweck des Klinikaufenthaltes ist. So wird Unterricht am Krankenbett wie selbstverständlich unterbrochen, wenn Infusionen, Injektionen, Bestrahlungen, oder Krankengymnastik vorge-sehen sind. Der Stundenplan richtet sich nach dem Therapieplan.

Das Primat der Medizin spiegelt sich auch in der Raumzuteilung, der materi-ellen und personellen Ausstattung wider. Der Status dieser Schule ist, zumin-dest zum jetzigen Zeitpunkt, abhängig von der Einschätzung der Klinikleitung und davon, wie die Bedeutung von Unterricht und Schule für den Heilungspro-zeß gesehen wird (vgl. dazu THEIS, bes. S. 38f.). Die unterschiedlichen Kosten-träger von Schule und Klinik - in Baden-Württemberg einerseits Kultusministe-rium, andererseits Sozialministerium z.T. auch Krankenhausgesellschaften mit privaten und öffentlichen Trägern - engen den Entscheidungsspielraum tenden-ziell eher ein.

Knappe finanzielle Mittel sind für die Schulverwaltung ein drängendes Problem. Die Zuweisung von Lehrerstundenzahlen an Krankenhausschulen wird im Licht immer größerer Klassen an Regelschulen gesehen. Kleingruppen- und Einzelunterricht stehen unter Rechtfertigungszwang. Schule ist nicht Therapie, hat aber durchaus therapeutische Wirkung im Sinne besserer Krankheitsbewältigung. Diese Behauptung näher zu untersuchen, ist einer der Schwerpunkte unserer Forschungsarbeit.

Im Gegensatz zu allen anderen Schularten sind Räume und Ausstattung nicht allgemein verbindlich geregelt. Schulgebäude, Klassen- oder Lehrerzimmer, Lehr- und Lernmittel müssen immer wieder neu zwischen Klinik- und Schulleitung bzw. Schulverwaltung ausgehandelt werden. Viel hängt vom Geschick der jeweiligen Schulleitung ab, von der Kooperationsbereitschaft der Ärzte und deren Wertschätzung pädagogischer Arbeit. Bedingt durch medizinischen Fortschritt und gesteigertes Kostenbewußtsein kommen kürzere Liegezeiten hinzu, die den Charakter von „Schule" an den Rand drängen. Therapiemaßnahmen, die im Gegensatz zu Unterricht über Krankenkassen abgerechnet werden können, werden mehr Kapazitäten zugewiesen als dem Unterricht. Selbst der Wettbewerb innerhalb der Ärzteschaft, der Kliniken und der Stationen untereinander kann sich auf den Schulbetrieb auswirken. Die Wahl der medizinischen Einrichtung, mit oder ohne schulisches Angebot, beeinflußt die Schülerzahlen der angeschlossenen Klinikschule. Die räumlichen Vorgaben der vorhandenen Gebäude bilden gerade auch für die Schule im Klinikum ein schwer zu veränderndes Korsett. Umbau, Neugestaltung und Reorganisation bieten Chancen zur Veränderung, die es zu nutzen gilt, Chancen, die sich in den neuen Bundesländern - historisch bedingt - eher bieten und die zum Teil auch aufgegriffen und gestaltet werden. Hier beziehen wir uns auf Erfahrungen mit dem Kooperationspartner Sachsen.

Weitere Probleme ergeben sich bei der Zuweisung von Deputaten für den Hausunterricht von Schülern, die zwar nicht stationär aufgenommen sind, dennoch aber nicht zur Schule gehen können. Man denke an jugendliche Krebspatienten, die zwischen den Behandlungsphasen der Chemotherapie wegen Infektionsgefahr nicht am Klassenunterricht teilnehmen können. Hausunterricht wird in Baden-Württemberg über die Staatlichen Schulämter zugewiesen und unter günstigen Bedingungen von der Stammschule angeboten. Vielfach werden jedoch über Mehrarbeitsstunden Lehrkräfte verpflichtet, die dem Betroffenen fremd sind. Eine Alternative zum Hausunterricht durch Vertreter der Heimatschule könnte ein Angebot durch Lehrkräfte der Klinikschule sein. Die Wiener Heilstättenschule hat hier das Modell des Integrativen Hausunterrichts eingeführt. Kranke Schüler werden in Wien durchgängig im Klinikum und zu

Hause vom selben Lehrer betreut. Was steht diesem Modell, in diesem Band mehrfach skizziert, weil offenbar überzeugend, hierzulande eigentlich entgegen?

Unterricht im Klinikum wird in Baden-Württemberg primär als Einzelunterricht erteilt. In Sachsen hingegen muß jede Stunde Einzelunterricht vom Staatlichen Schulamt genehmigt werden. Trotz enger finanzieller Fesseln wird mit Flexibilität, Ideenreichtum und großem Einsatz Unterricht für kranke Schüler erteilt, und das ist mehr als nur Unterrichtsversorgung aufrechtzuerhalten. Organisationsfähigkeit ist neben Kooperationsbereitschaft ein wesentliches Element, das Lehrer an Klinikschulen mitbringen oder sich auf einen solchen Lernprozeß einstellen sollten. Didaktische und methodische Sicherheit sind dann gefragt, wenn einzelne Kollegen an einer kleinen Krankenhausschule wie z.B. in Aalen oder Freital/Sachsen Schüler aller Altersstufen und Schularten allein unterrichten. Große Universitätskliniken, wie in Dresden, Freiburg, Tübingen oder Ulm, erfordern besonderes organisatorisches Geschick der Schulleitung, wenn die Unterrichtsversorgung an allen über die ganze Stadt verteilten Kliniken garantiert werden soll. An den besuchten Klinikschulen fiel besonders die Flexibilität der Kollegen auf: Die Personen, die Schülerzahlen, die Räume, die Fächer, die Unterrichtsformen wechseln ständig; hinzu kommt die aktuelle Befindlichkeit aller Beteiligten, beeinflußt durch alltägliche oder krankheitsbedingte Faktoren.

Bleibt unter den geschilderten Bedingungen Unterricht nicht letzten Endes doch nur als Erfassen von Wissenslücken und Nachhilfe als halbwegs erfüllbarer Auftrag der Schule übrig? Nährt man damit nicht das bestehende Vorurteil, Schule sei eigentlich nur unter Ernstbedingungen zu führen, mithin gelte dann gesunder Unterricht für gesunde Kinder? Vielleicht gelingt es, Nachdenken darüber in Gang zu bringen.

## 2. Schulmonographien

Über Schulmonographien mit unterschiedlichen Akzentuierungen soll versucht werden, individuelle und allgemeine Merkmale zugänglich zu machen.

An kleineren Akutkliniken, wie z.B. den Kreiskrankenhäusern Aalen oder Freital/Sachsen werden die schulischen Aufgaben von ein bis zwei Lehrerinnen wahrgenommen, die organisatorisch zu Sonderschulen am Ort gehören. In Aalen steht der Schule ein eigener Raum - die ehemalige Milchküche - zur Verfügung; in Freital wird derzeit noch das Spielzimmer der pädiatrischen Station für den Unterricht genutzt. Ein eigenes Schulzimmer ist geplant. Kinder, die das Bett verlassen können, treffen sich in beiden Häusern zum Gruppenunterricht. Je nach Gruppenzusammensetzung wird ein gemeinsames Thema binnendifferenziert bearbeitet. Beim Einzelunterricht richtet sich die Lehrerin nach den Lernwünschen der Schüler und so kommt es bei manchen Themen vor, daß Lehrerin und Schüler gleichzeitig Lehrende und Lernende sind, was es den Schülern leicht macht, eigene Schwächen einzugestehen. Individuelle pädagogische Angebote als sonderpädagogische Fördermaßnahme geben diesen Schulen ihr Profil. Man kann nur staunen, welche Farbigkeit solcherart gegenseitige Lehr- und Lernprozesse auszeichnet.

In Bad Friedrichshall (vgl. der Beitrag von S. Schuldt in diesem Band) besteht das Kollegium aus neun Kolleginnen und Kollegen, von denen fünf Sonderschullehrer sind. Unterrichtet wird im Kindersolbad und überwiegend an den Kliniken „Plattenwald" (Akutkrankenhaus) und „Am Gesundbrunnen" (Akutkrankenhaus mit Psychiatrie). Im Kindersolbad gibt es zwei verschiedene Gruppen: einmal die sogenannten „Dauerkinder", die dort über einen unbestimmten Zeitraum untergebracht sind, der sich alle zwei Wochen um weitere zwei Wochen verlängern kann; dann die Kurkinder mit vier bis sechs Wochen Aufenthalt. Die Dauerkinder stammen aus sozial extrem belasteten Elternhäusern. Die Schule für Kranke ist für diese Kinder eine Art Interventionsschule; d. h., das Jugendamt war gezwungen zu intervenieren und Kinder von ihren Familien wegen Mißbrauchs und Mißhandlungen zu entfernen. Die Schule ist hier ein Knoten im sozialen Netzwerk (Elternhaus - Jugendamt - Schule - Krankenhaus). Diese Kinder befinden sich in einer sogenannten Integrationsfördergruppe. Die Integration der betroffenen Kinder in 'normale' Gruppenbeziehungen soll gefördert werden, wobei der Aufenthalt in Bad Friedrichshall eine Interimslösung darstellt, bis andere Heimplätze oder Pflegefamilien gefunden worden sind (vgl. dazu MACK, bes. S. 65ff.). Unterricht an der Schule für Kranke findet auch nur so lange statt, bis die Schüler wieder in Regelschulen aufgenommen werden können. Die Kinder leiden an sozialen Symptomen, was einem Krankheitsbegriff nach Meinung der Kollegen dort wohl am nächsten kommen dürfte. Somatische oder eindeutig psychiatrische Symptome werden gesellschaftlich als 'Krankheit' akzeptiert. Hingegen gibt es einen gesellschaftlichen Abstoßmechanismus für soziale Probleme, die dann zum Selbstläufer und finanziellen Dauerproblem für die Gesellschaft werden können. Die betroffenen Familien sind 'sozial krank', können sich selbst nicht helfen und stehen Hilfe oftmals ablehnend gegenüber. Beziehungsdefizite, Verwahrlosung und Gewalttätigkeit prägen das familiäre Klima, werden von den Kindern übernommen und auf neue Beziehungen übertragen. Selbsthilfegruppen, Elterninitiativen, wie es sie bei Familien mit krebskranken Kindern gibt, sind durch die Familiensituation ausgeschlossen. Die schulische Arbeit mit den Dauerkindern ist geprägt von sozialen und erzieherischen Zielen und hat insofern ähnlichen Charakter wie wir ihn bei einer Schule für Erziehungshilfe finden. Die Nähe zu dieser Schulart begründet in diesem Falle die sonderpädagogische Ausrichtung und den Status der Schule für Kranke Bad Friedrichshall als einer Sonderschule.

Die Schule für Kranke am Universitätsklinikum Ulm ist für die Unterrichtsversorgung an fünf verschiedenen Krankenhäusern zuständig. Träger der Schule ist die Stadt Ulm. Der Unterricht wird zentral vom Rektorat organisiert, und so ergibt es sich zwangsläufig, daß für einen reibungslosen Ablauf eine möglichst lückenlose Informationsübertragung erforderlich ist. Das Kollegium besteht aus fünf Lehrerinnen, die zum Teil voll an der Schule für Kranke tätig sind, zum Teil mit einem Teil ihres Deputats abgeordnet wurden. Außer der Schulleiterin ist noch eine weitere Lehrerin ausgebildete Sonderschullehrerin. Die betreffende Kollegin unterrichtet überwiegend am Rehabilitationskrankenhaus, wo sowohl Kinder und Jugendliche mit orthopädischen als auch neurologischen Erkrankungen untergebracht sind. An der Kinderklinik mit der Station für Onkologie und Hämatologie unterrichtet bei ganzem Deputat eine Grundschullehrerin; weitere Stunden werden nach Bedarf von den anderen Lehrerinnen unterrichtet, die als 'Springerinnen' tätig sind. Auch die Kinderchirurgie am Safranberg, die Innere Klinik, das Bundeswehrkrankenhaus werden entsprechend der dortigen Schülerzahlen von diesen Kolleginnen mitversorgt. Um eine möglichst lückenlose Betreuung zu garantieren, wird beim ersten Lehrer- Schüler-Kontakt ein Aufnahmeblatt ausgefüllt, das bis zur Entlassung des Schülers beim federführend betreuenden Lehrer verbleibt. Die Rückmeldung ans Rektorat erfolgt über Karteikarten, die nach Aufnahme der Schülerpatienten an die Schulleitung weitergegeben werden. Über diese Karteikarten wird das Unterrichtsangebot in den Hauptfächern, der Kontakt zur Stammschule, zum Elternhaus und die Rückmeldung zur Schulverwaltung organisiert und koordiniert.

Am Rehabilitationskrankenhaus ist die unterrichtliche Arbeit nach Methodik und Didaktik in der Nähe zur Schule für Körperbehinderte anzusiedeln. Onkologische Patienten erhalten hingegen Unterricht in den Kernfächern, der sich jedoch an den subjektiven Befindlichkeit und an den inhaltlichen Bedürfnissen der Betroffenen orientiert (vgl. dazu ERTLE, bes. S. 99ff.). In den individualisierten und differenzierten Angeboten liegt das sonderpädagogische Profil dieser Schule.

Die Schule für Kranke der „Medak" (ehemals Medizinische Akademie) Carl Gustav Carus, heute Universitätsklinikum Dresden, organisiert außer im Klinikum selbst den Unterricht der Kinder- und Jugendpsychiatrie in der Humaineklinik, sowie dem Krankenhaus Dresden-Neustadt. Sowohl in der Psychiatrie als auch in der Universitätsklinik gibt es eigene Schulgebäude. Es fällt allerdings auf, daß die Schulräume, zumindest in der Psychiatrie, deutlich einfacher ausgestattet sind als der Rest der Einrichtung. Die Kolleginnen unterrichten abwechselnd an den drei Standorten. Nicht zuletzt wegen der neuen Richtlinien zur Genehmigung von Einzelunterricht wird überwiegend in Gruppen unterrichtet. Gute Erfahrungen wurden nach Auskunft der Kolleginnen auch im gemeinsamen Unterricht von somatisch und psychisch kranken Schülern gemacht. Alle Lehrerinnen sind seit vielen Jahren an der Schule für Kranke und entsprechend erfahren. Allerdings ist eine gewisse Verunsicherung spürbar, begründet durch die Unterschiede in Besoldung und Status seit der Vereinigung. Dies mag eine Ursache für die überdurchschnittliche Bereitschaft zur Fortbildung sein. Wünschenswert wäre an manchen Stellen ein ausgeprägteres Selbstbewußtsein, Standpunkte zu vertreten, eigene Ansichten einzubringen, nicht zuletzt im Umgang mit Ärzten und Psychologen. Die sonderpädagogische Ausprägung dieser Schule zeigt sich in den kreativen binnendifferenzierten Angeboten von Gruppenunterricht. Schulleitung und Kollegium reagieren auf schwierige gesetzliche Rahmenvorgaben, man denke an die genannte Einzelunterrichtsregelung, einfühlsam und ideenreich.

Die Krankenhausschule des Olgahospitals Stuttgart ist auf zwei Standorte verteilt: die Kinder- und Jugendpsychiatrie in der Mörikestraße und das Olgahospital selbst. Allerdings sind, im Gegensatz zu Dresden, die Kollegen nach dem Stationslehrerprinzip bestimmten Stationen zugeordnet, was den Vorteil hat, daß sie im Laufe ihrer Tätigkeit präzise Vorstellungen und Kenntnisse über Krankheit und Therapie ihrer Schülerpatienten gewinnen können. Außerdem werden die Kolleginnen durch diese Zuordnung zum festen Bestandteil des Stationsteams, haben besseren Zugang zu Informationen und sichern insgesamt ihren Status im Kreis der unterschiedlichen Berufsgruppen.

Hervorzuheben sind die Beratungsstelle am Olgahospital und die vielfältigen Kooperationsmaßnahmen, besonders im Bereich Onkologie und Diabetes mellitus mit den Stammschulen der Patienten (vgl. die Arbeiten von E. Birri-Dutschek und von A. Fritz in diesem Band). Auf Wunsch der Schüler und ihrer Eltern besuchen Vertreter der Krankenhausschule Lehrerkollegium, Klassenkameraden und Klasse des erkrankten Kindes an der Heimatschule, um vor Ort über Krankheit und Therapieverlauf zu informieren. Auf diese Weise werden Vorurteile abgebaut, irrationale Ängste thematisiert, der Isolation des erkrankten Schülers wird entgegengewirkt.

Die Situation an der Heimatschule eines erkrankten Schülers läßt sich folgendermaßen skizzieren: Ein Kind hat Krebs und nimmt nicht mehr am Unterricht der Stammschule teil. In der Regel entstehen an der Schule, in der Klasse zunächst Gerüchte, Spekulationen über Ursache und Dauer der Abwesenheit. Wissen die Mitschüler und Lehrer von der Art der Erkrankung, werden sie mit ihrer eigenen Haltung zu Krankheit und Tod konfrontiert (vgl. dazu SCHROEDER et al., bes. S. 62ff.). Der Wunsch nach Wegschieben, Verdrängen, Nicht-Wahrhaben-Wollen wird möglicherweise vordringlich. Auch die Vorstellung, daß Krebs unweigerlich zum Tode führt, daß Krebs ansteckend ist, taucht auf. Der Gedanke, daß Schule in solcher Grenzsituation keinen Platz mehr habe, Unterricht und Lernen unbedeutend geworden sind, herrscht vor. Was ist die Folge? Der Erkrankte verliert zur Gesundheit auch noch einen Teil seiner sozialen Beziehungen. Er verliert den Kontakt nach außen, zur Schule, zum Freundeskreis, er wird isoliert. Die Schule für Kranke leistet hier wichtige Aufklärungsarbeit. Die Klassenkameraden lernen, in welcher Situation sich ihr Mitschüler befindet. Sie erfahren was Krebs ist, wie man ihn heilen kann. Sie sehen einen Film über die verschiedenen Therapieformen. Sie können Fragen stellen, Fragen zur Krankheit, aber auch Fragen zur ersten Kontaktaufnahme mit dem kranken Schüler. Sie können über persönliche Probleme mit dem Betroffenen reden, vielleicht das erste Mal aussprechen, daß sie ein schlechtes Gewissen haben, weil ihr Verhalten nicht immer richtig war. Im Anschluß an ein solches Gespräch wird es für sie leichter, ihren Mitschüler mit seiner Krankheit nicht allein zu lassen.

Bei chronisch kranken Kindern erfüllt die Klinikschule des Olgahospitals ihren pädagogischen Auftrag in doppelter Funktion: Betreuung und Beratung von Schülerpatienten im Klinikum und an der Heimatschule. Der Schüler mit Diabetes mellitus darf nicht zum Außenseiter in seiner Klasse werden. Zwar ist er in der Klasse präsent, fehlt nur von Zeit zu Zeit, doch verhält er sich häufig anders. Er testet den Blutzucker und spritzt sich. Er darf im Unterricht essen, muß aber immer genau darauf achten, was er ißt. Ein spontanes Eis auf dem Nachhauseweg, ein Schokoladenriegel bei der Geburtstagsfeier in der Schule, der Vespertausch auf dem Schulhof - das Diabeteskind muß verzichten. Sportveranstaltungen, Wandertage, Reisen ins Schullandheim bedürfen genauer Vorbereitung. Mancher Kollege möchte das Diabeteskind aus Sorge vor einer Notsituation vielleicht lieber nicht mit ins Schullandheim oder zum Ausflug mitnehmen. Hier informiert dann die Lehrerin des Olgahospitals, was zu tun ist: wie man sich bei einer Unterzuckerung richtig verhält, welche Gerichte auf dem Speiseplan im Schullandheim nicht auftauchen sollten und worauf zu achten ist, wenn eine Wanderung geplant ist. Sie beschreibt, woran man eine Unterzuckerung erkennt, zeigt Lehrern und Schülern den Umgang mit der Notfallspritze, empfiehlt Cola oder Traubenzucker bei ersten Anzeichen von Unterzuckerung. Sie klärt aber auch auf, wie sich Streß vor Klassenarbeiten auf den Blutzuckerspiegel auswirken kann, wie manche Schüler ihren Diabetes auch taktierend im Unterricht einsetzen können und rät, den betroffenen Schülern zu helfen, möglichst normal mit der Krankheit zu leben, soweit dies möglich ist.

Die Schule für Kranke Freiburg i.Br. gehört zum Universitätsklinikum, dessen Träger das Land Baden-Württemberg ist. Unterrichtet wird schwerpunktmäßig auf der kinderpsychiatrischen Station (1. bis 4. Schuljahr), der Jugendpsychiatrie (ab Klasse 5), der onkologischen Station, der Neuropädiatrie und der Akutklinik. Alle Stationen haben einen oder mehrere Unterrichtsräume, die mit höhenverstellbaren Tischen, mobilen Stühlen, entsprechendem Stauraum für Materialien, Telefon und Kopiergeräten ausgestattet sind. Die beiden psychiatrischen Stationen werden künftig in einem eigenen Schulgebäude zusammengefaßt, das sich derzeit im Umbau befindet. In diesem Gebäude werden dann auch Rektorat, Besprechungszimmer und Aula untergebracht sein. Die Psychiatrie ist für 30 jugendliche Patienten konzipiert und das Schulgebäude wird mit Schulküche, Fotolabor, kombiniertem Werk- und Kunstraum, Musikzimmer und Tonarbeitsraum ausgestattet. Das Kollegium umfaßt 18 Lehrerinnen und Lehrer, von denen 4 die Lehrbefähigung für das Lehramt an Sonderschulen haben .Die einzelnen Lehrer sind bestimmten Stationen nach dem Stationslehrerprinzip zugeordnet. Unterrichtet wird überwiegend am Vormittag. Die Lehrerinnen der Neuropädiatrie und Onkologie sind jedoch mindestens zweimal nachmittags zum Unterricht präsent. Ferner finden nachmittags die Teambesprechungen, das Erstellen der individuellen Wochenarbeitspläne und Supervisionssitzungen statt. Die durchschnittliche Schülerzahl liegt bei 74, wovon 30 Schüler Patienten der Psychiatrie sind, die Verweildauer liegt im Akutbereich bei 22 Tagen und in der Psychiatrie zwischen drei und sechs Monaten. Allerdings werden in der Schule der Psychiatrie auch ambulant, von niedergelassenen Ärzten betreute Schülerpatienten unterrichtet, für die der Besuch einer Regelschule derzeit nicht möglich ist.

Zum Unterricht: An der Schule für Kranke Freiburg wird primär in Gruppen unterrichtet, da Unterricht - davon sind Schulleitung und Kollegium überzeugt - auch in der Klinik in erster Linie eine soziale Veranstaltung ist. Außerdem bestehe in der Psychiatrie bei Einzelunterricht vermehrt die Gefahr von 'Machtkämpfen' zwischen Lehrern und Schülerpatienten. Die Gruppenzusammenstellung findet nach Alter und nach Krankheitsbild statt. Nur in Ausnahmefällen, bei Transportproblemen oder während der Chemotherapie, wird Einzelunterricht erteilt. Unterricht wird nach dem „Tandemprinzip" - eine weibliche und eine männliche Lehrkraft im Teamteachingverfahren - gehalten. Unterrichtet wird nach reformpädagogischer Ausrichtung mit individualisierten und differenzierten Angeboten. In der Psychiatrie wird für jeden Schüler zum Wochenbeginn ein Wochenarbeitsplan erstellt, der dann individuell erfüllt wird. Dieser Plan gibt ein Raster vor, das einen Halt im Sinne wiederkehrender Rituale vermittelt. Innerhalb dieses vorgegebenen Rahmens ist Raum für viel Autonomie. Zusätzlich findet Einzelunterricht für spezielle Bedürfnisse statt, unter Beachtung und Hilfe bei Teilleistungsstörungen. Der Unterricht beginnt mit dem 'Morgenkreis', an den sich dann individuelles Arbeiten und Gruppenarbeit anschließen. Die Gruppenzusammenstellungen wechseln durch Neuzugänge und Entlassungen regelmäßig, was zusätzlich zum variierenden Alter der

Gruppenmitglieder Hierarchie und Struktur der Gruppe lebendig beeinflußt. Der ganzheitliche Ansatz findet sich in der Sinnesschulung des musisch-kreativen Unterrichts wieder. Zusätzlich gibt es stationsübergreifende Projekte wie die Erstellung einer Schülerzeitung oder sogenannte 'Expertenbücher', die von Schülern über spezielle Interessen und Themen gefertigt werden. Diese Schule besetzt selbstbewußt eigene pädagogische Standpunkte innerhalb des therapeutischen Gesamtkonzeptes im Klinikum.

Die Schule für Kranke Esslingen/ Neckar ist zuständig für die Unterrichtsversorgung an folgenden Krankenhäusern: Kinderklinik Esslingen (Stationen für Psychosomatik, Chirurgie und Neuropädiatrie), Filderklinik, Krankenhaus Ruit, Krankenhaus Nürtingen (Akutklinik und Psychiatrie), Krankenhaus Kirchheim. An der Kinderklinik Esslingen werden drei Stationen versorgt: Die Station 21 (Chirurgie), die Station 23 (Innere Medizin und Neuropädiatrie) und die Station 25 (Psychosomatik).

Da Unterricht nur von einer längeren Verweildauer an im Klinikum erteilt wird, ist ein Großteil der Schüler Patienten der psychosomatischen Station. Auf dieser Station überwiegen Patientinnen mit Eßstörungen. Der Klinikschule stehen an der Kinderklinik zwei Unterrichtsräume zur Verfügung, in denen teils Einzel-, teils Gruppenunterricht erteilt wird. In manchen Fällen wird der Unterrichtsraum auch für zwei parallel stattfindende Einzelunterrichtsstunden genutzt. Die Schülerpatienten erhalten in der Regel ca. drei Unterrichtsstunden pro Tag. Der Unterricht wird von vier Lehrerinnen erteilt, von denen zwei Grund- und Hauptschullehrerinnen sind, beide bereits seit Jahren an der Klinikschule tätig. Ferner unterrichten eine Gymnasial- und eine Realschullehrerin. Als günstig erweisen sich kleine, ständig präsente Lehrerinnenteams mit vollem Deputat, da Teilzeitabordnungen zu Identifikationskonflikten mit den jeweiligen Schulen führten. Die Schule für Kranke soll nicht zur Bereitstellung von Lehrerressourcen dienen, die dann bei Bedarf von anderer Seite wieder abgezogen würden. Zum Zeitpunkt meiner Erhebungen lag die Schülerzahl bei nur 8 Schülerpatienten, der Jahresdurchschnitt liegt bei etwa 10 Schülern, so daß eine der beiden erfahrenen Kolleginnen zur Zeit mit vollem Deputat an der anthroposophisch ausgerichteten Filderklinik unterrichtet, wo neben den stationär aufgenommenen Schülerpatienten auch junge Berufsschüler der Wohngruppe Gutenhalde - einem Rehabilitationszentrum für seelenpflegebedürftige junge Erwachsene - Unterricht erhalten.

Der Wochenplan für den Unterricht wird immer montags in der ersten Stunde erstellt. Die Stundenverteilung für die einzelnen Schüler ergibt sich aus den vorher festgelegten Therapiestunden. Lehrkräfte und medizinisches Personal kooperieren inhaltlich und sprechen sich bei den vierzehntägig stattfindenden Teamsitzungen mit allen Stationsmitarbeitern ab. Unterricht im Klinikum weist nach Beobachtungen des Forschungsprojekts typische Merkmale auf. Die

Unterrichtsinhalte, die von Schülerpatienten gewählt werden, sind vom Anspruchsniveau her unterschiedlichen Lernebenen zuzuordnen, je nachdem für welche Altersstufe diese Inhalte im Bildungsplan vorgesehen sind. Diese Lernebenen werden in drei Kategorien, regressiv, altersgemäß und progressiv, eingeteilt (vgl. Kap. 4 Unterricht). Auf der progressiven Ebene warten Schüler mit überdurchschnittlichen Kenntnissen über Krankheitsverlauf und Therapiemaßnahmen auf, Wissen, das nach Meinung der Lehrkräfte als angsthemmende und angstabwehrende Funktion einzuordnen sei. Bei Dialysepatienten hat Unterricht im Klinikum eher den Charakter von Nachhilfeunterricht, da diese vormittags in die Regelschule gehen. Für andere Schülerpatienten wird Unterricht als über reine Stoffvermittlung hinausgehend definiert. Der Unterrichtsfluß wird im Klinikum häufig durch persönliche Mitteilungen unterbrochen, die als typisches Merkmal mit dem Begriff „thematische Brüche" benannt werden können. Kolleginnen wiesen darauf hin, daß bei den Schülerpatienten der psychosomatischen Station die Gefahr bestehe, in die Falle des „Helfersyndroms" zu tappen, da gerade diese Patientengruppe dazu neige, Therapie und Schule schwarzweiß zu malen und sich bei den Lehrerinnen über die Therapeuten beklagten, vermutlich auch umgekehrt. Unterricht müsse im Beziehungsgeflecht des gesamten pädagogischen Auftrags gesehen werden, in der Verantwortung für das ganze Kind. So könne Erziehung zur Körperpflege, Trost zu spenden oder nahezu seelsorgerische Aufgaben, wie das Thema Angst vor der Narkose bei einer Operation, im Mittelpunkt des Unterrichts stehen und damit Aufgabe der Lehrerin sein. Da das Lehrer-Schüler-Verhältnis meist von Vertrauen und Verständnis gekennzeichnet sei, spielten die Lehrerinnen auch bei medizinischen Maßnahmen eine unterstützende und entlastende Rolle. Lehrerinnen tun nie weh im Gegensatz zum medizinischen Personal, wie es ein 14-jähriger Schülerpatient auf den Punkt brachte. Gefragt sei intuitive Einschätzung dessen, was gegenwärtig möglich ist. Bei allem Verständnis werde aber darauf geachtet, daß bestimmte schulische Regeln eingehalten werden, wie z. B. festgesetzte Zeiten für den Unterrichtsbeginn.

Zum regelmäßigen schulischen Angebot für Psychosomatikpatienten und Diabeteskinder gehören Wandertage und Theaterbesuche. Es werden Arbeitsgemeinschaften in Tanz und Seidenmalerei angeboten, die auch von Medizinern und Therapeuten als günstig bewertet werden. Vor Ferienblöcken finden regelmäßig Projekte statt und in der Vorweihnachtszeit wird mit allen Kindern, Lehrerinnen und Erzieherinnen ein kleiner Chor gebildet. In der Vergangenheit gab es zwar auch schon Montagsfeiern, an denen auch Kurzzeitpatienten teilnehmen durften, doch wurden diese wegen der Dominanz der psychosomatischen Patientinnen und deren desinteressierter bis destruktiver Haltung eingestellt. In der Psychosomatik wurden gute Erfahrungen mit dem Einstudieren und Darstellen von Shakespeares Theaterstücken gemacht. Mädchen, die vorher unfähig waren sich auszudrücken, hätten die Figuren der Stücke als Vehikel genutzt und ihre eigenen Probleme über die literarische Person thematisiert.

Auf Informationsveranstaltungen an Stammschulen von Diabeteskindern, wie sie an anderen Kliniken üblich sind, werde bewußt verzichtet, da diese, nach Meinung der Kolleginnen, die betroffenen Kinder zu sehr als etwas Besonderes herausstellten, was man aber gerade vermeiden wolle, um den Kindern einen möglichst natürlichen Umgang mit der Krankheit zu ermöglichen. Verfügen Mitschüler über genaue Kenntnisse der medizinischen Zusammenhänge bei Diabetikern, so kann dieses Wissen auch mißbraucht und als Druckmittel eingesetzt werden. Die ganz unterschiedlichen Erfahrungen und ihre Hintergründe, etwa im Vergleich mit dem Beratungsangebot des Olgahospitals Stuttgart bedürfen weiterer Untersuchungen.

Die Kinderklinik Schömberg/Nordschwarzwald ist eine private Einrichtung für bewegungsgestörte und mehrfachbehinderte Kinder und Jugendliche, deren Träger das Rehabilitationszentrum Südwest ist. Jugendliche Patienten mit Hirnschädigungen (z.B. cerebrale Bewegungsstörungen nach frühkindlicher Hirnschädigung, Hirn- oder Hirnhautentzündung, Hirnblutung oder Schädel-Hirn-Trauma) werden hier zur Frührehabilitation aufgenommen. Weitere medizinische Indikationen zur stationären Aufnahme in Schömberg sind unter anderem Muskelerkrankungen wie progressive Muskeldystrophie (Muskelschwund) und andere Myopathien. Ferner werden Vor- und Nachbehandlung z.B. bei orthopädischen Operationen oder operativen Eingriffen am zentralen Nervensystem (z.B. nach Tumor) angeboten. Die Einrichtung hat etwa 60 Betten und bietet vielfältige Diagnose- und Therapiemaßnahmen an. Die angeschlossene Krankenhausschule mit Schulkindergarten ist eine Privatschule mit staatlicher Anerkennung, an der acht Lehrerinnen und Lehrer unterrichten. Sechs Kollegen sind ausgebildete Sonderschullehrer, zwei Grund-und Hauptschullehrer. Der Schulkindergarten wird von Fachlehrerinnen unter Anleitung betreut. Die durchschnittliche Verweildauer der Schülerpatienten variiert erheblich: sechs Monate bis drei Jahre. Im Durchschnitt werden 46 Schüler, in Spitzenzeiten - z.B. während der Sommerferien - bis zu 50 Schüler unterrichtet. Die Schüler kommen zur Hälfte aus Baden- Württemberg, zur Hälfte aus dem gesamten Bundesgebiet. Ein Teil der Schüler ist von Geburt an behindert und hat auch vor der stationären Aufnahme eine Einrichtung für Behinderte - Sonderschule oder Werkstatt für Behinderte - besucht. Der andere Teil hat zuvor ein sogenanntes 'normales' Leben mit entsprechender Schullaufbahn geführt und kommt nach Unfall in die Einrichtung Schömberg. Für diese Unfallkinder und ihre Eltern ist es besonders schwierig, mit der neuen Lebenssituation zurechtzukommen. Da die Krankenhausschule ein Privateinrichtung ist, findet Unterricht auch während der Ferienzeiten statt. Der Urlaub der Lehrer wird entsprechend von der Schulleitung organisiert. 75% des erteilten Unterrichts ist Einzelunterricht. Beim verbleibenden Gruppenunterricht in Werken, Musik, Kunst, Sachkunde und in der Videogruppe werden jeweils etwa acht Schüler nach Alter, Lernniveau bzw. Zustand, das heißt dem Grad der 'Wachheit' und Interessen zusammengefaßt. Der Schule stehen acht Räume zur Verfügung. Ein größerer Gruppenraum wird bereichsübergreifend von Therapie und Schule genutzt.

Die Schule hat eher den Charakter einer Schule für Körperbehinderte oder einer Schule für Geistigbehinderte. Basale Förderung für Schwermehrfachbehinderte fand im Gruppenraum statt. Die Sonderschullehrer bewegen nach dem Begrüßungslied die im Rollstuhl sitzenden Schülerpatienten zu musikalischer Untermalung im Kreis. Anschließend werden die Jugendlichen mit befeuchteten kalten Tüchern an Gesicht und Händen abgewaschen, dann mit Handtüchern getrocknet. Als nächste Stimulation der Haut erfolgt das Einreiben mit Öl. Eine weitere Anregung der Sinne soll durch mit Zitronenduft benetzte Fächer erreicht werden. Zum Abschluß der basalen Förderung wird im Kreis - die Lehrer halten die Hände der Schülerpatienten - das Schlußlied gesungen. Das Ritual der basalen Förderung ist immer das gleiche, als konstantes Element. Variiert werden der Jahreszeit entsprechend die Themen. So steht in der Vorweihnachtszeit das Thema 'Licht' im Mittelpunkt und die Schüler werden durch unterschiedliche Beleuchtungskörper (Kerzen, Taschenlampen, Halogenlampen) visuell stimuliert. Ziel ist, die sinnliche Wahrnehmung umfassend zu fördern. Das beschriebene Beispiel fällt aus der Kategorie von Unterricht im engeren Sinne heraus, vielmehr scheinen die Grenzen zu therapeutischen Maßnahmen fließend, und man darf sich fragen, ob basale Förderung nicht von Therapeuten übernommen werden könnte. Das zweite Beispiel, das die Arbeit der Videogruppe skizziert, fällt in die Kategorie Unterricht. Die Videogruppe, unter der Leitung des Sonderschulrektors und des Lehrers für den Kunstunterricht, trifft sich einmal wöchentlich im Gruppenraum. An der hospitierten Sitzung nahmen zwei Mädchen und fünf Jungen teil, davon fünf im Rollstuhl. Die Mitglieder gehörten zu den Schülern, die geistig und körperlich vergleichsweise mobil waren. Gewählt war das Thema 'Reisebüro'. Eine Weltkarte wurde aufgehängt, Tisch, Stühle und Prospektmaterial bereitgestellt, die Videoanlage aufgebaut und vom Lehrer bedient. Vor der Videoaufzeichnung wurde die geplante Szene probeweise gespielt. Ein Schüler übernahm die Rolle des Reisebürokaufmannes, eine Schülerin und ein Schüler stellten ein Kundenpaar dar. Die Frage nach dem Reiseziel wurde unterschiedlich beantwortet: Das Mädchen erkundigte sich nach einer Reise in die Kinderklinik Schömberg, der Junge wollte nach Namibia. Die weitere Vorgehensweise und Kompromißmöglichkeiten für die unterschiedlichen Zielvorstellungen wurden in der Gruppe diskutiert. Danach wurden die Szene aufgezeichnet, angeschaut, Nachbetrachtungen angestellt. Die Unterrichtsstunde wäre bei verschiedenen Abweichungen an der

Sekundarstufe I einer Regelschule vorstellbar. Die geschilderten Beispiele gewähren Einblick in die Arbeit und in die Voraussetzungen der zu unterrichtenden Schüler an der Klinikschule Schömberg. Das Unterrichtsangebot muß dem jeweiligen Zustand der Schülerpatienten angemessen sein; hierin liegt der alle Klinikschulen verbindende Ansatz.

Diese vorgestellten Monographien bilden unterschiedliche Ausprägungen ab, in denen Schulen für Kranke realisiert werden und die den Betrachter auch unterschiedlich gefangen nehmen. Schulen kleiner Akutkliniken mit wenigen Lehrkräften stellen binnendifferenzierte und individuelle Angebote für wechselnde Gruppen bereit. Für Klinikschulen kinder- und jugendpsychiatrischer Einrichtungen oder die Gruppe der sogenannten „Dauerkinder" in Bad Friedrichshall gilt es vermehrt neben üblicher Stofferarbeitung, soziale und erzieherische Lernziele zu erreichen. Die sonderpädagogische Ausprägung jener Schulen trägt Züge einer Schule für Erziehungshilfe. Schulen an Rehabilitationskrankenhäusern weisen Merkmale der Schulen für Körper- und Geistigbehinderte auf. Schulen der großen Klinikzentren werden inhaltlich und organisatorisch vor eine Vielzahl von Aufgaben gestellt. Über den Unterricht hinaus, müssen Kooperations-, Informations- und Beratungsaufgaben innerhalb und außerhalb der Klinik wahrgenommen werden. Die Schule für Kranke gehört durch ihre individualisierten Angebote und das medizinisch- therapeutische Umfeld, in dem sie angesiedelt ist, zum Typus der Sonderschule. Von der Struktur ihrer Angebote her, dem Alter und der Stammschule ihrer Schüler her kann von einer Integrierten Gesamtschule gesprochen werden. Die ständige Konfrontation dieser Schule mit den Arbeitsbedingungen anderer Dienste, der ungesicherte Status und die Diskussion um den Charakter dieser Schule, etwa entlang der falschen Alternative „Nachhilfe" oder „Schulunterricht nach der Regel" und das Schicksal generell nicht wahrgenommen zu werden machen einerseits verzagt und teilweise ratlos. Andererseits vermag daraus auch die Motivation erwachsen, sich zu zeigen, gesehen zu werden und einem übersehenen Arbeitsfeld Geltung zu verschaffen, vor allem unter der Fragestellung nach der sonderpädagogischen Relevanz dieser Schule.

## 3. Schüler

Wie an acht kurzen monographischen Beispielen skizziert, hat die Schule für Kranke unterschiedliche Schüler, die aus allen Schularten kommen: Sonderschüler, Grundschüler, Hauptschüler, Realschüler und Gymnasiasten. Sie sind verletzt an Körper oder Seele. Sie leiden, weil ihr Bein gebrochen ist, weil sie Krebs haben, weil sie an Diabetes erkrankt oder anorektisch sind. Durch ihre Krankheit ist ihr Leben aus der normalen Bahn geraten. Nichts ist mehr wie es war. Das Leben und mit ihm auch die Schule haben sich verändert. Vielleicht hat sich auch die Einstellung zur Schule verändert.

Dazu eine Schüleraussage: „Früher dachte ich immer, Kranksein ist gut, dann muß ich nicht in die Schule. Heute sage ich, Schule ist gut und Krankheit ist schlecht."

Diese Aussage stammt von einem Jungen, Stefan. Er ist an Krebs erkrankt und hat alle Formen von Therapie erfahren: Operation, Chemotherapie, Bestrahlung. Er bekommt Hausunterricht. In seinem bisherigen Leben war er ein schlechter Schüler, dem Schule wenig Freude machte. Heute wartet er auf die Lehrerin, den Unterricht. Er steht auf dem Balkon und hält Ausschau. Auch mitten in der Chemotherapie, während einer Infusion, möchte er Unterricht. Er sucht darum nach. Bis zum Erscheinen der Lehrerin schläft er tief - die Infusion hat ihn müde gemacht. Er läßt sich wecken, kämpft um Konzentration und arbeitet in englischer Grammatik. Nach der Unterrichtsstunde schläft er sofort wieder ein. -

Bei einer Grundschülerin, Julia, wird Diabetes mellitus diagnostiziert. In Mathematik lernt sie an ihrer Stammschule gerade Addition und Subtraktion im Zahlenraum bis 20. Für ihre Lehrerin an der Schule für Kranke heißt es aber, die Vorgabe des Diabetesteams zu erfüllen. Das Mädchen muß lernen den Zahlraum von 0,5 bis 200 zu bewältigen. Und das alles am Beispiel des Diabetes. Sie übt Addieren beim Aufziehen der Spritze, sie lernt Zahlen bestimmten Bereichen zuzuordnen, „gut" und „schlecht" richten sich nach dem Blutzuckerwert. Gute und schlechte Zahlen kannte sie bislang nicht - vielleicht mit Ausnahme der Schulnoten. Das Mädchen wird im Sachunterricht auch jetzt nicht die Frühlingsblumen kennenlernen, die im Stoffplan vorgesehen wären. Nein, die Uhrzeit zu beherrschen ist wichtiger. -

Richard aus der siebten Klasse erhält während seines stationären Aufenthaltes in der Kinder- und Jugendpsychiatrie regelmäßig Unterricht in fast allen Schulfächern. An jenem Tag verweigerte er den Mathematikunterricht. Er wollte stattdessen ein Seidentuch bemalen. Wegen einer Terminverschiebung der Ergotherapie wurde ihm das verwehrt, und er nahm Reißaus. Am darauffolgenden Sonntag war Muttertag; das Seidentuch war für ihn wichtig. -

Ich verstehe diese Beispiele zunächst so: Sie zeigen, daß Unterricht für kranke Kinder eine subjektive Bedeutung hat, eine Bedeutung, die eng mit der Situation der Krankheit verwoben ist. Für Stefan, den krebskranken Jungen ist Schule gut, sie gewährt den Kontakt nach draußen, zum normalen Leben. Unterricht bringt Abwechslung und Zukunft in den von Krankheit und Therapie beherrschten neuen Alltag. Unterricht garantiert den Fortbestand des Alltags. Julia, der Grundschülerin mit dem neu entdeckten Diabetes hingegen, hilft der Unterricht im Krankenhaus ihre Krankheit zu meistern, unabhängiger mit der

Krankheit umgehen und leben zu können. Richard, der psychisch kranke Junge verweigert den Unterricht, weil ihm seine Befindlichkeit in dieser Situation den Zugang zur Mathematik verwehrt. Die pädagogische Binsenweisheit, die Schüler dort abzuholen, wo sie gerade stehen, wird in der Klinikschule zum Postulat. Im Einzel- oder Kleingruppenunterricht steht der einzelne Schüler ohnehin mehr im Zentrum des Unterrichts als im Klassenverband der Regelschule , doch muß der Zustand im Hier und Jetzt des kranken Schülers Quelle jeder unterrichtlichen Maßnahme sein.

# 4. Unterricht

Ich beziehe mich auf Erfahrungen eigenen Unterrichtens, stütze mich ergänzend auf Beobachtungen in hospitierten Stunden, auf Gespräche mit Kolleginnen und Kollegen und auf Ergebnisse einer Voruntersuchung mit Fragebogen, die das Forschungsprojekt durchführte (vgl. dazu JÜTTEMANN, bes. S. 29 ff). Es konnten im Unterricht mit kranken Schülern variierende Lernebenen festgestellt werden.

Schüler lernen in der Regel den ihrem Alter angemessenen Stoff, der im Lehrplan festgeschrieben ist - sie lernen, um bei einem der bekannten Beispiele zu bleiben, als Grundschüler den Zahlraum bis 20. In Englisch, Klasse 9 Realschule, lernen sie „Reported Speech" - die indirekte Rede oder in Geschichte „Ursachen und Verlauf des Zweiten Weltkriegs". Neben dieser lehrplankonformen Ebene scheint es noch zwei weitere zu geben, die im Unterricht mit Kranken auftreten und auch zugelassen werden können: eine Ebene, die über dem Altersniveau des Schülers steht - ich nenne sie progressive Ebene - und eine andere, wo Rückgriffe auf längst Bekanntes, längst Erlerntes gemacht werden - regressive Ebene. Bei der progressiven Lernebene bewältigt der Schüler Lerninhalte, die anspruchsvoller sind als in der Regelschule. Er setzt sich mit einem komplizierten Sachverhalt auseinander, möglicherweise, um an dieser Stelle stellvertretend seine Krankheit besser zu verstehen oder um ihr näher zu kommen.

Die Diabetikerin Julia rechnet von 0,5 bis 200, lernt die Uhrzeit zu bestimmen. Stefan, der an Krebs erkrankt ist, weiß, welche Infusionen zur Chemotherapie gehören, welche Nebenwirkungen sie haben und was sie in seinem Körper bewirken. Er kennt Chancen und Risiken der noch anstehenden Operationen, versteht den Einsatz der Strahlentherapie. Er kann den Infusionsapparat bedienen und fordert die richtigen Medikamente, um die Nebenwirkungen zu bekämpfen. Er versucht Herrschaft über die Krankheit zu gewinnen. Richard, der psychisch kranke Sekundarschüler wünscht sich im Geschichtsunterricht, den Zweiten Weltkrieg zu behandeln. Der Film „Das Boot" scheint ihn besonders zu interessieren. Immer und immer wieder kommt er auf dieses Thema zurück, ein Wunsch, der spekulativ mit seiner Erkrankung zu tun haben könnte. Das Eingeschlossensein in einem U-Boot und Richards Tendenz, wegzulaufen, auszubrechen, wenn die Enge der Einrichtung zu erdrückend wird, lassen einen Zusammenhang vermuten. Können Unterrichtsinhalte hier entlastend wirken?

Dem steht die andere Seite gegenüber, die Seite des sogenannten normalen Unterrichtsstoffs, der für die entsprechende Jahrgangsstufe vorgesehen ist. Richtet sich der Lehrer nach seinem kranken Schüler, so wird häufig der Wunsch nach Unterrichtsthemen auftreten, die längst zurückliegen, aber offensichtlich nicht bewältigt wurden. Richards Mathematiklehrerin muß wieder und wieder Aufgaben mit ihm rechnen, die zum Stoff der vierten oder fünften Klasse gehören. Und Stefan wollte im Englischunterricht nochmals ganz vorne bei den Zeiten, Stoff der Klasse fünf und sechs, beginnen. Hier kann die Ausnahmesituation einer Klinikschule mit Kleingruppen oder Einzelunterricht Zugeständnisse machen, die in der Regelschule nicht möglich sind. Zugeständnisse, die es erlauben, den Schüler da abzuholen, wo er gerade steht, mit ihm zurückgehen oder voranschreiten, die Lernebene suchen, auf der er sich gerade befindet oder auf die er sich in Begleitung des Lehrers einlassen kann.

Die beschriebenen Lernebenen können in derselben Unterrichtsstunde nacheinander auftreten, sich abwechseln, durch persönliche Mitteilungen ergänzt werden, und so scheinen im Fluß der Stunde thematische Brüche zu entstehen. Geplanter Unterrichtsstoff und Krankheitsbewältigung sind zwei Seiten einer Sache.

Den Ergebnissen der Erhebung nach haben 69% aller befragten Kollegen, sogar 83% der baden-württembergischen, angegeben, daß sie solche Brüche kennen und sie auch beschreiben können. Dazu einige Zitate

„... Der Schüler beschränkt seine Konflikte nicht auf das therapeutische Setting oder auf die Stationsgruppe, sondern bringt diese immer (mehr oder weniger) in den Unterricht ein ... Brüche als Indikator für Beziehungsstörungen, die das Kind in seiner Entwicklung erlebt hat, spielen so im Unterricht eine große Rolle, zumal sie sich offensichtlich auf das Leistungsvermögen oft einschränkend auswirken. Die Arbeit mit und an diesen Brüchen stellt somit ein zentrales Feld in der Klinikschule dar" (Der Autor ist Lehrer an einer Einrichtung der Kinder- und Jugendpsychiatrie).

„Solche Brüche entstehen unabhängig von der Belastbarkeit der Schüler. Meines Erachtens lösen Reizwörter, Situationen, Gedankengänge und Vorstellungen aus, die der Schüler dann bei einem bestehenden Vertrauensverhältnis verbalisiert" (Der Autor ist Lehrer an einer Akutklinik).

„Ich denke, daß man zur Erklärung nicht die Lernpsychologie bemühen muß, sondern durch Einfühlung in die Situation der betroffenen Schüler schon sehr weit kommt: Es gibt so viele neue, meist beunruhigende Vorgänge in dem Schüler und um ihn herum, daß eine länger dauernde Konzentration auf eine Sache (Unterrichtsstoff) nicht möglich ist; wichtiger sind für den Betroffenen dann Aussprache und Versuch der Verarbeitung" (Der Autor ist Lehrer an einer Akutklinik).

„Kinder und Jugendliche nach Schädel-Hirn-Trauma thematisieren je nach Krankheitsphase, vor allem zum Zeitpunkt der wiedererlangten Orientierung ihre aktuelle und zurückliegende, das heißt (vor Unfall) Situation. Problem der Integration der Behinderung ins Selbstbild! Perspektiven!" (Der Autor ist Lehrer an einer Rehaeinrichtung)

Zur weiteren Konkretisierung des Begriffs „thematische Brüche" noch zwei Beispiele aus dem Englischunterricht mit Stefan, der über einen längeren Zeitraum im Integrativen Hausunterricht, das heißt zu Hause und im Klinikum unterrichtet wurde. Er berichtete, nach einer Grammatikphase zum Gebrauch des Passivs von einem Brief, den er an seine Klasse geschrieben hatte:

„Ich habe denen geschrieben, daß es nicht stimmt daß Kranksein gut ist, weil man dann nicht in die Schule muß. Heute sage ich, Schule ist gut, Krankheit ist schlecht. So, jetzt hab ich Hunger."

Wieder Englischunterricht, If-Clauses, Bedingungssätze. Stefan erzählte, angeregt durch einen Übungssatz der Grammatikübung von einem gemeinsamen mehrtägigen Ausflug „Prima Klima" genannt, der Onkologiestation , an dem auch ehemalige Patienten teilgenommen hatten. Dann erinnerte er sich an den Urlaub 1993, eine Radtour in Frankreich. Er sagte, „... 1994 war ich in Skandinavien, dieses Jahr 1995 bleibe ich zu Hause und 1996 ...?" Abrupt wechselte er zurück zur Englischaufgabe.

Das Ende beider Brüche enthält eine Stimmung, die spüren läßt, wie groß der emotionale Druck auf Stefan an diesen Punkten war. Er hielt es nicht mehr aus, weiter über seine Krankheit und deren Lebensbedrohung nachzudenken, sich mit seinem möglichen Tode auseinanderzusetzen. Der Umgang mit einer bedrohenden Krankheit, die Auseinandersetzung mit der eigenen Endlichkeit fällt auch an anderen Stellen auf. Wie geschildert, wollte Stefan anfangs im Stoff der Klasse 5 unterrichtet haben. Zunächst wiederholten wir Formen und Anwendung der Present Tense - der Gegenwart. Als dieser Tempus abgeschlossen war, fragte ich ihn, was er denn als nächstes lernen wolle, Past Tense oder Future. Er antwortete: „Zukunft, denn Zukunft ist kürzer." -

Vereinzelt wurde diese Verbindung von Thema nach Stoffplan und Umgang mit dem Tod auch von anderen Kollegen beschrieben. So hatte ein Mädchen kurz vor seinem Tode unregelmäßige französische Verben in den verschiedenen Zeiten konjugiert - die Zeiten können als Ausdruck der Vergänglichkeit und Endlichkeit interpretiert werden. Und ein anderes Kind wollte, ante mortem, immer wieder den schönen Garten der Lehrerin geschildert und ausgemalt bekommen, vielleicht wollte es den Garten Eden visualisieren. Die Kinder lassen im Unterricht zu, was sie auf der Station oder den Eltern gegenüber oft nicht zeigen können. Außerhalb des Klassenzimmers müssen sie stark sein. Zuversicht kann sich in ganz unterschiedlichen Formen manifestieren. Für ein 8jähriges Mädchen aus dem Universitätsklinikum X., das im Sterben lag, war Zuversicht, daß sie wußte, wo sie hinging. Sie konnte nichts mehr sehen. Ein Tumor hatte ihre Sehkraft zerstört. Die Lehrerin las die Geschichte vom 'Däumelinchen' vor. Folgender Dialog entspann sich: L: 'Die Schwalbe fliegt ....' Sch: 'Fliegt die Schwalbe in den Himmel?' L: 'Ja, sie fliegt in den Himmel.' Sch.: 'Opa ist im Himmel. Er wartet auf mich.' Ein anderes Mal sagte dieselbe Patientin: 'Ich sehe ein Mädchen an der Wand.' Die Lehrerin fragte: 'Wie heißt dieses Mädchen?' Sch: 'Sie heißt Kathorina.' Die kleine Patientin kannte aber keine Kathorina. Die Mutter verschaffte auf Nachforschung der Lehrerin die fehlende Information: Die längst verstorbene Großmutter der Patientin hatte Kathorina geheißen. Das kleine Mädchen wollte dann nach Hause in ihre vertraute Umgebung zum Sterben, und sie wollte gerne ihre Haare wiederhaben, die sie durch die Chemotherapie verloren hatte. Sie starb dann nach 8 Monaten. Ihre Haare waren nachgewachsen. -

Und noch ein ganz anderes Beispiel aus der Onkologiestation in B.: Ein Grundschüler, Klasse 3, der lebensbedrohlich erkrankt war, sollte das ABC lernen. Das Thema Tod war in seiner gesamten Umgebung tabuisiert. Er fragte die Lehrerin, warum er denn das ABC lernen sollte, wenn er es in der 4. Klasse doch gar nicht mehr brauche. Sie antwortete ihm: „Du brauchst das ABC bis an Dein Lebensende. Hier wird nicht gestorben, hier wird gelernt!" Danach sei die ganze Atmosphäre viel entspannter gewesen. -

Geht es zu weit, wenn diesen Themen symbolischer Charakter zugeschrieben wird? Symbole, die in Grenzsituationen, in denen sich diese jungen Menschen befinden, das Unaussprechliche zum Ausdruck bringen. In 56% der Erhebungsbögen erklärten die befragten Lehrer Symbole aus dem Unterricht mit kranken Kindern zu kennen, in Baden -Württemberg waren es sogar 66% der Kollegen.

Die Symbole stehen aber nicht nur für das drohende Ende, sie können auch für das Leben stehen, in diesem Falle Stefans Leben. Einmal, beim Hausunterricht in Stefans elterlicher Wohnung fiel mein Blick auf verschiedene Tongegenstände auf einem Regal an der Wand. Stefan fing an, über die handgefertigte Tonvase, die dort oben stand zu sprechen. Diese Vase sei von seinem Bruder geformt worden, der schon viele Tonarbeiten gemacht hätte. Alle Arbeiten des Bruders hätten den Brennvorgang stabil überstanden, wohingegen seine, Stefans Arbeiten, immer zusammengebrochen wären. Wenn man Stefans Biographie mit einer ganzen Reihe von Mißgeschicken, ja „Zusammenbrüchen" kennt, dann könnte man vermuten, daß diese zusammengebrochenen Tonvasen durchaus Symbole für Stefans Leben darstellen können. Vielleicht will er mir, seiner Lehrerin, hier einen Hinweis über seine psychische Befindlichkeit geben. Stefan wartet zu dieser Zeit in einer Spezialklinik auf eine weitere Operation. Er ist sich der damit verbundenen Risiken bewußt. -

Ich lenke nochmals den Blick auf Richard und das Seidentuch zum Muttertag, das er nicht fertigstellen durfte und wohl deshalb aus Klinik und Schule weglief. Dieses Tuch war Richards zweites Seidentuch, er hatte schon eines für seine Mutter geschaffen. Er wollte noch eines machen - für seine Mathematiklehrerin, der er damit ausdrücken wollte, daß er sie nicht nur für seine rationalen Anteile sondern - für ihn unter Umständen wichtiger - auch für seine emotionalen Anteile brauche. Das Seidentuch als Symbol für das Mütterliche in der Rolle der Lehrerin. Diese Interpretation wurde uns von der Lehrerin in der Fallbesprechung angeboten. Richard wurde kurz darauf aus der Psychiatrie entlassen. Er hatte sich allen schulischen und therapeutischen Maßnahmen verweigert. Man hatte ihm aber angeboten, nach den großen Ferien wieder kommen zu können.

## 5. Zusammenfassung

Beim Unterricht mit kranken Kindern ist immer auch das Thema Krankheit präsent, latent, dominant, je nach Befindlichkeit des Schülers. Die Signale, ob offen oder symbolisch, gilt es, als Lehrer einer Klinikschule aufzunehmen, zu reflektieren. Das persönliche Thema des einzelnen Schülers, das als „thematischer Bruch" im Unterrichtsverlauf auftritt, kann anders als in der Regelschule im Zentrum des Unterrichts stehen. Dies muß bearbeitet werden, doch gibt es dafür keine Systematik. Schule kann den Heilungsprozeß im therapeutischen Umfeld unterstützen. Der Unterricht im Klinikum ist mehr als Stoffvermittlung und Nachhilfe. Er hat noch eine weitere Funktion: Er bringt trotz seiner individualisierten Ausprägung ein Stück Normalität und Alltag ins Krankenzimmer, er bietet Verbindung zur Außenwelt, zur Welt der Gesunden. Im Lernen schwingt gleichzeitig der Gedanke an die Zukunft, die Zeit nach der Krankheit mit, Hoffnung und Hilfe bei der Bewältigung einer Krise.

## 6. Literaturangaben

ERTLE, C. & NEIDHARDT, W. (Hrsg.): Unterricht mit Kindern in Not. Bad Heilbrunn 1994.

JÜTTEMANN, G.(Hrsg.): Komparative Kasuistik. Heidelberg 1990.

KLAFKI, W.: Neue Studien zur Bildungstheorie und Didaktik. Weinheim und Basel, 2.Aufl.1991.

LEUZINGER-BOHLEBER, M.:Die Einzelfallstudie als psychoanalytisches Forschungsinstrument. In: Psyche 49 (1995), S.434 - 474.

MACK, R.: Kooperation, das dritte Arbeitsfeld der Schule für Erziehungshilfe – ein Erfahrungsbericht. In: ERTLE, C./NEIDHARDT, W. (Hrsg.): Unterricht mit Kindern in Not, Bad Heilbrunn 1994, S. 65-81.

SCHROEDER, J., HILLER-KETTERER, I., HÄCKER, W., KLEMM, M. & E, BÖPPLE: "Liebe Klasse, ich habe Krebs!" Pädagogische Begleitung lebensbedrohlich erkrankter Kinder und Jugendlicher. Tübingen 1996.

THEIS, G. Krankheit und Krankenpädagogik. 1991..

# Eva Maria Birri-Dutschek

# Diabetes mellitus bei Grundschulkindern – Informationen für Eltern, Lehrer und Mitschüler

## 1. Diabetes mellitus - Skizze einer Problemsituation

Grundschüler geraten nahezu regelhaft in soziale Krisen, wenn bei ihnen ein Diabetes mellitus diagnostiziert wird. Zur Betroffenheit in der Familie mit den Folgen von Nahrungsumstellung und Medikamenteneinnahme, bzw. Injektionen tritt dann nach allen Erfahrungen das große Problem von Vermittlung und Akzeptanz dieser besonderen Krankheit im Rahmen des üblichen Schulalltags. Wenn dann auch noch der Lehrer von der veränderten Lebenssituation so erfaßt wird, daß er geschockt reagiert, tendenziell sich vom Schüler abwendet oder gar hilflos mit Ironie antwortet, kann sich die Situation kritisch bis katastrophal entwickeln.

Es hat sich als günstig erwiesen, Lehrern ein Grundwissen über das Krankheitsbild und seine mögliche Entstehung ebenso zu vermitteln wie den Grundbestand der Details, die eine ambulante Dauerbehandlung sichern. Es zeigt sich ergänzend dazu immer wieder, daß darüberhinaus ein Zugang zu den pädagogischen und psychologischen Problemen dringend erforderlich ist, dies umso mehr, als die Zuckerkrankheit offenbar immer wieder Phantasien über Zusammenhänge von einseitiger Ernährung und Ausbruch der Erkrankung auslöst. Wenn diese Phantasien dann, zumal in archaischer Form zum heimlichen oder auch offenen Vorwurf geraten, kann die ohnehin krisenhafte Situation bei Neudiagnose vollends in nachhaltige Irritation der Betroffenen umkippen. Es ist deshalb eine wesentliche Aufgabe der Schule für Kranke, in diesem Bereich pädagogische Aufgaben zu erkennen, sie zu klären und Vorschläge für Klassenkameraden und Lehrer anzubieten. Es geht hier weniger um einen anderen Unterricht, wohl aber um die Ergänzung des pädagogisch-psychologischen Konzepts, z.T. um neue Themen, deshalb, weil sich das Leben in seinem alltäglichen Ablauf auf Dauer verändert. Darauf hat sich die Schule einzustellen und Lösungen zu erwägen.

Die vorliegende Arbeit ist in Kooperation mit der sonderpädagogischen Beratungsstelle am Olgahospital Stuttgart, der Abteilung für Stoffwechselstörungen am Olgahospital Stuttgart und der Stuttgarter Diabetes Initiative entstanden.

## 1.1 Definition und Krankheitsverlauf

Diabetes mellitus (= süß) ist eine Energiestoffwechselstörung (STEINHAUSEN/ BÖRNER 1978, S. 13), die durch „absoluten" oder „funktionellen" Mangel (ebd., S. 13) an Insulin hervorgerufen wird. Dieser Ausfall hat zur Folge, daß die durch die Nahrung zugeführte Glukose nicht mehr verarbeitet, damit auch nicht verbraucht werden kann. Dies zieht eine drastische Erhöhung des Blutzuckerspiegels nach sich. Diabetes mellitus tritt in zwei verschiedenen Formen auf:
– Typ-I-Diabetes, der kindliche, jugendliche oder ketonämische Diabetes. Gewöhnlich tritt dieser Diabetes bei Kindern und Jugendlichen auf, ist nicht durch Tablettentherapie oder Diät zu behandeln, sondern nur durch Insulingaben in Form von subcutanen Injektionen (HÜRTER, S. 1).
– Typ-II-Diabetes oder „Altersdiabetes". Er tritt vorwiegend bei Erwachsenen nach dem 40. Lebensjahr auf und ist durch Diät oder Tablettentherapie unter Kontrolle zu halten (ebd., S. 1).
In dieser Arbeit soll ausschließlich vom Typ-I-Diabetes die Rede sein.
Die Kennzeichen des Typ-I-Diabetes sind:
– plötzliches Auftreten der Symptome,
– akuter Insulinmangel,
– Ketoseneigung,
– lebenslange Abhängigkeit von täglichen Insulingaben (ebd., S. 2). Erbfaktoren spielen bei der Entstehung nur eine untergeordnete Rolle; zum Ausbruch der Krankheit müssen verschiedene Komponenten zusammentreffen:
– genetische Disposition,
– von außen kommende, krankheitserregende Einflüsse,
– immunologische Reaktionen.
Das Auftreten von Diabetes mellitus innerhalb der Geschlechter ist gleich häufig.
Der Typ-I-Diabetes verläuft in fünf verschiedenen Phasen:
1. Initialphase
Sog. „Manifestationssymptome" führen zu Beginn der Erkrankung zu einem meist 2-3-wöchigen stationären Aufenthalt, um den entgleisten Stoffwechsel neu einzustellen. Diese Manifestationssymptome sind häufiges Wasserlassen (Polyurie), großer Durst (Polydipsie) und starker Gewichtsverlust. In dieser Phase liegt der Insulinbedarf bei 1 Einheit pro kg Körpergewicht.
2. Remissionsphase
Sie tritt in den ersten Wochen nach der Diagnosestellung ein und geht mit regelmäßiger Reduzierung des Insulinbedarfs einher. In dieser Phase, die Monate, aber auch bis zu 3 Jahren andauern kann, ist eine „sehr gute Stoffwechseleinstellung" möglich, Kind und Eltern „lernen mit dem Diabetes umzugehen" (S. 52).

3. Phase des „totalen" Diabetes

Ein bis drei Jahre nach der Diagnosestellung steigt der Insulinbedarf „kontinuierlich" oder „schubweise" an und erreicht seinen absoluten Wert; in dieser Phase kommt es zum „absoluten Insulinmangel" (S. 53).

4. Pubertätsphase

Die Sexualreife und puberale Wachstumsschübe verschlechtern die diabetische Stoffwechsellage. Der Insulinbedarf erhöht sich und ist ständigen Schwankungen unterworfen. Die Ursache hierfür liegt in endokrinen Veränderungen, raschem Wachstum, stark erhöhten, wechselhaften Nahrungsaufnahmen, psychischer Unruhe und Unausgeglichenheit. Die Tatsache, an Diabetes erkrankt zu sein, wird modifiziert, oft krisenhaft erlebt, was Nachlässigkeit, Ablehnung und somit die Gefährdung der Therapie nach sich ziehen kann (S. 53).

5. Adoleszenzphase

Nach dem Wachstumsende und dem Erreichen der Sexualreife tritt eine „Beruhigung" des Stoffwechsels ein. Der Kalorien- und damit der Insulinbedarf geht zurück (S. 53).

## 1.2 Komplikationen und Spätfolgen

Beide sind zu unterscheiden von akut auftretenden Komplikationen wie Hypoglykämie (ein zu starkes Absinken des Blutzuckerspiegels), diabetischer Ketoazidose oder Hyperglykämie (ein zu hohes Ansteigen des Blutzuckerspiegels mit evtl. auftretendem Coma diabeticum), die durch die Einhaltung des Therapieplanes weitgehend vermieden werden können. Spätfolgen hingegen sind oft nicht vermeidbar. Auftreten können Retinopathie, Neuropathie, Nephropathie oder vasculäre Spätschäden. Als beste Vorbeugung gegen Spätfolgen gilt eine gute Stoffwechseleinstellung, die durch intensive und vertrauensvolle Zusammenarbeit zwischen behandelndem Arzt, den Eltern und dem Kind gewährleistet werden kann.

Neben Spätfolgen treten die erwähnten akuten Komplikationen auf, die bei Nichtbeachtung zum Tod führen können. Um zu verhindern, daß der Körper unkontrollierbar wird, ist es wichtig, daß das erkrankte Kind die Reaktion seines Körpers auf bestimmte Anstrengungen, auf Sport, Streß oder Krankheit kennt. Wenn das Kind noch zu klein ist, müssen Mutter, Vater oder eine andere Bezugsperson diese Aufgabe der Beobachtung übernehmen. Es liegt nahe, die Konsequenzen für das psychische Erleben aller Beteiligten und die daraus resultierenden Folgen für die Pädagogik aus dieser Verdichtung der sozialen Situation ins Auge zu fassen. Die Hypoglykämie (= Unterzuckerung) ist die am häu-

figsten auftretende akute Komplikation beim Diabetes und kann, sofern sie nicht schnell und richtig behandelt wird, selten sogar bis zum Tod führen. Hypoglykämien treten auf bei:
- zu wenig Glukose durch Nahrung im Körper,
- zu starker Muskeltätigkeit und zu großem Verbrauch von Zucker.

Eine vollständige Vermeidung von Hypoglykämien ist bei Kindern nicht möglich, da die Diabeteseinstellung heute an den Werten von Stoffwechselgesunden ausgerichtet wird. Dadurch lassen sich Spätfolgen verhindern, es kommt aber häufiger zu Hypoglykämien. Das diabetische Koma, bedingt durch massive Hyperglykämie tritt dagegen heute relativ selten auf, da durch die Stoffwechselselbstkontrolle der Patienten eine bessere Überwachung der aktuellen Situation möglich geworden ist.

Hyperglykämie tritt auf bei:
- Erstmanifestation des Diabetes,
- übermäßiger Nahrungsaufnahme (führt kaum zum Koma),
- ungenügender Insulinzufuhr,
- schweren Allgemeinerkrankungen (Fieber), Streß.

Für den Laien, der das Kind nicht gut kennt, z.B. der Lehrer in der Schule, ist es sehr schwer, zu unterscheiden, ob das Kind im Moment an einer Hypo- oder Hyperglykämie leidet. Korrekte Intervention ist deshalb schwer. Umso wichtiger ist deshalb, daß sich die Lehrperson über das Krankheitsbild informiert und Rücksprache mit den Eltern über den Gesundheitszustand des Kindes hält.


## 1.3 Behandlung von Diabetes mellitus

Die Behandlung beruht auf genauer und regelmäßiger Einhaltung der individuellen Diabetestherapie. Diese besteht aus Testung und Protokollierung des Blutzuckerspiegels, der Zuckerausscheidung im Urin, der Ketonkörper im Urin, sowie der Injektion von Insulin und genauer Diät. Die Urinzuckerbestimmung (Durchführung mit Teststreifen) basiert auf dem biologischen Vorgang, daß die Niere nur bis zu einer Zuckerkonzentration von 160 bis 180 mg% die Glukose rückresorbiert. Steigt der Blutzuckerspiegel stärker an, wird Zucker im Urin ausgeschieden (sog. Nierenschwelle für Glukose). Ist die Nierenschwelle nicht überschritten und keine Glukose im Urin nachzuweisen, kann davon ausgegangen werden, daß der Blutzucker in den letzten Stunden „im Rahmen" gelegen hat. Die Urinzuckermessung kann die exakte Blutzuckerbestimmung nicht ersetzen, dieser Wert gibt nur Ausdruck über die aktuelle Situation zu dem Zeitpunkt der Messung. Ketonkörper im Urin gelten als „Zeichen für schlechte Stoffwechseleinstellung" (ebd., S.223). Die Ursachen liegen hierbei in einem Insulinmangel oder auch in einer mangelhaften Kalorienzufuhr. Da dies eher die Ausnahme denn die Regel ist, gehört heutzutage zum Behandlungsplan eine regelmäßige Ketonkörperbestimmung nur noch in Ausnahmefällen. Diese liegen vor bei Infekten oder bei einem Verdacht auf sog. nächtliche Gegenregulationen. Dies bedeutet, daß sich nach einer nächtlichen Unterzuckerung aufgrund der Freisetzung körpereigener Streßhormone morgendliche Blutzuckerspitzen zeigen.

Im Gegensatz zu der sporadischen Testung des Urins auf Zucker und insbesondere Ketonkörperausscheidung wird heutzutage mehrmals täglich (mindestens jedoch vor dem Frühstück, vor dem Mittagessen und vor dem Abendessen) der Blutzucker gemesen, um festzustellen, ob die verabreichte Insulindosis ausreicht. Bei sportlicher Anstrengung, psychischer Belastung oder sonstigen außergewöhnlichen Ereignissen wird auch um 10.00 Uhr, 15.00 Uhr, abends um 20.00 Uhr und nachts gegen 23.00 Uhr eine Blutzuckermessung durchgeführt, um zum einen den Insulinbedarf zu variieren und insbesondere aber vor allem einer möglichen Hypoglykämie des Nachts vorzubeugen. Bei jeder Blutzuckermessung sticht sich das Kind (bzw. die Eltern stechen das Kind) in die Fingerkuppe oder ins Ohrläppchen. Den Blutstropfen läßt der Patient auf das Testfeld eines Teststäbchens tropfen und wischt dann nach definierter Einwirkungszeit den Tropfen ab. Danach wird das Teststäbchen in ein Blutzuckermeßgerät geschoben und der Blutzuckerwert abgelesen. Moderne Geräte kommen ohne diese umständlichen Vorgänge aus. Das Gerät wird angeschaltet, der Teststreifen eingelegt und der Blutstropfen auf das Testfeld aufgebracht und die Messung läuft dann automatisch ab. Alle Untersuchungsergebnisse müssen genau protokolliert und von den Eltern, später vom Kind, richtig interpretiert und beurteilt werden. Auf diese Weise können zu Hause selbständig und eigenverantwortliche therapeutische Konsequenzen (Veränderung der Insulindosis, möglicherweise Änderung der Nahrungszufuhr) gezogen werden. Abhängig von der Dauer des Diabetes und der Einstellung bzw. der Akzeptanz des Patienten werden 2 bis 3 bis 4 bis 5 Injektionen Insulin täglich verabreicht. Insulin liegt in 3 verschiedenen Sorten vor:

– Kurzzeitinsulin,
– Verzögerungsinsulin,
– Langzeitinsulin.

Ein diabetisches Kind kann wegen der unterschiedlichen Dauer der Wirkung dieser Insuline entweder mit 3 Injektionen Kurzzeitinsulin im Laufe des Tages und zusätzlicher Gabe eines Verzögerungsinsulins spät am Abend oder jeweils einer Injektion Verzögerungsinsulin morgens oder spät am Abend eingestellt werden. Ein oder zwei Injektionen eines den individuellen Bedürfnissen des Kindes entsprechenden Mischinsulins aus Kurzzeit- und Verzögerungsinsulin am Tag wird vor allem in der Anfangsphase nach Erstmanifestation der Erkrankung zur Behandlung des Diabetes eingesetzt. Abhängig vom Kind, dem Krankheitsverlauf und der Akzeptanz dieser Prozeduren wird die Insulintherapie bestimmt und durchgeführt. Kombinationen von Kurzzeit- und Langzeitinsulin sind bei Schulkindern in der Grundschule die Regel, in der Adoleszenz spritzen sich die Patienten in der Regel viermal am Tag Insulin, da sie mehr Flexibilität im Alltag brauchen.

Zur Diät:

Die gesamte Nahrung der Kinder und Jugendlichen mit Diabetes mellitus wird an die Insulintherapie angepaßt. Die übliche Hilfsgröße bei der Berechnung der Kohlenhydratmenge sind die Broteinheiten (= BE), in der DDR wurden Kohlenhydrateinheiten (= KHE) berechnet. Eine BE entspricht 12 Kohlenhydraten, eine KHE 10 Kohlenhydraten. Fette und Eiweiß werden in der Regel bei einer sog. kohlenhydratinduzierten Diät nicht berechnet, es gibt nur wenige Kliniken, in der auch ein exakter Plan über die Eiweiß- und Fettzufuhr erstellt wird. Gemeinsam mit dem Arzt und der Diätassistentin wird berechnet, wieviel BE das an Diabetes erkrankte Kind zu den drei Hauptmahlzeiten (7.00 Uhr, 12.00 Uhr, 18.00 Uhr) und zu den 3 Zwischenmahlzeiten (10.00 Uhr, 15.00 Uhr. 20.00 Uhr) zu sich nehmen darf. Auch bei der Diät, die sehr abwechslungsreich gestaltet werden kann, wird darauf geachtet, daß das Kind einen möglichst selbständigen Umgang mit der Waage (Abwiegen der Nahrung) und der Berechnung der BE lernt und anwenden kann. Die BE wird dann von einer exakten Rechengröße zu einer Schätzgröße, dadurch lassen sich Alltagssituationen besser beherrschen.

Bei einer konventionellen Therapie, d.h. zwei Injektionen am Tag, sind Produkte mit Rohrzucker wie Schokolade, Kekse nur geeignet, um z. B. eine Unterzuckerungssituation zu beherrschen. Bei der sog. intensivierten konventionellen Therapie mit mehreren Injektionen am Tag können auch insbesondere schokoladehaltige „normale" Süßigkeiten gegessen werden, insbesondere eine Neuentwicklung des Insulins (Insulinanalog) macht den Verzehr solcher Produkte mühelos möglich, allerdings enthält Schokolade recht viele Kalorien, weshalb es dann zu einer unerwünschten Gewichtszunahme der Jugendlichen kommt. Deshalb gibt es auch heute noch eine Reihe von Patienten, die für Diabetiker geeignete Produkte verzehren, die mit Zuckeraustauschstoff oder Fruktose gesüßt sind. Aber auch diese Produkte müssen je nach Süßmittel im Diätplan mit berücksichtigt werden. Auch hier ist das pädagogische Moment unmittelbar einsehbar: Berechnung und Abwiegen können neben einer Tendenz zur Verfrühung der Eigenverantwortung und Selbständigkeit auch zur Lockerung der zwangsläufigen engen Bindung an die Eltern führen.

## 1.4 Ambulante Dauerbehandlung

Die ambulante Dauerbehandlung bei Kindern mit Diabetes wurde schon vor 20 Jahren als Möglichkeit erkannt, durch regelmäßige Vorstellungen (ca. alle 4-12 Wochen) in den Diabetes-Ambulanzen von Kinderkrankenhäusern vorbeugende Maßnahmen zu schaffen, um
- eine optimale Versorgung und Stoffwechseleinstellung der Kinder zu erreichen,
- durch frühzeitiges Erkennen eventueller falscher Einstellungen oder sonstiger medizinischer Probleme einen längeren stationären Aufenthalt zu vermeiden und damit dem Kind die Möglichkeit zu lassen, in seinem sozialen Umfeld zu bleiben,
- durch regelmäßigen Kontakt mit allen am Krankheitsprozeß beteiligten Personen (dem Kind, den Eltern, den Ärzten, der Diätberaterin) Fragen zu beantworten. Damit wird optimale Versorgung gewährleistet.
Gerade solche Kinder, die während ihres stationären Aufenthaltes gelernt haben, mit ihrem Diabetes umzugehen, d.h. ihren Blutzucker selbst zu bestimmen, sich selbst zu spritzen und die Urinzuckermessung durchzuführen, werden dabei weiter unterstützt und zu weitgehend selbständigem und eigenverantwortlichem Umgang mit ihrer Krankheit hingeführt. Ihre Eltern werden ebenso wie die Ärzte, Diabetesberaterinnen und Psychologen als Partner gesehen, die das Kind unterstützen. Diese ambulante Therapie fußt auf den sog. „5 Säulen":
- Insulinsubstitution,
- Diät,
- Körperliche Aktivität (zur Verbesserung der Glukosetoleranz, Vergrößerung der Muskelmasse, Verkleinerung des Fettgewebes, Erhöhung der Sensibilität des Muskels für Insulin und Glukose, als insulineinsparender Effekt),
- Diabetikerschulung,
- Psychologische Betreuung.
Besonderes Gewicht liegt auf der Diabetikerschulung. Mit Hilfe verschiedener Anschauungsmittel sollen die Zusammenhänge des Diabetes und die Reaktionen seines Körpers verdeutlicht werden. Denn nur wenn das Kind die notwendigen und lebenserhaltenden Maßnahmen begreift und durchschaut, kann es selbständig mit seiner Krankheit umgehen. Es leuchtet ein, daß in diesem Zusammenhang die Kooperation zwischen Medizin und Pädagogik dringend gefordert ist. Die Pädagogen werden zu überlegen haben, ob und gegebenenfalls in welcher Weise sie Erkenntnisse aus Unterrichtsstoff, Fachdidaktik und Methodik hier wirksam werden lassen können. Es ist unschwer zu erkennen, daß hier weiter zu forschen ist, zumal interdisziplinäre Zusammenarbeit unerläßlich ist.

## 2. Zur Pädagogik und Psychologie des diabeteskranken Kindes

Wie aus der Darstellung der medizinischen Zusammenhänge erhellt, stellt die Erkrankung Diabetes eine große und schwerwiegende Belastung dar. Erst langsam muß sich das Kind daran gewöhnen, mit den verschiedenen „technischen" Maßnahmen zurechtzukommen, um sich auch psychisch mit dem Diabetes auseinanderzusetzen. Diese Aufgabe fällt keinem Kind leicht, zumal in jedem Lebensabschnitt die Position zum Diabetes neu zu definieren ist. Hier wird die Pädagogik sich auf eine Art von Übersetzungsaufgabe einzustellen und dabei Instrumente aus ihrem Arbeitsfeld zu gebrauchen haben.

Häufig wird vergessen, daß Diabetes mellitus eine chronische Erkrankung darstellt. Selbst wenn sie heute relativ gut behandelbar ist und ein bedingt gesundes, „normales" Leben möglich ist, stellt sie das Kind vor eine Vielzahl psychischer Belastungen. Ohne die Hilfe der Familie, im speziellen der Eltern, ihres sozialen Umfelds und des betreuenden Arztes sind die jungen Patienten im Umgang mit ihrer Krankheit überfordert.

Das gesunde Kind lebt, seinen Gesundheitszustand selten reflektierend, in relativer Sorglosigkeit und in selbstverständlicher Einheit mit sich selbst. Eine chronische Krankheit unterbricht diesen unreflektierten Vorgang des Lebens und läßt das Kind eine innere Spaltung erleben, die sich nur langsam wieder zu einer Einheit zusammenfügt. Das Kind empfindet sich plötzlich als verschieden von den anderen, als unverstanden von der Familie, den Eltern und seinen Freunden. Es hat Angst vor dem, was auf es zukommen wird. Verwirrungszustände, Schock, Furcht, Wunschdenken („Es gibt bald ein Wundermittel, das mich heilen kann"), Krankheitsverleugnung, Suiziddrohungen sind vor allem in der Initialphase häufig auftretende Reaktionsweisen. Erst nach längerer Zeit beginnt das Kind, sich mit seiner Krankheit abzufinden. Andere Empfindungen treten in den Vordergrund. Die ständige Konfrontation mit der Krankheit, ihre Permanenz und die veränderte Lebensweise fordern dazu heraus, sich mit der Krankheit auseinanderzusetzen. Vor allem der Verlust der Unabhängigkeit, die starke Bindung an die Eltern, häufig an die Mutter, in einer Zeit, in der das Kind autonom werden möchte und die daraus entstehenden Spannungen ziehen sich durch eine lange Zeitspanne des kindlichen Lebens. Die frühere liebende, fürsorgliche Eltern-Kind-Beziehung wird modifiziert erlebt, die Eltern sind nicht mehr die uneingeschränkt Liebenden, sie „verletzen", fügen Schmerzen zu durch tägliche Injektionen, dringen in die Privatsphäre des Kindes ein und intervenieren bei spielerischen Aktivitäten (Zwischenmahlzeit, Blutzuckermessung etc.). Kinder beantworten diese Störungen ihres Tagesablaufs häufig mit Zurückweisung, Gereiztheit oder Aggressivität. Gerade chronisch kranke Kinder benötigen eine fein abgestimmte Zuwendung und Unterstützung, denn sie können ohne die starke Bindung an die Familie nicht existieren. Dieses Wissen oder Fühlen um die Diskrepanz zwischen der Bindung an die Mutter und das wachsende Autonomiebestreben stellen das Kind vor eine große Herausforderung. Man kann, im Anschluß an E. H. Erikson, von einer großen Vulnerabilität sprechen, die mit der Ablösung von den Eltern einhergeht. Die skizzierte Abhängigkeit gerade in der Zeit der Ablösung macht das psychische Dilemma deutlich.

## 2.1 Psychologische Überlegungen

Entscheidend für den Umgang und die Verarbeitung der Krankheit beim Kind ist sein entwicklungspsychologischer Status. Genaue, dem Alter entsprechende Trennlinien zwischen den verschiedenen Entwicklungsstufen zu ziehen, ist nur sehr eingeschränkt möglich; es können lediglich Tendenzen aufgezeigt werden, die nach einer Vielzahl von Untersuchungen ungefähre Anhaltspunkte für die kindliche Entwicklung gesetzt haben.

Vor dem 10. Lebensjahr kann das Kind in der Regel noch nicht genau absehen, welche Konsequenzen Diabetes auf sein Lebensschicksal haben wird. Es begreift nicht, daß bei Nichteinhaltung der Therapie Spätfolgen auftreten können, die für sein weiteres Leben entscheidende Beeinträchtigungen nach sich ziehen. Verständnis für das Auftreten der Krankheit ist diffus, oft wird die Krankheit als „wohlverdiente Strafe" (BARTH/SEIFFGE, S. 14) dafür angesehen, daß das Kind zuvor „böse" war, nicht gehorcht, etwas Unerlaubtes getan oder zu viele Süßigkeiten gegessen hat. Schuldgefühle dieser Art können, wenn sie nicht ernstgenommen werden, schwerste psychische Fehlentwicklungen zur Folge haben. Es sollte deshalb darauf geachtet werden, dem Kind gemäß seines Entwicklungsstatus die Krankheit so zu erklären, daß Angst und falsche Vorstellungen von Vorgängen in seinem Körper, die zu unklaren Selbsterklärungsmechanismen führen, vermieden werden. Da Diabetes eine Krankheit ist, die vorwiegend zu Hause, d.h. vom Kind und seinen Eltern, behandelt wird, ist es unbedingt notwendig, dem Kind auf dem ihm entsprechenden Niveau die Zusammenhänge seiner Krankheit aufzuzeigen, denn wenn ein Kind nicht begreift, weshalb die oft lästigen therapeutischen Maßnahmen notwendig sind, wird es sich, sooft ihm die Möglichkeit eröffnet wird, gegen die Therapie stellen. Schon in der ersten Zeit im Krankenhaus und später bei den regelmäßig stattfindenden Diabetikerschulungen wird deshalb versucht, die Kinder zu eigenverantwortlichem Handeln und reflektiertem Krankheitsbegriff zu führen.

Es kann davon ausgegangen werden, daß ein entscheidender Umbruch im Denken des Kindes in der Zeit um das 10. Lebensjahr stattfindet. Die Vorstellung der zuvor als nicht begreifbar erlebten Lebenslänglichkeit der Krankheit ändert sich nun, das Kind beginnt zu begreifen, daß es ohne die täglichen Maßnahmen der Diabetestherapie bis zu seinem Lebensende nicht mehr auskommen wird. Fragen nach der Gesundung werden nicht mehr gestellt, das Kind beginnt, eine realistische Auffassung zu seiner Krankheit zu entwickeln. Ein sich daraus ergebendes Problem ist die Tatsache, daß mit dem wachsenden Verständnis um die Beeinträchtigung und die Dauer der Krankheit oft eine starke Beunruhigung im Kind entsteht. Thematisierungen zu Hause mit den Eltern sind häufig nur auf intellektueller Ebene möglich, da auch die Eltern im emotionalen Bereich viel Zeit benötigen, bis sie das Kranksein ihres Kindes verarbeitet haben - falls sie die Krankheitsverarbeitung überhaupt vollständig leisten können - um dann auf das Kind im emotionalen Bereich auch entsprechend eingehen zu können.

In der Zeit um das 10. Lebensjahr beginnt das Kind sämtliche mit dem Diabetes zusammenhängenden therapeutischen Maßnahmen selbständig zu erledigen. Nicht nur das Spritzen, Blut- und Urinzuckermessen, Protokollieren der gemessenen Ergebnisse werden vom Kind übernommen, sondern auch das Zubereiten der Diät, das selbständige Aufziehen der Spritzen sowie die Berechnung des benötigten Kurzzeit- und Langzeitinsulins werden möglichst eigenverantwortlich, am Anfang noch mit Unterstützung der Eltern durchgeführt. Dies kann für das Kind den Beginn der vollständigen Übernahme der Verantwortung bedeuten.

Mit zunehmender Außenorientierung des Kindes, der Bedeutungszunahme seiner Freunde nimmt die Kontrollmöglichkeit der Eltern ab, was häufig zu Konflikten und Spannungen führt. Das Kind erlebt sich einerseits noch abhängig von der meist mütterlichen Fürsorge und Unterstützung, andererseits spürt es die notwendige Lösung von der Fixierung auf die Familie. Während der Zeit, die das Kind außerhalb der häuslichen Umgebung verbringt, muß es für sich selbst die gesamte Verantwortung übernehmen, was vor allem für die Einnahme der Zwischenmahlzeit um 15.00 Uhr, die genaue Beobachtung und richtige Reaktion auf „Hypo-Signale" gilt. Eltern, die zuvor die gesamte Kontrolle des Diabetes übernommen haben, werden in dieser Zeit vermehrt Schwierigkeiten im Abgeben von Zuständigkeiten bekommen, denn sie haben sich und das Kind nicht an dessen nötige Selbstverantwortung gewöhnt. Das Kind begreift den Konflikt, weshalb seine Freunde uneingeschränkt draußen spielen dürfen, es selbst jedoch ständig Restriktionen (z. B. Unterbrechung des Spieles zur Einnahme der Zwischenmahlzeit) über sich ergehen lassen muß. Für das Kind ist es deshalb notwendig, frühzeitig eigenverantwortlich mit seiner Krankheit umzugehen, damit es lernt, auch schwierige Situationen soweit als möglich selbständig zu lösen. Die größte Angst der Eltern liegt darin, daß das Kind während des Spiels vergißt, auf seinen Körper zu achten und Hypoglykämie-Anzeichen mißachtet. In manchen Familien wird das Problem auf die Weise „gelöst", daß das Kind zu den Zwischenmahlzeiten zu Hause sein muß, was eine alltägliche Unterbrechung des Spiels bedeutet.

Ein weiterer Punkt, der Kinder in diesem Alter häufig Schwierigkeiten bereitet, ist die Allgegenwart der Mutter: auf Kindergeburtstagen, bei Wandertagen, fast überall, wo das Kind mit seinen Freunden allein sein möchte, ist die Mutter anwesend, um den Blutzucker zu messen oder die notwendigen Insulininjektionen zu geben, sei es auch nur, um die notwendigen Instrumente vorbeizubringen. Bei Wandertagen nimmt die Mutter häufig auf Anfrage des Lehrers oder Betreuers einer Jugendgruppe teil, damit die Verantwortung für das Kind, die von Lehrern oder Betreuern oft als zu groß angesehen wird, von der Mutter mitgetragen wird.

## 2.2 Pädagogische Überlegungen

Diabetes wird in entscheidender Weise als ein psychisches Trauma erlebt, da sich Störungen im Umfeld des Kindes unweigerlich auf seine Stoffwechseleinstellung auswirken können. Schwierigkeiten, die ein Kind innerhalb der Familie oder mit sich selbst hat, werden oft auf der Ebene des Diabetes ausgetragen. So kann die Lösung zur Überwindung der schlechten Stoffwechseleinstellung nicht nur im medizinischen Bereich, sondern vielmehr im psychischen Bereich gesucht werden. Gerade deshalb liegt es nahe, pädagogischen Aufgaben Aufmerksamkeit zu schenken.

Kein Kind mit Diabetes kann angstfrei mit seiner Krankheit umgehen, wobei hauptsächlich die Angst vor einer schweren Unterzuckerung im Vordergrund steht, in welcher nicht sofort Hilfe geleistet werden kann. Todesangst wurde deutlich von einem achtjährigen Jungen während einer Diabetiker-Schulung zum Ausdruck gebracht, als er bei der Erstellung einer „Hypo-Treppe" (Kennzeichnung der verschiedenen Hypoglykämie-Stufen anhand eines Treppenschemas) dem Wert 0, also keine Blutzuckerkonzentration im Blut, ein Kreuz zuordnete, verbunden mit dem Kommentar: „Dann ist Schluß". Er selbst hatte schon an sich selbst erlebt, welche existentielle Angst eine Hypoglykämie hervorrufen kann.

Diese Angst vor Hilflosigkeit, das Empfinden der starken Abhängigkeit von der Hilfe anderer Personen, ist für Kinder nur schwer zu bewältigen. Verstärkt wird diese Angst, die bewußt in jedem Kind besteht, durch die Angst der Eltern bzw. der Mutter. Das Kind hat die Möglichkeit, seine Ängste zu verdrängen oder zu verleugnen, was für den Krankheitsverlauf und die Entwicklung des Kindes keine positive Lösung bringt. Erst in einer fortgeschrittenen Phase des Prozesses der Krankheitsbewältigung kann das Kind seine Ängste als Teil seiner

Krankheit akzeptieren und mit ihnen leben lernen. Vorsicht und Ängstlichkeit erlauben nicht mehr, wichtige soziale Kontakte zu pflegen, mit Kindern außerhalb seiner häuslichen Umgebung zu spielen. Viele wichtige Erfahrungen, die zu seinem Lebensalter gehören, kann das Kind nicht sammeln.

Eine weitere Möglichkeit der Reaktion stellt das Abstreiten oder Verleugnen vorhandener Ängste dar. Das Kind versucht, trotzdem alle Aktionen seiner Freunde mitzumachen, verdrängt oder vergißt dabei, sich und seinem Körper Beachtung zu schenken. Es bringt sich in die größte Gefahr, zu unterzuckern. Diese Verleugnungstendenz führt häufig dazu, daß die Kinder sich verschließen, Ratschlägen nicht mehr zugänglich sind.

Nicht selten sind schwere depressive Zustände mit übergroßer Ängstlichkeit zu verzeichnen. Aber nicht nur Ängste dieser Art können den Umgang mit dem Diabetes erschweren, sondern auch Ängste vor therapeutischen Maßnahmen, wie dem Verabreichen von Injektionen (sog. Spritzangst) und dem Stechen zur Bestimmung des Blutzuckerspiegels. Dieser Ausdruck von Angst zeigt, daß das Kind noch nicht gelernt hat, seine Krankheit anzunehmen. Mit viel Einfühlungsvermögen muß hierbei versucht werden, die genaue Ursache seiner Spritzangst herauszufinden, um sie anschließend zu beheben versuchen. Der Familie kommt eine entscheidende Rolle zu, dem Kind zu helfen, mit Ängsten fertig zu werden und diese zu verarbeiten, damit es lernt, daß es selbst seinen Diabetes beherrschen kann und nicht vom Diabetes beherrscht wird. Vor allem für Kinder, deren Eltern beide berufstätig sind, Kinder alleinerziehender Mütter oder Väter, Kinder geschiedener Eltern, die auch ohne ihre Krankheit mit schwierigen Situationen fertig werden, stellt die Tatsache, daß sie die meiste Zeit des Tages allein zu Hause verbringen müssen und sämtliche, mit dem Diabetes in Zusammenhang stehenden, therapeutischen Maßnahmen (Diätzubereitung, Injektionen, etc.) allein durchführen müssen, eine zu große Belastung dar. Häufig können Kinder diese Anzahl psychisch belastender Komponenten nicht allein bewältigen und reagieren mit Regressionen und schlechten Stoffwechseleinstellungen, denn sie befinden sich in einer Dauerstreßsituation. Die Verantwortung für ihre Krankheit kann den Kindern während der Grundschulzeit noch nicht vollständig allein übertragen werden. Sie brauchen Hilfe und Unterstützung einer geschulten Bezugsperson. Trägt das Kind die gesamte Verantwortung allein, also auch die Verantwortung für Fehlentscheidungen während der häuslichen Therapie, können schwere psychische Schäden und irreparable physische Defekte für das Kind entstehen. Es gerät in Gefahr, führungslos und unkontrolliert zu werden. Die Kombination der psychischen Überlastung, die schwierige Situation innerhalb der Familie und die nicht mögliche Kontrolle der Therapie von seiten einer Bezugsperson überfordern in einem derart hohen Maße, daß Stoffwechselentgleisungen praktisch unvermeidbar sind. Kinder mit

Diabetes müssen langsam an ihr eigenverantwortliches Handeln herangeführt werden und bedürfen auch bei relativ großer Selbständigkeit einer begleitenden Unterstützung.

Da Kinder mit Diabetes viele Restriktionen erleiden müssen und durch ihre Krankheit überwiegend Nachteile verspüren, versuchen sie bisweilen, eben diese Krankheit dazu zu verwenden, ihre Ziele zu erreichen. Die Gründe hierfür sind vielfältig; sie reichen von dem Vermeidenwollen unangenehmer Situationen, über das Erreichenwollen von Aufmerksamkeit, bis zu dem Wunsch, Liebe zu bekommen. Äußerungen wie: „Siehst du nicht, wie schlecht es mir geht!" oder „Das kannst du von mir nicht verlangen, ich habe doch Diabetes!" sind typisch. Eltern, die Verhaltensweisen dieser Art akzeptieren, begeben sich in die Gefahr, daß das Kind bei jeder ihm unangenehmen Gelegenheit seine Krankheit als Druckmittel einsetzen wird. Ursachen hierfür sind neben mangelndem Vertrauen in die Eltern auch ein fehlerhaft entwickeltes Selbstbild, das es dem Kind nicht ermöglicht, mit Überzeugung zu sich zu stehen und sich in den verschiedenen Situationen einzuschätzen. Bei diesen Kindern liegt außerdem häufig eine niedere Toleranzgrenze gegenüber Mißerfolgen vor. Konsequenzen hat dieses Verhalten für das gesamte Umfeld des Kindes. Vor allem in der Schule wird dieses erlernte Verhalten bewußt und gezielt eingesetzt, um z.B. Klassenarbeiten, bei denen es Mühe hat, zu umgehen. Auch bei diesen Kindern, die ihren Diabetes als Druckmittel einsetzen, hat ein Begreifen dessen, was diese Krankheit bedeutet und ein aktives Auseinandersetzen mit ihr noch nicht stattgefunden. Werden diese Kinder nicht dazu herangeführt, ihr Kranksein zu akzeptieren, können sie sich kaum zu einer reifen Persönlichkeit entwickeln.

## 3. Ergebnisse und Aufgaben

In den letzten Jahren wurde viel unternommen, um die Situation von Kindern mit Diabetes zu verbessern. Ärzte, Psychologen, Diabetesberaterinnen, Pädagogen und Betroffene haben in intensiver Zusammenarbeit viele Verbesserungen für sie erreicht. Im Olgahospital Stuttgart wurde ein neues Lehrwerk für jüngere Diabetespatienten veröffentlicht, um auch Kindern im Kindergarten- und Grundschulalter auf ihrem Lernniveau ihre Krankheit erklären zu können. Eine große Aufgabe besteht darin, entwicklungspsychologisch und pädagogisch durchdachte Materialien für Kinder aller Altersstufen herzustellen. Dadurch soll erreicht werden, daß die Kinder nicht nur anhand von Büchern und Bildern, sondern durch eigene Handlungsmöglichkeiten ihre Krankheit begreifen können. So wäre es für viele Kinder wichtig einzusehen, weshalb sie überhaupt gespritzt werden müssen. Da Kinder erst gegen Ende der Grundschulzeit den Aufbau und die Funktion des Körpers begreifen können, wäre für jüngere Kinder z. B.

ein Modell der Haut aus Knetmasse oder Schaumstoff denkbar, damit sie die Zusammenhänge erkennen. Dann wäre es notwendig, Lehrwerke mit didaktischen Anmerkungen zu versehen, damit die Diabetesberaterinnen und -berater oder Krankenschwestern und Krankenpfleger in ihrer Arbeit entlastet und unterstützt werden. Eine Didaktik der Diabetesschulung mit differenziertem pädagogischem Konzept steht allerdings noch aus.

Auch das familiäre Umfeld wird mehr und mehr mit einbezogen. Es wurden Geschwisternachmittage (für Kinder von 6 bis 10 Jahren und für Kinder bzw. Jugendliche von 11 bis 16 Jahren) im Olgahospital in Stuttgart veranstaltet. Dort konnten sich die Geschwister treffen und ihre Erfahrungen austauschen. Neben Informationen im medizinischen und sozialen Bereich wurden die 6 bis 10 jährigen Kinder dazu animiert, in Zeichungen und Rollenspielen, sich ihre Situation und ihren Umgang mit dem Diabetes des Geschwisters bewußt zu machen. Ferner war es wichtig, daß sie ihre Position zum Bruder oder zur Schwester klar zu definieren versuchten. Auch ihr Verhältnis zu den Eltern wurde thematisiert, z.B. Eifersuchtsszenen wegen des Bruders bzw. der Schwester, der bzw. die mehr Aufmerksamkeit bekommt. Die Kinder und Jugendlichen im Alter von 12 bis 16 konnten sehr gut durch einen Gesprächskreis dazu ermutigt werden, über ihre Situation zu sprechen und sich so Klarheit über viele Aspekte verschaffen, die sie zuvor für sich noch nicht thematisiert hatten. Lief der Geschwisternachmittag mit den jüngeren Kindern eher auf spielerischer Ebene ab, so konnten die Teilnehmer der älteren Gruppe sich im Gespräch ihrer Situation klarwerden und Lösungen für bestimmte, zum Teil individuelle Probleme anbahnen oder finden. Beide Geschwisternachmittage verliefen in einer lockeren, von Vertrauen geprägten Atmosphäre. Gerade bei solchen Aktivitäten haben Pädagogen eine wichtige Aufgabe, denn durch ihre Kenntnisse und Erfahrungen aus Schule, Kindergarten oder anderen Einrichtungen können sie solche Nachmittage entscheidend mitgestalten (zum Thema Patientengeschwister vgl. den Beitrag von A. FRITZ in diesem Band).

Pädagogen haben im Bezug auf die Befindlichkeit des Kindes mit Diabetes großen Einfluß. Diabetes ist keine Krankheit, die während stationärer Krankenhausaufenthalte behandelt wird. Vielmehr hat das betroffene Kind sich permanent mit einem klinischen Problem außerhalb der Klinik auseinanderzusetzen. Umso wichtiger ist in diesem Zusammenhang, daß sich die Lehrperson in der Schule oder der Betreuer in der Freizeit eingehend mit dem Krankheitsbild befaßt. Es ist wichtig, daß das Kind nicht während seiner Schul- bzw. Freizeit den Diabetes als Krankheit empfindet und Verbote oder übertriebene Vorsicht es noch zusätzlich einschränken. Lehrpersonen und Freizeitleiter sollten Informationsmaterial angeboten bekommen, das ihnen die Angst vor der Krankheit nimmt und sie gleichermaßen aufklärt. Es ist schockierend, wenn aus Gründen der Unaufgeklärtheit oder aus Angst der Lehrperson oder des Freizeitleiters

Kinder daran gehindert werden, an Schullandheimaufenthalten oder Schulaus-
flügen, Zeltlagern oder ähnlichem teilzunehmen, zumal dann, wenn von Seiten
der Eltern und von Seiten der Ärzte keine Bedenken bestehen. Einem Kind mit
Diabetes kann man dann gerecht werden, wenn man bereit ist, sich zuvor mit
Hilfe von Informationsmaterial, bei den Eltern oder bei Ärzten zu informieren,
so daß Angst kein Grund für Ausgrenzung ist. Nur ein Kind, das sich in seiner
Schul- bzw. Freizeit offen mit seinem Diabetes konfrontiert sieht, kann lernen,
seine Krankheit zu akzeptieren und mit ihr zu leben. Diabetes mellitus bedarf
demnach keines besonderen Unterrichts, keiner neuen Lehrpläne, keiner speziellen Didaktik und keiner anderen Schule, wohl aber eines Unterrichts im
Schulalltag, der Diabeteskinder als Kinder in besonderen Lebenslagen erkennen kann und die Konsequenzen daraus in wachsamer Routine zu ziehen bereit
ist. Unerläßlich ist indessen solide Information an Lehrer und Mitschüler, um
die Last lebenslanger Behandlung nicht durch Ungeschick zum sekundären
Trauma in der Schule werden zu lassen. Es leuchtet ein, daß in diesem Zusammenhang sonderpädagogische Kompetenz gefordert ist. Dieses informatorische
Element ist zu ergänzen um längerfristige Arbeit an der belastenden Situation
dauernder Abhängigkeit von den Eltern gerade in einer Zeit erwachender Wünsche nach Loslösung und Individuation mit allen Folgen abgewehrter Wut über
solche Abhängigkeit und in letzter Konsequenz, überbraver Angepaßtheit.

## 4. Glossar

| | |
|---|---|
| Broteinheit (BE) | In der Diät- Behandlung des Diabetes mellitus verwendete praktische Einheit zur Angabe des Kohlenhydratgehaltes eines Nahrungsmittels. Die Nahrungsmenge, die 12 g Kohlenhydrate enthält entspricht 1 BE = einer Broteinheit, z.B. 20g Weißbrot, 60g Kartoffeln. |
| Coma diabeticum | Zustand der extremen Benommenheit, Patient nicht zu wecken. Effekt extremer Blutzuckererhöhung, die auf das Zentralnervensystem einwirkt. Das coma diabeticum, das sich mit Übelkeit, Schmerzen in Kopf, Magen und Kreuz, Unruhe, Erlahmen aller Interessen und Antriebe, beschleunigter Atmung, Azetongeruch (wie Apfel etwa) aus dem Mund und Absinken der Temperatur ankündigt, ist biochemisch neben der Blutzuckererhöhung eine Azidose, eine Übersäuerung des Blutes. |

| | |
|---|---|
| exogene Noxen | Von außen kommende krankheitserregende, schädliche Einflüsse. |
| Glukose | Traubenzucker Das wichtigste Monosaccharid im menschlichen und tierischen Organismus. |
| Glukosurie | Glukoseausscheidung im Harn. |
| Hyperglykämie | Überschwemmung des Blutes mit Zucker. Bei Pankreasgesunden vorübergehend nach Exzeß im Zuckergenuß, bei Diabetikern ständig. Maßstab: Zuckergehalt des Blutes und sekundär die Zuckerausscheidung im Urin. |
| Hypoglykämie | Erniedrigter Blutzuckerspiegel bei Diabetes mellitus, wenn dem zuckerkranken Patienten eine zu große Menge Insulin verabreicht worden ist. Zufuhr von Zucker beseitigt diese Erscheinung meist schnell. |
| Insulin | Proteohormon, das in den Langerhans´schen Zellen der Bauchspeicheldrüse produziert wird.Bewirkt die Senkung des Zuckerspiegels im Blut. |
| Ketoazidose | Kentonkörper im Blut werden im Urin aus geschieden und sind dort meßbar. Bei übermäßigem Anfall dieser organischen Säuren, die aus dem gesteigerten Fettabbau zur Energiegewinnung rühren, kommt es zur Übersäuerung des Blutes. |
| Ketoseneigung | Schnell mögliches Entstehen einer Ketoazidose |
| Ketonkörper | In geringen Mengen normale Stoffwechsel produkte aus dem Fettabbau: Aceton, Azetoacetat, Beta-Hydroxy-Buttersäure |
| Kurzzeitinsulin | Bestimmte Insulinart, die schon ca. 1/2 Stunde nach der Injektion wirkt, deren Wirkung jedoch nur ca. 4-6 Stunden anhält. Der Wirkungshöhepunkt liegt bei 2-3 Stunden. |
| Langerhans´sche Inseln | Insulinproduzierende Zellen innerhalb der Bauchspeicheldrüse; sie bestehen aus A-/B-/D- Zellen, die unterschiedliche Hormone produzieren. |

| | |
|---|---|
| Nierenschwelle | Blutzuckerkonzentration, ab der die Glukose nicht mehr resorbiert werden kann und im Urin ausgeschieden wird. |
| Pankreas | Bauchspeicheldrüse |
| Polydipsie | Krankhafte Steigerung des Durstgefühls und damit der Trinkmenge. |
| Polyurie | Krankhafte Ausscheidung zu großer Urinmengen |
| Verzögerungsinsulin | Insulinart, deren Wirkung nach ca. 1/2-1 Stunde einsetzt, die stärkste Wirkung nach ca. 4-7 Stunden aufweist und deren Wirkung sende nach ca. 14-18 Stunden eintritt. |

# 5. Literaturangaben

BARTH, K./SEIFFGE-KRENKE, I: Krankheitsbewältigung beim juvenilen Diabetes. In: Jahrbuch zur medizinischen Psychologie Bd. 4. Berlin/Heidelberg 1990a, S. 150- 167.

BARTH, K./SEIFFGE-KRENKE, I: Krankheitsverarbeitung bei Kindern und Jugendlichen - Forschungstrends und Ergebnisse. In: Jahrbuch zur medizinischen Psychologie Bd. 4. Berlin/Heidelberg 1990 b, S. 2-18.

BARTUS, B.: Kinder mit chronischen Erkrankungen. Stuttgart, 1991.

BAYRHUBER, H./KULL, U. (Hrsg.): Linder Biologie-Lehrbuch für die Oberstufe. 20.Aufl.Stuttgart 1989.

BECHART, J.: Diabetes? Packen wir´s an. 1. Auflage. Illingen 1993.

BOTT, U./JÖRGENS,V./GRÜßER, M./SCHOLZ, V. (Verf.): Besonderheiten der emotionalen Einstellung bei Typ-I-Diabetikern. In: Diabetes Journal, 1/1991. S. 12-16.

DURCHDENWALD, T./STEINERT, M.: Ein Leben lang kein Zuckerschlecken. In: Stuttgarter Zeitung. vom 15.6.1991. Nr. 136, S. 40.

DURCHDENWALD, T./STEINERT, M.: Das Olgäle: Der Name ist Programm In: Stuttgarter Zeitung. vom 17.10.1992. Nr.241, S.36.

GRÖGER, U.: Bastian und das bunte Haus. 1. Auflage. Stuttgart 1983.

GUTEZEIT, G:  Social Acceptance of Diabetic Children and Adolescents. In: LARON, Z./GALATZER,A.: Recent Progress in Medico-Social Problems. In: Juvenile Diabetics. Basel/New York 1983. Vol. 11, S. 6-8

HALLER, R.: Spezielle Heime für Kinder und Jugendliche. In: Diabetes Journal Schulungs-Profil, 3/1991, S. 31-36.

HALLER, R.: Theater im Alltag: Das Spiel mit dem Schwindeln. In: Diabetes Journal, 3/1992, S. 27-29

HALLER, R.: Theater in der Familie. In: Diabetes Journal, 3/1992, S. 24-27

HANSEN, L.P.: Camps for children with diabetes mellitus - education of patients as well as medical staff. In: Serum Fructosamine and HbA1c in Diabetic Children before and after a Winter Camp, Acta Paediatric Scand, 1989.

HÜRTER, P.: Diabetes bei Kindern und Jugenlichen. 2. Auflage. Berlin/ Heidelberg/ New York 1982.

HÜRTER, P./ TRAVIS, LUTHER B. : Einführungskurs für Kinder und Jugendliche mit Diabetes mellitus. 3. Aufl., Frankfurt 1984.

HÜRTER, P./TRAVIS, LUTHER B.: Einführungskurs für Kinder und Jugendliche mit Diabetes mellitus. 4. Aufl.. Frankfurt 1987.

HÜRTER, P./TRAVIS, LUTHER B.: Einführungskurs für Typ-I-Diabetiker. 5. Auflage. Frankfurt 1990.

Insuliner (Hrsg.): Insuliner Nr. 19. Kirchhain-Schönbach, März 1992 .

Insuliner (Hrsg.): Insuliner Nr.20. Kirchhain-Schönbach, Mai 1992.

JÜRGENS, V./ BERGER, M.: Mein Buch über Diabetes mellitus. Ausgabe für Typ I Diabetiker. 5. Aufl. Kirchheim/Mainz 1989.

JÜRGENS, V./KRONSBEIN, P./BERGER, M.: Wie behandle ich meinen Diabetes. Für Diabetiker, die nicht Insulin spritzen. 85. Auflage. Kirchheim/Mainz 1991.

KISS (Kontakt- und Informationsstelle für Selbsthilfegruppen e.V.)(Hrsg.): Selbsthilfe Zeitung Extra. Eltern-Kind-Gruppe. Stuttgart Oktober 1992.

LARON, Z./TIKVA, PETAH (Hrsg.): Psychological Aspects of Diabetes in Children and Adolescents International Beilinson Symposium.Vol.10. Basel/ New York 1982.

LARON, Z./GALATZER, A.: Recent Progress in Medico-Social Problems in Juvenile Diabetics. Proceedings of the 5th Beilinson Symposium. Vol.11.Basel/ New York 1983.

LEIBERMANN, E./PIPEL, D./KALAI, A./PRIEL, B.: School Adaption among Juvenile Diabetics in the Negev Region. In: LARON, Z./GALATZER,A.: Recent Progress in Medico-Social Problems in Juvenile Diabetics.Vol 11. Basel/New York 1983, S.1 - 5..

„Neues" aus dem Olgäle. Die Zeitung - für und von Schülern der Krankenhausschule, Stuttgart Januar 1991.

Oberschulamt Stuttgart (Hrsg): Diabetes in der Schule. In: Stuttgarter Nachrichten 2.10.1989

Oberschulamt Stuttgart (Hrsg): Diabetes ist kein Problem. In: Filderzeitung 2.10.1989

PETRIDES, P./WEBER, B.: Diabetische Kinder und Jugendliche. In: Runderlaß des Kultusministeriums von Nordrhein-Westfalen, nach Empfehlungen des Ausschusses „Soziales" der Deutschen Diabetes Gesellschaft. Mannheim 1987.

RITTER, D. : Diabetes Mellitus-Leitfaden für medizinische Assistenzberufe. Stuttgart 1990.

ROTHMUND-TIMM, R.: Vortrag für Lehrerinnen und Lehrer zur Fortbildung über Diabetes. Stuttgart 1991.

ROTHMUND-TIMM, R.: Lehrerinformation über Diabetes. Stuttgarter Diabetes-Initiative e.V.. Stuttgart 1991.

SATORIUS. M.: Modernes Lexikon der Medizin. Neu bearbeitete und erweiterte Auflage. Bensheim o.J.

SCHLENGER, R.: Bessere Insuline - weniger Gefäßschäden? In: Frankfurter Allgemeine Zeitung vom 20.5.1992

Schulungsteam der Diabetes-Klinik, Bad Mergentheim CA Dr. Bergis (Verf.): Arbeitsbuch für die Diabetesschulung. Bad Mergentheim 1989.

STEINHAUSEN, H.-CHR./ BÖRNER, S.: Kinder und Jugendliche mit Diabetes-Psychologie einer chronischen Krankheit. In: Praxis der Kinderpsychologie und Kinderpsychiatrie, Beiheft 20. Göttingen 1978.

VÖLKER, P.: Elterngespräch: Kommunikationsprobleme bei chronisch kranken und behinderten Kindern. In: Der Kinderarzt 22( 1991), S. 231-237.

WEISSE, K.: Behandlung diabetischer Kinder. Stuttgart 1951.

ZETKIN/SCHALDACH: Wörterbuch der Medizin Bd I und II, 6. unveränderte Auflage, Stuttgart 1980.

# Christine Kotzian-Hörist

# Über „Die Leiden der jungen T." Unterricht mit einem Kind nach Schädel-Hirn-Trauma

## 1. Fokusierung im pädagogischen Feld

Das Rollenverständnis der Lehrer und Lehrerinnen ist in den letzten drei Jahrzehnten starken Veränderungen ausgesetzt gewesen. Um diese Bandbreite zu skizzieren, seien Schlagwörter aus der Bildungsdiskussion dieses Zeitraumes herausgegriffen: Ausbau der Fachdidaktiken, lerntheoretische Ansätze im Sinne des Programmierten Unterrichts, bildungspolitische Diskussion unter ideologischen Gesichtspunkten wie Chancengleichheit versus Elitenförderung, Lehrer als Wissender versus Lehrer als Lernender, Lehrer als Schulentwickler versus Lehrer als „Schulvollzieher", Lehrer als Einzelkämpfer versus Lehrer als Gruppenmitglied, Lehrer als Förderer versus Lehrer als Fordernder, Lehrer als Vertreter einer Einzelwissenschaft versus Lehrer als Vertreter des ganzheitlichen Denkens. Ebenso kam es, allgemein in der Arbeitswelt, zu Veränderungen: Flache Hierarchie, Gruppenarbeit, vernetztes Denken, Ausbau der innerbetrieblichen Kommunikation, "lean production", Qualitätssicherung, Evaluation u.a.m.

In dieser Arbeit soll aufgezeigt werden, daß auch im Bereich der Beschulung kranker Kinder, in meinem Fall der Heilstättenschule Wien, tiefgreifende Veränderungen eingetreten sind. Auffallend ist, daß die Entwicklung der Kooperations- und Kommunikationsfähigkeit von entscheidender Bedeutung ist. Doch gerade in der Arbeit mit den Patienten kann es zu erheblichen Problemen hinsichtlich dieser beiden Bereiche kommen. Subjektive Sicht kann eine völlig eigenständige Variante von Kommunikation erforderlich machen. Hierin liegt begründet, daß im folgenden Kapitel eine subjektive Textgattung, der Brief, gewählt wurde. Ich denke, daß gerade solche Erfahrungen generalisiert werden können und eine allgemeine Entwicklung, ja Revision von Lösungsstrategien im Sinne des Professionalisierungsgedankens anstoßen.

Aktueller Anlaß für die Entstehung nachfolgender Briefe war die Arbeit mit einer SHT-Patientin seit Februar 1995. In einer Studie zur „Medizinischen Versorgung von Kindern im Großraum Wien", die im April 1994 im Wiener Rathaus vorgestellt worden war, gehörte SHT zu jenen Diagnosegruppen, bei denen in den nächsten Jahren mit weiterer Zunahme zu rechnen ist. Steigende Verkehrsdichte, lebenserhaltende Medizin, zunehmende Verstädterung könnten ein Ansteigen unfallbedingter Krankheiten erwarten lassen. Im speziellen werde ich mich auf die Problematik des Kommunikationsprozesses beschränken. Dies stellt für mich, wie die Briefe zeigen sollen, das zentrale Problem dar.

## 2. Briefe an T.

Über den Unterricht mit SHT-Patienten sind bisher ganz unterschiedliche didaktische Konzepte vorgestellt worden. Ich wollte nicht über Pädagogik im herkömmlichen Sinn schreiben. Aufzählungen der Arbeitsweisen liegen mir fern, da viele „Tips" in Büchern zu finden sind. Die Wahl der Berichterstattung in Form von Briefen schien mir richtig und authentisch. Ich beschreibe Gefühle, Zweifel, Trauer, Projektionen, Freude, Erfolg, sollte nicht auch das alles Unterricht bestimmen? Sollte dies nicht auch Planung beeinflussen?

Briefe sind etwas sehr Persönliches, und es ist nicht leicht, sie einer größeren Leserschaft vorzulegen. Am schwersten fiel es mir, meine Briefe der Mutter meiner Schülerin vorzulesen. Doch ich war bereit, sie auch; sie hat mir zugehört. Ihre erste Reaktion war: "Vielleicht schreibt Ihnen meine Tochter einmal zurück, oder vielleicht antworte ich auf Ihre Briefe."

*Liebe T.! ( 1 Monat nach dem Unfall)*

Heute ist ein merkwürdiger Tag. Vor mir steht Deine Mutter mit Deinem Zeugnis. Du hast in allen Gegenständen mit der Note "Sehr gut" abgeschlossen. Ein merkwürdiger Tag, denn eben in diesem Moment, wo Deine Mutter das Zeugnis präsentiert, weißt Du nicht, was Schule ist. Ärzte würden sagen, Du befindest Dich in einem apallischen Durchgangssyndrom.

Für mich ist es auch ein merkwürdiger Tag, denn so wie Du heute nicht weißt, daß es die Schule, Deine Mutter, mich gibt, wußte ich vor drei Wochen noch nichts von Deiner Existenz. Das erste Mal habe ich im Februar von einem Arzt gehört, daß ein sechsjähriges Mädchen nach einem Unfall in unser Spital kommen soll. Bis jetzt warst Du auf der Intensivstation eines Akutspitales; eine unserer Schwestern und ein Arzt haben Dich dort bereits besucht. In unserem Spital kannst Du schon mit etwas weniger Technik leben. Alle sind neugierig, wie es mit Dir bei uns weitergehen wird; auch ich fühle mich sehr gefordert, welches pädagogische Angebot ein Beitrag sein könnte, um Dich an unserer Welt des Lernens wieder teilhaben zu lassen.

Der Unfall geschah auf dem Schulweg in Begleitung Deiner Schwester. Sie ist es, die vor Deinem Bett sitzt. Wie geht es ihr dabei? Können wir auch sie dabei ein Stück begleiten? Du wirst durch eine Sonde ernährt, kannst aber schon selbständig atmen. In dem Moment, als Deine Eltern die Zustimmung zu einem Luftröhrenschnitt geben wollten, hast Du wieder mit dem Atmen begonnen. Du atmest - und ich soll Dich unterrichten? Jetzt? Vielleicht, aber wie?

Deine Mutter hat wie ein Reh auf mich gewirkt, große schwarze Augen. Alle fragen viel. Du warst in der ersten Klasse der Volksschule. Deine Lehrerin weiß vom Unfall, große Betroffenheit, aber kein Besuch. Jeder hat Angst, Angst vor der eigenen Empfindlichkeit oder vor dem eigenen „Schwächeanfall", wo doch Deine Eltern, Geschwister, offensichtlich so stark sind. Das Kind, das Du bis jetzt warst, kenne ich nur aus Erzählungen. Fotos anzuschauen fällt allen schwer, mir auch.

*Liebe T.! ( 4 Monate nach dem Unfall)*

Einige Zeit mußte vergehen, bis ich, und vielleicht auch Du, gewußt haben, wo und wie wir am liebsten miteinander lernen. Zuerst bist Du im Bett gelegen, und ich habe Dir Arbeitsblätter von Deiner früheren Schule gezeigt. Keine Reaktion, oder doch? Deine Mutter hat mir erzählt, daß Dich Deine Lehrerin mittlerweile besucht hat, und Du ein Lied von der Weihnachtsaufführung erkannt hast, das sie Dir vorgesungen hat. Hast du es erkannt? Siehst Du, es ist sehr schwer für mich, für uns, zu erkennen, wann Du Dich freust, etwas verstehst, etwas erkennst, Dir etwas angenehm ist. Ich habe Dir Gedichte vorgelesen, sie mit Dir gelernt, das heißt, eigentlich habe ich sie auswendig gelernt und Dir das Gedicht am nächsten Tag an Deiner Stelle aufgesagt. Bin ich vielleicht in Deine Rolle geschlüpft? Ich führe immer Deine Hand; gemeinsam haben wir riesengroß die Ziffern, die Du einmal konntest, in die Luft geschrieben. Jetzt lernst Du alles wieder neu, anders, ich mit Dir, ich für Dich, Du für Dich. Die Wand neben Dir ist vollgeklebt mit Arbeitsblättern, Glückwünschen, Ansichtskarten und Zeichnungen. Du kannst alles sehen. Es bleibt Dein Geheimnis, was Du sehen kannst.

Die Physiotherapeutin hat Dich manchmal für den Unterricht im Stehbrett angeschnallt, damit Du nicht nur im Liegen schauen mußt. Dabei hätte ich beinahe eine Leiter gebraucht, um in Deiner Augenhöhe Magnetkärtchen an Deiner Stelle zuzuordnen. Meine Vorstellung war, daß Du aus dieser Position besser die dargestellten Würfelbilder und Buchstaben erkennen konntest. Einmal haben wir sogar die versammelte Ärzteschaft mit unserem ausgemachten Kommunikationssystem beeindruckt. Weißt Du noch? Einmal zwinkern bedeutet "ja" oder "richtig", zweimal zwinkern heißt "nein" oder "falsch". Aber ich muß gestehen, sehr oft hat es dann nicht mehr funktioniert. Vielleicht hat Deine „Zwinkerenergie" auch nur für diese eine „Vorstellung" gereicht. Ich weiß sehr oft nicht, ob Du Freude am Lernen hast, ob Du mich verstehst. Ich bin manchmal euphorisch - erschrecke selbst über meine laute Stimme, wenn ich „Bravo", „Toll", „Das hast Du gut verstanden" rufe. Bedeutet Schule nicht auch etwas *für* ein Kind tun, an seiner Stelle? Die einzig richtige Interpretation wird wohl die des Hungergefühls sein. Aber auch Essen ist Schwerarbeit für Dich. Kauen und Schlucken war nichts Selbstverständliches, alles harte Arbeit, vom Turnen, Kopfbewegen, Drehen ganz zu schweigen. Dort sind echte, meßbare Erfolge zu verzeichnen.

Eigentlich wollte ich für unsere gemeinsame „Lern -Interpretationszeit" auch Tapetenwechsel, vielleicht einen Klassenraum. Also führte ich Dich in Deinem Rollstuhl in einen anderen Raum; es war gar nicht so einfach, Hände und Füße richtig zu lagern, die machen einfach, was sie wollen.

Ob Du Rot wirklich als Rot erkennst, habe ich nicht wirklich herausbekommen. Ich muß immer wieder Deinem Blick „nachlaufen", oder Dir Bausteine direkt in Deine Blickrichtung halten. War das Schmunzeln echt, als mir die Bausteine aus der Hand fielen? Habe ich mir das eingebildet? Einfach weil ich wollte, daß sich etwas in Dir rührt, was auch ich sehen kann? Gefallen Dir Clowns überhaupt nicht oder nur die im Krankenhaus nicht? Hast Du wirklich genickt, als ich fragte: „Fährst Du auch so gerne Rad wie meine Tochter?" Deine Mutter war Zeugin. Brauch ich Zeugen, um meinen Wahrnehmungen zu trauen oder zu vertrauen? Manchmal liegen in dem Zimmer auch andere Kinder, die wollen dann von mir wissen, wie du vorher warst, wie alles passiert ist. Sie wollen wissen, ob Du wieder genauso wirst wie früher. Sie haben Deiner Mutter eines Morgens erzählt, daß Du laut gegähnt hast.

Kürzlich hatte ich einen Traum, daß Du wieder reden kannst. Ich war unsicher, ob ich davon erzählen sollte. Ich habe es erzählt. Im Traum sagtest Du: „Kommt alle her." Deine Mutter war gerührt. Sie sagte, daß es ein typischer T.-Satz ist: „Den hat sie oft gesagt. Als die Kleinste der Familie mußte sie sich so immer Gehör verschaffen." Brauche ich meine Träume, um das wahr werden zu lassen, was sich alle wünschen?

*Liebe T.! (9 Monate nach dem Unfall)*

Viel Zeit ist vergangen, seit ich Dir über Dich das letzte Mal geschrieben habe. Das mit dem „Traum" (= Wirklichkeit) hat mir sämtliche Schreibenergien geraubt. Wir sprechen einmal in der Woche im Team über Dich. Jedes Teammitglied (Ergo-, und Physiotherapeutin, Logopädin, Psychologin, Sozialarbeiterin, Ärzte, Schwestern, Lehrerin) erzählt über Deine Fortschritte oder Nichtfortschritte. Angebotene oder dargebotene Pädagogik, so nenne ich für mich den Unterricht mit Dir. Ich schreibe vor Dir Wörter, die Du vielleicht noch kennst, Rechenaufgaben, die Du vielleicht lösen kannst, oder ist Dir vielleicht doch alles zu einfach? An diese Möglichkeit habe ich auch schon gedacht. Vielleicht lachst Du innerlich über meine Einfalt. Als Lehrerin, die vom Ahnen, Vermuten und von Phantasien lebt, erlebe ich mich ganz neu.

Wenn ich sehe, wie sehr sich Deine Mutter freut, wenn Du Kleinkindspielzeug bekommst, wird sie in ihren Empfindungen wohl recht haben, daß Du wieder mit allem - Spielen, Lernen, Fühlen, Sprechen - von ziemlich weit vorne beginnen mußt.

Viele Menschen kennen Deine Stimme. Ich habe außer einigen Lauten noch nie etwas von Dir gehört. Unsere Kommunikation ist eine Nichtkommunikation - eine einseitige. Werte ich unsere Kommunikation ab? Natürlich kommunizieren wir, aber anders. Ich versuche, eine eigene Kommunikationsstruktur mit Dir aufzubauen. Das erste war das „Zwinkern", wir haben es nicht perfektioniert. Das zweite, - und das versuche ich zur Zeit - ist, in Deine geballte Faust einzudringen. Ich frage mich natürlich oft, ob Dir diese Kontaktaufnahmen überhaupt angenehm sind, ich merke, ich streichle Dir viel öfter über die Wange, oder berühre viel öfter Deine Hände, richte Dir sehr oft Deinen Kopf auf, als bei anderen Schülern. Kann es zuviel Zuwendung in Deinem Leben geben? Aber nun zu Deiner Faust! Deine linke Faust umschließt meinen Zeigefinger, und ich drücke Dir Rechenergebnisse (Zahlenraum 10) in die Faust, ich kann dazu auch reden. Du sollst nur drücken. Mir scheint, als würdest Du Dich sehr anstrengen, um mir zu zeigen, daß Du die Rechnungen schaffst. Nur das Öffnen der Faust gelingt nicht ganz so gut.

Über Deine Willkür- und Unwillkürbewegungen wurde im Team gesprochen. Der Oberarzt meinte, Deine Willkürbewegungen nähmen zu. Auch Dein Schlaf-Wachrhythmus normalisiert sich. Deine Wachphasen sind stundenplanmäßig eingeteilt. Unterricht gibt es zweimal je eine halbe Sunde am Tag. Alle merken, wenn gelernt wird. Ich setze Dir Deine Brille auf. Du verkleidest Dich für den Unterricht. Wir haben gemalt, Du konntest den Pinsel fest (willkürlich/unwillkürlich) halten. Ich habe Dir den Malkasten hingehalten, für Dich die Farben ausgesucht, für Dich (für Dich heißt in diesem Zusammenhang: an Deiner Stelle) in die Farben eingetaucht und das Zeichenblatt dorthin gehalten, wo Du Willkür-Unwillkürbewegungen in die Luft gemacht hast. Ganz deutlich wurde auf Deinem Zeichenblatt die Bewegung von draußen nach drinnen - zur Körpermitte. Meine Begeisterung wollte ich wieder mit Deiner Mutter teilen - ihr mitteilen. Ich holte sie ins Zimmer. Auf ihr Anraten wurde noch mit schwarzer Farbe dazugemalt. Schwarz hättest Du immer gern gehabt. Hast Du schwarz immer noch gern? Dein, unser Werk hängt bereits schön gerahmt im Schwesternzimmer - die einzige Leihgabe, die anderen Bilder waren Geschenke der Patienten. Dein Bild wird einmal bei Dir zuhause hängen, wenn Du entlassen wirst.

Ich frage mich oft, wie Du weiterlebst, weiter erlebst. Muß alles für Dich entschieden werden oder wirst Du jemals für Dich entscheiden können? Diese Fragen klingen vielleicht hart oder beinahe unbeantwortbar. Deine Mutter glaubt zu wissen, was Dir schmeckt, was Dir gefällt, was Dich interessiert, was Dich ärgert, was Dich anstrengt, wann Du Dich aufregst, wann Du Dich wohlfühlst und wann nicht, wen Du gerne hast. Aber Deine Mutter wartet sehr darauf, daß Du es wieder weißt, was Dir schmeckt, was Dir gefällt. Der Sicherheit in den Aussagen Deiner Mutter stelle ich meine Mutmaßungen gegenüber. Ich gehe prüfend, tangential vor, nicht wissend. Ich bin vorsichtig und lasse Dir auf diese Weise Raum und Luft. Ich versuche in Dich hineinzuhorchen. Kommunikation im eigentlichen Sinn ist nicht möglich. Im Umgang mit Dir stütze ich mich auf Vermutungen; ich versuche Dir in mir, in meinen Phantasien Raum zu geben. Es ist unglaublich anstrengend und ich gebe gerne zu, wie sehr ich auf Deine Worte, Deine Sprache dabei warte.

*Liebe T.! (11 Monate nach dem Unfall)*

Endlich bist Du wieder zuhause, Du wurdest aus dem Spital entlassen. Deine Familie hat sich dazu entschlossen, mit Dir dreimal die Woche ambulant ins Kinderspital zu fahren. Wieder laufen drei Tage in der Woche stundenplanmäßig ab. Montag, Mittwoch, Freitag bekommst Du Ergo-, Physiotherapie und Logopädie. Meine „Schulanbahnungsgespräche" stoßen bei Deiner Mutter und vielleicht auch bei Dir immer auf Widerstand. Deine Mutter kann sich Dich in einer schulähnlichen Institution oder gar in einer Schule derzeit noch nicht vorstellen. Sie hofft, daß du bald Kontrolle über Deinen Kopf (nicht nur ihn stabil zu halten) bekommst, und daß Du bald sprechen können wirst. Im nächsten Satz schließt sie aber sofort mitein, daß sich alles auch ganz anders entwickeln kann. Meine vielen Vorschläge in Richtung Besuch in der Schule konnte Deine Mutter nicht annehmen, sich nicht einmal vorstellen, immer mit der Begründung: „Ja, Frau Kotzian, irgendwann einmal ..." Manchmal hoffe ich, am Montag, Mittwoch oder Freitag, oder an allen drei Tagen, die erste zu sein, die Dich beim Kommen trifft. Daß Dich die Sanitätsfahrer mit einer fahrbaren Trage aus dem Auto schieben, dann in den Lift, dann in den Therapieraum, hat mich anfangs sehr erschreckt. Ich war Dich ja schon sehr „mobil" gewohnt, immer in Deinem eigenen Rollstuhl sitzend.

Später, an dem Jahrestag, als Dein Unfall passierte, haben alle von Dir gesprochen, aber keiner wußte, wie er mit Deiner Mutter oder mit Dir darüber sprechen sollte. Diesen Tag nahmen dann alle zum Anlaß, die im vergangenen Jahr mit Dir verbrachte Zeit zu reflektieren und zu beschreiben. Deine Fortschritte wurden von allen Mitgliedern des interdisziplinären Teams dokumentiert. Es gibt meßbare Erfolge, aber alles ist schwer verifizierbar. Alle Berufsgruppen schreiben ganz unterschiedlich über Dich. Ich weiß, daß insbesondere ein pädagogischer Bericht ganz viele Interpretationsmöglichkeiten zuläßt. Ich betreue Dich nun nicht mehr in der Zeit, in der Du im Spital bist. Ich begrüße Dich oder schaue bei den Therapien zu. Ein zusätzliches pädagogisches Angebot wäre an diesen Vormittagen eine Überforderung Deiner Aufnahmsfähigkeit. Ich höre mir die Erzählungen Deiner Mutter an, ich schaue mir Deine Zeichnungen an, wenn Deine Schwester Deine Hand führt, und ich erkenne auch ein T, wenn mich jemand darauf hinweist. Nun müßte ein großes ABER kommen, aber es kann nicht kommen, denn ich weiß nicht, wenn ich zweifeln sollte, woran ich zweifle. Ich weiß genau, Du schaffst alles, weil Du das Kind dieser Familie bist.

## 3. Auszüge aus Berichten des interdisziplinären Teams

Einen Kontrast, aber auch Ergänzungen, zu den vorangegangenen Briefen stellen die Berichte und Befunde der einzelnen Mitarbeiterinnen und Mitarbeiter des interdisziplinären Teams dar. Einerseits geben sie Auskunft über die Arbeit und Fortschritte während eines Jahres, andererseits gewähren sie Einblick in die Besonderheiten der Arbeit und der Therapien mit dieser speziellen Patientin.

**Bericht des Arztes**

Die Patientin wurde zu Jahresbeginn als Fußgängerin von einem PKW niedergestoßen. Beim Eintreffen der Rettung am Unfallort war sie tief bewußtlos, nicht ansprechbar, hat mehrfach erbrochen. In einem Unfallspital wurde sie intubiert und beatmet. Es handelt sich um ein schweres Schädel-Hirn-Trauma mit Hirnblutung. Behandlung auf der Intensivstation mit Beatmung. Es erfolgte eine Entlastungsoperation. Übernahme auf die h.o. Rehabilitationsstation einen Monat später. Ansprechbarkeit auf niedrigem Niveau, keine optische Wahrnehmung rechts, keine Spontanmotorik. Kontaktaufnahme durch das Team, wobei gleich am folgenden Tag eine stundenplanartige Organisation der Tagesstruktur begonnen hat.
- Klinisch: Zwischenzeitlich kommt es immer wieder zu vegetativen Entgleisungen (mit Thermolabilität, starkem Schwitzen, motorischer Unruhe). In der Folge wird zunehmend häufig beobachtet, daß Harndrang seitens der Patientin, primär durch motorische Unruhe, später durch stimmliche Äußerungen wie Brummen kundgetan wird. Erster Ausgang, tagsüber, 2 Monate später erstmal über Nacht, in der Folge fast regelmäßig übers Wochenende.
- Neurologisch: Der Übergang des apallischen Syndroms in die Remissionsphase ist etwa Ende des Jahres vollzogen. Lichtreaktion links weiterhin praktisch Null.
- EEG: Insgesamt rückläufige Allgemeinveränderungen, die primär deutliche Verlangsamung besserte sich, Zeichen für erhöhte Erregungsbereitschaft kamen nie zur Darstellung.

2. Halbjahr:
- Klinisch: Vegetative Dysregulation abnehmend (Intervalle länger, Temperatur-spitzen nicht mehr so hoch). Stehen und gehen nicht möglich, die Patientin muß nach wie vor passiv gelagert werden. Kein spontanes Umdrehen von Bauch-in Rückenlage, bzw. umgekehrt. Phonetische Äußerungen sehr sporadisch, je-doch gering an Häufigkeit zunehmend. Dystonische Bewegungen der linken Extremitäten. Weiteres Prozedere: Als erste Maßnahme ist geplant, die Relati-on von stationärem Aufenthalt und dem zu Hause zugunsten des letztgenann-ten zu verschieben, sodaß, je nach Möglichkeit, die Therapie (von) zu Hause (aus) durchgeführt wird. Entsprechende Gespräche mit den hierfür zuständi-gen Institutionen werden gerade geführt. Geplant ist ebenso eine Kontaktauf-nahme mit pädagogischen Einrichtungen, die auch Therapie anbieten.


**Bericht der Physiotherapeutin**

Zum Aufnahmezeitpunkt, einen Monat nach dem Unfall, war T. schlaff ge-lähmt. An der linken Körperseite, vor allem an der oberen Extremität traten athetoide Bewegungen auf. Zusätzlich wurde im Laufe der nächsten 3 Monate Spastizität der distalen Gelenke deutlich. Choreatische Bewegungen proximal lösen die athetoiden Bewegungen ab. Während die linke Körperseite gesamt Tonuserhöhung zeigte, war die rechte Körperseite schlaff. Nach ca. 4 Monaten kam es auch in der rechten Körperhälfte zu Tonuserhöhungen.
- Funktion: Im schlaffen Stadium konnte T. keine Bewegung aktiv ausfüh-ren. Kopf- und Rumpfkontrolle fehlten vollständig. Einen Monat später schaff-te T. es mit Hilfe den Kopf nach links und rechts zu drehen (in Rückenlage). Von diesem Zeitpunkt begann T. auf Bewegungsaufträge durch Tonus-veränderung zu reagieren. Es fehlte jedoch jegliche Stabilität in jeder Lage, was ihr ein selbständiges Wegbewegen aus Rücken-, Bauch- und Seitenlage unmöglich machte.
Im Oktober konnte T. sich zum ersten Mal selbständig von Seitenlage links auf den Rücken zurückdrehen. Dieses Bild von Oktober ist bis jetzt 3 Monate später größtenteils gleichgeblieben.
Zusammenfassend kann man sagen, daß die Rumpfstabilität und die Kopf-kontrolle im Laufe des letzten Jahres besser geworden sind, T. sich aber schwer tut, die gewonnene Stabilität auch funktionell umzusetzen. Das heißt, selbstän-dig kann T. sich von der Seitenlage links in Rückenlage zurückdrehen, Arme und Beine in eingeschränktem Bewegungsausmaß bewegen, wobei bei der lin-ken oberen und unteren Extremität willkürlich gerichtete Bewegungen mög-

lich sind (z.B. Wegrollen eines Balls). T. macht fast in jeder Therapiestunde sehr gut mit. Man merkt aber deutlich, daß T.´s Ausdauer und Konzentration noch vermindert sind.

## Bericht der Logopädin

*Status Februar* (einen Monat nach dem Unfall, zum Zeitpunkt der Einlieferung): Bei der stationären Aufnahme erfolgte die Nahrungs- und Flüssigkeitsaufnahme durch eine Sonde, da T. eine Kiefersperre hatte. Die mimische Muskulatur war ganz hypoton, wodurch der Speichelfluß verstärkt war. Ebenso war T. vollkommen aphon, und die Atmung sehr unregelmäßig und flach. Das Sprachverständnis konnte nicht überprüft werden, da T. keinerlei Kommunikationsmittel besaß.

*Verlaufsbericht von Feb. - Dez. :*
Seit Mitte Juli ißt T. sämtliche Mahlzeiten per os. die Sonde wurde zu diesem Zeitpunkt nur mehr dann gesetzt, wenn die orale Flüssigkeitsaufnahme zu gering war. Ende August konnte die Sonde endgültig entfernt werden. Flüssigkeit kann T. am besten liegend aus der Flasche aufnehmen. Sie reguliert dabei die Flüssigkeitsmenge durch Öffnen und Schließen der Zähne. Sitzend trinkt T. aus einem Schnabelbecher. Erste Kaubewegungen zeigte T. Mitte August. In der Folge mußten die Obstmahlzeiten nicht mehr vollständig püriert, sondern nur mehr mit der Gabel zerdrückt werden. Auch das Frühstücksmüsli kann T. seither grobkörnig essen. Seit November führt T. vermehrt Mahlbewegungen durch, ebenso sind Lateralbewegungen der Zunge möglich. Herausstrecken der Zunge ist bis zu den Lippen möglich. Auch die mimische Muskulatur hat sich ständig verbessert. Seit Sommer zeigt T. starke Mimik, vor allem, wenn ihr etwas mißfällt. Laut Mutter hat T. zu Weihnachten auch einmal gelächelt. Stimme setzt T. vereinzelt seit Juli ein, und zwar, wenn sie Ablehnung signalisieren und Harn- oder Stuhldrang anzeigen will. Die Atmung ist zwar schon etwas konstanter als zu Beginn, kann jedoch willentlich noch nicht eingesetzt werden. Anfänglich wurde versucht, Kommunikation über Augenzwinkern aufzubauen, was jedoch oft schwer verifizierbar ist. Seit kurzer Zeit versucht T. durch Kopfnicken und -schütteln Zustimmung oder Ablehnung zu zeigen.

## Bericht der Ergotherapeutin

T. wird seit Februar im Kinderspital ergotherapeutisch betreut. Einheiten/Frequenz: 40-60 Minuten, täglich (Mo-Fr).
Wahrnehmungsbereiche:
- Optisch: Seit Juni kann T. ihre Augen kurz auf Gegenstände richten. In den folgenden Monaten lernte sie länger zu fixieren. Sie beginnt jetzt bewegten Objekten in der horizontalen Ebene zu folgen. Dadurch ist es ihr möglich, ihre Umgebung besser wahrzunehmen.
- Akustisch: Im Sommer zeigte T. noch keine akustische Orientierungsreaktion, sie hielt aber bei akustischen Reizen inne. Jetzt richtet sie die Augen zum akustischen Reiz, gelegentlich auch den Kopf.
- Vestibulär: Im Frühling reagierte T. bei Lageveränderung mit Unsicherheit und Unruhe. Bei rhythmischer langsamer vestibulärer Stimulation wurde sie ruhiger. Ab August war es möglich, T. in sitzender Position auf der SI-Schaukel zu stimulieren. In den letzten Monaten beginnt sie immer mehr ihren Muskeltonus an die vestibuläre Stimulation anzupassen (v.a. Bein-, Rumpf- und Nackenmuskulatur).
- Propriozeptiv: Deutliche Unruhe und Konzentration bei tiefensensiblen Reizen beobachtbar.
- Taktil: T. empfindet taktile Reize im Gesichtsbereich weniger unangenehm.
Obere Extremität:
- Links: Keine Kontrakturen, passiv aufdehnbar. Aktives Hemmen der ungezielten Bewegungen möglich. Aktive Extension des Ellbogens sowie der Finger möglich. T. kann das pathologische Muster durch passives Stützen hemmen, auch wenn sie mit der UE willkürliche Bewegungen macht. Gezieltes Loslassen von Gegenständen ist möglich.
- Rechts: Keine Kontrakturen, leichte Verkürzung der Flexoren. In den letzten Monaten beginnende proximale Willkürmotorik.
Wenn ihre Hände zusammengeführt werden, kann sie sich am Handgelenk halten und beide Hände ruhig im Schoß oder am Tisch liegen lassen (für kurze Zeit).


## Bericht der Sozialarbeiterin

Betreuungszeitraum: 11 Monate
Als sozialarbeiterisches Angebot erfolgten mit T.s Mutter wiederholte Gespräche, welche die veränderte Lebenswelt der gesamten Familie, im speziellen aber die plötzlich veränderte Lebensgestaltung der Mutter beinhaltete. Bewältigungsstrategien des durch den Unfall erfolgten Traumas zielten hauptsächlich darauf

ab, sich auf den Prozeß der Trauer, des Abschiednehmens von vielen Erwartungen einzulassen und zu begleiten. Konkrete Inhalte waren auch Beratung über bereits mögliche Ansprüche, wie erhöhte Familienbeihilfe, mehrmalige Interventionen im Rahmen des Pflegegeldantrages, Kontaktherstellung mit der begutachtenden Ärztin der zuständigen Stelle direkt im Spital, um den gestellten Antrag zu beschleunigen. Ebenfalls erfolgte die Beratung der Mutter bezüglich Kündigung an ihrem Arbeitsplatz und Antragstellung auf Weiterversicherung in der Pensionsversicherung. Diese Entscheidungsschritte der Mutter gaben und geben ihr Spielraum, sich umfassend um das Kind zu kümmern. Es darf nicht außer Acht gelassen werden, daß all diese Entscheidungen in Absprache mit der gesamten Familie erfolgten. Als Angebot an die Familie wurden die durch den Unfall verändert gewordenen Ansprüche an eine behindertengerechte Wohnung angerissen.

## Bericht der klinischen Psychologin

Schädel-Hirn-Trauma nach Autounfall, Akutversorgung in einem Unfallkrankenhaus, Aufnahme im Kinderspital einen Monat nach dem Unfall. T. war gemeinsam mit Geschwistern auf dem Nachhauseweg von der Schule. Auf einer bekannt gefährlichen Kreuzung wird sie von einem Auto niedergestoßen und schwer verletzt.

Die Familie ist sehr engagiert; Mutter, Geschwister wechseln sich am Krankenbett ab, ständig ist ein Familienmitglied bei ihr. Die Mutter ist die tragende Säule der Familie, läßt ihre Berufstätigkeit ruhen und glaubt mit ganzer Kraft und Zuversicht an die Genesung ihrer Tochter. Optimismus und Vertrauen, aber auch Entmutigung und Enttäuschung über zu langsame Rehabilitationsfortschritte prägen die psychische Situation der Familie. Die Wochenenden, die T. zu Hause verbringen kann, werden sehr positiv geschildert. Die psychologische Betreuung der Familie steht für die Familie nicht im Vordergrund. Aus Gesprächen mit Schwester und Mutter wird deutlich, daß sie Unterstützung in Gesprächen bei Freunden und z.T. bei Verwandten suchen.

## Bericht der Heilstättenlehrerin

T. hatte das 1. Halbjahr der 1. Volksschulklasse mit der Gesamtnote „Sehr gut" abgeschlossen. Bereits ab Mai wurde ich als Lehrerin in den Therapieplan eingebaut (mit 2 Terminen pro Woche). Aufbauend und anschließend an Bekanntes (Zahlenraum 5 und bekannte Buchstaben) versuchte ich Reaktionen bei T. in puncto Erinnerungen hervorzurufen. T.s Klassenlehrerin stellte mir das Lesematerial zur Verfügung. Interesse, Konzentration und Ausdauer steigerten sich. Kognitive Leistungen sind sehr schwer verifizierbar. Manchmal hatte ich das Gefühl, als würde T. lautlos mitzählen, im besonderen 4 und 5 glaubte ich zu erkennen. Die Geburtstagsfeier im Spital machte T. große Freude. Laut Erzählungen der Mutter hat T. versucht, die Kerzen ihrer Geburtstagstorte auszublasen. Gegen Schulschluß besuchte der Direktor der Volksschule T. auf meine Bitte im Spital. Auch die Klassenlehrerin war einmal auf Besuch. Es wurde überlegt, der Schulklasse ein Video von T. zu zeigen. Dieser Plan wurde verworfen. Ab September wurde ich im Tagesplan zweimal eine halbe Stunde eingebaut. Aber auch nach den Ferien konnte ich T.s kognitive Fähigkeiten nicht besser einschätzen. Das unsichere Gefühl, sie entweder zu unter- oder zu überfordern blieb bestehen. Das ausgedachte Kommunikationssystem: 1 x zwinkern = ja/richtig, 2 x zwinkern = nein/falsch, funktionierte nicht immer. Mittels Handdrücken sollten wir uns gegenseitig die Anzahl der Würfelpunkte anzeigen, ansatzweise hat es so ausgesehen, als würde es T. versuchen. Die angebotenen Lernmaterialien waren von unterschiedlicher Beschaffenheit. Es sollten verschiedene Sinneskanäle angesprochen werden. Ich sah meinen Schwerpunkt in der Förderung der visuellen und auditiven Aufmerksamkeit. Großes Interesse zeigt T. für Zahlen. Mit Hilfe von großen Dominosteinen aus Holz versuchten wir gemeinsam Zuordnungen von Menge und Zahl zu erarbeiten. Lautes Mitzählen war immer sehr hilfreich. Das „Wort- und Zahlenkino" wurde von T. mit großer Neugier aufgenommen. Wörter bzw. Zahlen schrieb ich vor ihr auf einen Streifen Papier. Dann ließ ich den Streifen hinter dem Zeichenpapier verschwinden, um ihn dann wieder durch einen Schlitz zum Vorschein zu bringen. Alles entstand vor ihrem Auge wieder. Um zu testen, ob T. unterschiedliche Lautstärken registriert, Gleichklang erkennen kann, wurden „Geräuschbüchsen" eingesetzt. Laut- und Klangzuordnungen von Tierstimmen zu entsprechenden Bildern versuchten wir mit Hilfe eines „singenden Buches" zu erarbeiten. Nachdem T. die Geschichte gehört hatte, drückten wir gemeinsam die entsprechende Taste, und die Tierstimme erklang. Sehr motiviert war T. beim Schreiben von kurzen Wörtern. Mit einem dicken Pinsel wurde in roter Farbe R - O - T auf drei Kartons geschrieben. Interesse zeigte sie auch beim Umstellen der Buchstaben: T - O - R, O - R - T. Aus BLAU wurde LAUB .... Unter Mitwirkung von sämtlichen - auch nicht therapeutischen Berufsgruppen -wurden wir erfinderisch. Hinsichtlich Lernzuwachs können keine Aussagen getroffen werden. Eine klare Kommunikationsstruktur konnte nicht aufgebaut werden, T.s Reaktionen ließen kaum eindeutige Interpretationen zu.

Abschließend frage ich mich: Habe ich das Mädchen, meine Schülerin, überfordert, zuviel mit ihr gemacht, sie mit falschen Hoffnungen erfüllt, ihr eine, absehbar, uneinlösbare Zukunft vorgemacht? Ich zweifelte immer wieder, ob ich sie erreichen konnte, aber hätte ich den Funken Hoffnung austreten sollen, den T. in mir entfacht hatte? Hätte ich die vielen winzigen Zeichen ignorieren sollen, nur deshalb, weil sie nicht in das Verständnisschema von Unterricht herkömmlicher Art passen? Was bleibt? Ich habe mich immer wieder daraufhin besonnen, wo ich T. zu nahe kam, zu fordernd war - doch erlebte ich dann jedesmals das Gefühl, daß T. noch etwas von mir haben wollte. Und deshalb wollte ich dieses Angebot aufrechterhalten, nicht mehr, aber auch nicht weniger.

# Volker Schiffermüller

# Krebskranke Kinder und Schule – ein persönlicher Zugang [1]

In Deutschland wird alljährlich bei 1200 Kindern und Jugendlichen eine Tumorerkrankung diagnostiziert. Trotz erheblicher Fortschritte in der Onkologie sind bösartige Erkrankungen nach Unfällen und Selbstmord die dritthäufigste Todesursache der 10 bis 15 Jährigen (17,9%) (SEIFFGE-KRENKE, S. 12 und S. 15). Bei einer Krebserkrankung von Kindern und Jugendlichen wird das Umfeld, insbesondere die Schule oft vernachlässigt, und die ganze Konzentration auf die Bekämpfung der Krankheit gerichtet. Mit der vorliegenden Arbeit zeige ich, daß die Schule bei einem krebskranken Kind und Jugendlichen eine wichtige Rolle spielt und somit in das Konzept von Arzt, Psychologe, Sozialarbeiter, Theologe und Gestaltungstherapeut mit einbezogen werden sollte.

Da das Thema komplex und umfangreich ist, konzentriere ich mich im theoretischen Teil auf einzelne Aspekte der Schule, der Gleichaltrigengruppe und des Selbstkonzeptes jugendlicher Patienten. Im zweiten Teil, dem Mittelpunkt der Arbeit, schildere ich das Thema "Krebskranke Kinder und Schule" und stütze mich dabei auf die Ergebnisse einer Untersuchung durch Fragebogen. Dieser war für diese Arbeit von mir ausgearbeitet worden und konnte im Dezember 1993 an 90 aktuelle und ehemalige Patienten der onkologischen Station des Olgahospitals Stuttgart verschickt werden. Er basiert auf Erfahrungen, die ich im Frühjahr 1990 während meiner Krebserkrankung gemacht hatte (Fragebogen vgl. Anhang).

## 1. Schulische Sozialisation

Der Einfluß von Schule auf die Kindheit und Jugendzeit war noch nie so groß wie heute. Die neunjährige Pflichtschulzeit (sie umfaßt mindestens 20.000 Schulstunden), eine Vielzahl weiterführender, freiwilliger Schulgänge (Realschule, Gymnasium, Technisches Gymnasium, usw.) prägen weitgehend Kindheit und Jugendzeit (FEND, S. 9). Darüberhinaus strukturieren schulische Laufbahnen die Lebensräume und Ziele der Entwicklung vor und antizipieren lebensentscheidende berufliche Chancen. Die Schule nimmt in der Biographie einen bedeutenden Raum ein: Sie bereitet auf das spätere Leben vor und bestimmt durch

---

[1]Die Erkrankung des Autors bildete die Grundlage für diesen Beitrag, einmal für die kasuistischen Abschnitte, zum anderen für die Entwicklung der Fragebögen.

Schulabschluß - einerseits durch die Schulart, andererseits durch die Note des Schulabschlusses - zu einem großen Teil die Auswahl der weiterführenden Ausbildung.

Folgt man dem französischen Soziologen P. BOURDIEU, so ist eine entscheidende Aufgabe der Schule die Vergabe von Abschlüssen. Durch Verteilung von Titeln (Schulabschlüsse und Bildungspatente wie Diplome, Preise, usw.) werden in der Schule Weichen für die Zukunft gestellt. Wer einen Titel besitzt, hat entscheidende Vorteile gegenüber "Besitzlosen". Diese müssen permanent den Beweis für ihre Fähigkeiten erbringen. Ein Abschluß, ein Titel, bestimmt das Handeln und die Rolle eines Menschen, sowohl positiv als auch negativ. Schulisches Wissen wird als Grundlage für weiterführende Ausbildungsgänge verlangt. Autodidaktisches Wissen und Erfahrungen, die außerhalb der von der Schule legitimierten Gebiete erworben werden, werden zwar von ihrer technischen Wirkung anerkannt, haben aber keinen sozialen Mehrwert (BOURDIEU, S. 50 f.). Die Bedeutung eines Schulabschlusses wird durch aktuelle Daten unterstrichen: In den letzten 25 Jahren fand eine Bildungsexpansion statt, mit dem Ergebnis, daß ein mittlerer Schulabschluß heute zur Mindestnorm geworden ist (Arbeitsgruppe Bildungsbericht Max-Planck-Institut für Bildungsforschung, S. 466 und S. 452). Diese Entwicklung wird sich in den kommenden Jahren durch Umstrukturierungen des Arbeitsplatzprofils beschleunigen, zum Nachteil manueller Berufe und zugunsten von Dienstleistungsberufen.

Die Schule darf nicht nur unter dem genannten Aspekt des Erwerbs von Abschlüssen und der Leistungserbringung betrachtet werden. Neben der Einübung disziplinierter, qualitativer und handlungsorientierter Arbeitsformen, gibt sie dem Schüler über Jahre eine Vielzahl von Möglichkeiten, sich selber kennenzulernen, eigene Potentiale zu erproben und auf dieser Grundlage seinen Platz in der Gesellschaft zu finden (FEND, S. 19). Für Kinder und Jugendliche ist die Schule der wichtigste Ort zum Bilden neuer Freundschaften. Dabei handelt es sich nicht nur um kurzfristige Beziehungen. Durch das Zusammenleben der meisten Kinder über Jahre in einer Klasse wird der Aufbau dauerhafter Beziehungen unterstützt (OSWALD und KRAPPMANN, S. 213).

Interaktionen der Schüler finden im Unterricht nicht nur durch methodisch durchdachte und vorgeschriebene Aktionen statt (z.B. durch Gruppen- oder Partnerarbeit), sondern sie laufen eher nebenbei ab. „In wechselseitiger Beziehung generieren soziale Beziehungen und Klassenleben den konstanten, sinnvollen Rahmen für basale Entwicklungsschritte, der Voraussetzung für Lernen und Entwicklung in einer nicht pädagogisch vorstrukturierten Situation ist" (ebd. S. 213). Um den oben genannten Aspekt zu unterstreichen, gehe ich im folgenden Abschnitt auf die Bedeutung der Gleichaltrigengruppe ein.

## 2. Gleichaltrigengruppe

Im Sozialisationsprozeß brauchen Kinder neben Eltern, Lehrern und anderen Erwachsenen auch Gleichaltrige, die ungefähr die gleichen Erfahrungen und Kompetenzen haben und ihnen nicht wie Erwachsene in allen Bereichen überlegen sind. Die Gleichaltrigengruppe, deren Bedeutung in den letzten 40 Jahren stetig gewachsen ist, hat im Sozialisationsprozeß eine bedeutende Rolle. Im sozialisatorischen Kontext wird sie nur von der Familie übertroffen. In der Gleichaltrigengruppe werden Erfahrungen gemacht, wie sie in der Familie nicht gemacht werden können (KRAPPMANN, S. 357 f.). Bei einer Reihe von Problemen ist der Gleichaltrige ein wirksamerer Partner als ein Erwachsener, z.B. beim Lösen von Streit (KRAPPMANN, S. 370). Insbesondere beim Jugendlichen findet ein Großteil des sozialen Lebens in der Gleichaltrigengruppe statt. Der Kontakt zu Gleichaltrigen eröffnet ihm wichtige und ihrer Qualität nach nicht ersetzbare Chancen, sich kreativ zu entfalten und in seiner Persönlichkeit zu entwickeln (ENGEL, HURRELMANN, S. 106). Je mehr ein junger Mensch in ein soziales Beziehungsgefüge eingebunden ist, desto besser kann er auch mit ungünstigen sozialen Lebensbedingungen, kritischen Lebensereignissen und andauernden Lebensbelastungen umgehen (HURRELMANN, S. 64). Hier schließt sich die Frage an, warum diese wichtige Sozialisationsgruppe in der Fachliteratur bisher so sehr vernachlässigt wurde. Bevor ich die Ergebnisse meiner Umfrage darlege und interpretiere, greife ich den Aspekt des Selbstkonzeptes auf. Damit will ich veranschaulichen, welchen konkreten Einfluß die Schule und die Gleichaltrigen auf den Therapieverlauf haben.

## 3. Selbstkonzept und Krankheit

Das Selbstkonzept kann man mit dem Aufbau einer Pyramide vergleichen. An der Spitze sind zeitstabile und situationsgenerelle Aussagen, an der Basis situationsgebundene und zeitunstabile Aussagen. Das Selbstwertgefühl ist zwar rein subjektiv, hängt aber sehr von der Achtung anderer ab (ENGEL, HURRELMANN, S. 99). Verfügt ein Erkrankter über ein positives Selbstkonzept, dann wird er die Krankheitsbelastungen besser bewältigen können. Bei einem eher negativen Selbstkonzept besteht erhöhtes Risiko schlechter Mitarbeit an der Behandlung, zu stark eingeschränktem Selbstvertrauen in die eigenen Fähigkeiten, den Krankheitsverlauf günstig beeinflussen zu können, zu sozialem Rückzug und langfristig zu eingeschränkten sozialen Kompetenzen. Negatives Selbstkonzept begünstigt folglich eine problematische Krankheitsbewältigung (PETERMANN et al., S. 52ff.).

Wie wichtig ein positives Selbstkonzept bzw. Selbstbild ist, unterstreicht das folgende Zitat: „Kinder mit geringem Selbstbild und der Überzeugung, wenig zur eigenen Gesundheit beitragen zu können, arbeiten im Rahmen einer Behandlung schlechter mit" (PETERMANN et al., S. 65). Nicht nur das Selbstkonzept generell, sondern auch einzelne Indikatoren des Selbstkonzeptes sind bei einer Krankheit wichtig. So betont BOEGER, daß Erfolgszuversicht und Kontrollierbarkeit sich günstig auf die Krankheitsbewältigung auswirke (BOEGER, S. 17). Auch die Hoffnung ist ein wichtiger Indikator. Wie bereits erwähnt, ist es wichtig, beim Patienten die Hoffnung auf Genesung zu stärken und den Blick auf positive Aspekte des Lebens zu wenden. Hilflosigkeit ist ein Indikator, der sich negativ auf den Krankheitsverlauf auswirkt. Nach Vergleich der Arbeiten Seligmans und der psychoonkologischen Verlaufsforschung betont ZIEGLER, daß „Patienten mit Hilflosigkeitssymptomen einen eher ungünstigen Krankheitsverlauf haben, während eine aktive, hoffnungsvolle Haltung die Lebensqualität entscheidend verbessern kann" (ZIEGLER, S. 109).

Durch den Krankheitsverlauf ergeben sich Beeinträchtigungen des Selbstkonzeptes. Ein negatives Selbstkonzept basiert in starkem Maße auf Störungen der Selbstständigkeitsentwicklung, Veränderungen des Körperbildes und auf Belastungen in Beziehungen zu Gleichaltrigen. Diese drei Aspekte beeinflussen sich gegenseitig, wobei jedoch dem veränderten Körperbild großes Gewicht zukommt.

Die Beziehung zwischen einem Erkrankten und der Gleichaltrigengruppe ist potentiell problematisch: Ein Erkrankter reagiert mit großer Sensibilität auf seine Krankheit. Durch die Erkrankung, insbesondere durch das veränderte Körperbild und Vorsichtsmaßnahmen, die er aufgrund der Nebenwirkungen der Chemotherapie treffen muß (verminderte Immunresistenz, z.B.), kommt er in eine schwierige Situation: Einerseits ist er gegenüber anderen sehr verunsichert, andererseits hat er erhöhtes Bedürfnis nach Anerkennung und Aufrechterhalten seines Status bei Gleichaltrigen. Die Reaktionen und das veränderte Verhalten der Umwelt werden vom Erkrankten genau wahrgenommen. Neben der Angst vor Ablehnung besteht die Angst, übervorsichtig behandelt zu werden. Durch eingeschränkte soziale Kontakte vergrößert sich jedoch die Angst, von anderen abgelehnt zu werden. Folglich ist die Gefahr groß, sich in die Krankheit zurückzuziehen (PETERMANN et al., S. 83).

Die Schule - Schule in der Klinik, Hausunterricht und Stammschule - kann durch ihre soziale Kompetenz dafür sorgen, daß der Schüler sich nicht zu sehr in sich zurückzieht. Erkrankte sind durch Krankenhausaufenthalte und medizinische Eingriffe permanent extremen Belastungen ausgesetzt. Dies kann zu Verhaltensänderungen (Aggression, Depression, usw.) und, durch Überbehütung oder Vernachlässigung, zu Regressionen in der Entwicklung führen. Zeitlich begrenzte Veränderungen des Körperbildes sind u.a. Nebenwirkungen der Chemotherapie. Die wichtigsten sind Übelkeit, Erbrechen und Haarausfall. Schwerwiegender werden irreversible Langzeitfolgen wie etwa Amputation oder Narben erlebt. Dies führt bei Jugendlichen zu einem Verlust des Selbstvertrauens und der Selbstachtung. Für sie sind körperliche Entstellungen oft schwerwiegender als die Krebserkrankung selbst (ebd.). Durch die negative Veränderung des Körperbildes (das i.d.R. mit einem negativen Selbstbild verbunden ist) wird oft ein Teufelskreis aufgebaut. "Ein negatives Selbstbild und Körperbild führen zum Rückzug, zu vermehrter Abhängigkeit (besonders von den Eltern; dadurch kommt es wiederum zu verminderten Kontrollüberzeugungen [...], die wiederum Hilflosigkeit, Depressivität und ein stärker reduziertes Selbstbild begünstigen" (ebd. S. 58).

Defizite im Körperbild versucht der Krebskranke oft in anderen Bereichen auszugleichen: "In vielen Fällen sind überdurchschnittliche Erfolge ein Mittel für das Kind, um den Verlust an Prestige bei sportlichen Wettbewerben, an denen es durch die Krankheit nicht mehr teilnehmen kann, auszugleichen" (BAMMER, S. 45). Eine Möglichkeit, dieses Defizit im Selbstbild auszugleichen ist, den Erkrankten im schulischen Bereich zu fördern. Die Schule ist ein prägender Faktor in der Kindheit und Jugend. Sie bereitet auf das spätere Leben vor und bestimmt durch den Schulabschluß (einerseits durch die Schulart, andererseits durch die Note des Schulabschlusses) zu einem großen Teil die Auswahl der weiterführenden Ausbildung. Darüberhinaus bietet sie dem Heranwachsenden einen Raum, in dem er sich, durch die Auseinandersetzung mit Gleichaltrigen, sozial entwickeln kann. Diese Thesen, die in der onkologischen Literatur bisher vernachlässigt wurden, sollen in den folgenden Kapiteln anhand einer kurzen Schilderung eines Einzelfalles und der bereits in der Einleitung erwähnten Pilotstudie vorgestellt und belegt werden. Anhand des Selbstkonzeptes wurde deutlich, wie eng medizinische, psychologische und soziale Faktoren verknüpft sind, und welch wichtige Rolle es bei einer schweren Erkrankung hat. Ein Ziel sollte es folglich sein, daß durch die Schule ein positives Teilselbstkonzept aufgebaut wird. Dieses soll das durch die Krankheit beeinträchtigte Gesamtselbstkonzept aufwerten.

# 4. Krebserkrankung und Schule - autobiographische Betrachtung des Themas

Im Frühjahr 1990 wurde bei mir eine bösartige Erkrankung des Lymphsystems, ein Morbus Hodgekin diagnostiziert. Durch sofort beginnende Chemotherapie rückte die Schule, - ich besuchte damals die 13. Klasse -, in den Hintergrund. Der Prüfungstermin der mündlichen Abiturprüfung in meiner Schule lag zu Beginn des zweiten Blockes der Chemotherapie. Aufgrund des Engagements der Krankenhausschule des Olgahospitals in Stuttgart, die mich zum Lernen motivierte, die Kontakte zu meiner Schule aufnahm und mir bei Lernproblemen half, konnte ich das mündliche Abitur im Krankenhaus erfolgreich ablegen. So konnte ich die zweiwöchige Pause zwischen dem ersten und zweiten Block der Chemotherapie sinnvoll nutzen.

Aufgrund den Belastungen der Therapie war ich in dieser Zeit in meiner Bewegungsfreiheit eingeschränkt. Ansonsten ging es mir relativ gut. Durch das Lernen konnte ich meine Krankheit für eine kurze Zeit vergessen, und ich hatte teilweise wieder normalen Alltag. Ferner hatte ich ein konkretes Ziel für die Zeit nach der Krankheit. Ein weiterer wichtiger Aspekt war, daß ich durch das Lernen gefordert wurde. Daß ich trotz der Belastungen zu mehr fähig bin, als ich mir zugetraut hatte, war eine Erfahrung, die mir während der Genesung sehr viel half. Sowohl von Klassenkameraden als auch von meiner Seite gab es Hemmungen bei der Kontaktaufnahme. Mir fiel es anfangs sehr schwer zu sagen, daß ich Krebs habe und es war nicht leicht, offen darüber zu reden. Und meine Mitschüler wußten nicht, wie sie das Gespräch mit mir anfangen sollten. Durch die Gemeinsamkeit des Lernens wurde die Kontaktaufnahme für beide Seiten erleichtert, da man einen einfachen verbindenden Einstieg hatte. Auf diesen Erfahrungen und Gesprächen mit Jugendlichen über ihre Erfahrungen beruht der Fragebogen, auf den sich in der Folge meine Untersuchung stützte.

## 5. Ergebnisse einer Pilotstudie

Die Auswertung meiner Untersuchung und deren Ergebnisse beruht auf 27 ausgefüllten Fragebögen. Die Befragung kann deshalb als eine Pilotstudie für ausführlichere Studien betrachtet werden, zumal es nach meinem Kenntnisstand noch keine umfangreicheren Untersuchungen gibt. Der Fragebogen ist inhaltlich in fünf thematische Schwerpunkte gegliedert. In der folgenden Darstellung der Ergebnisse gehe ich nicht auf einzelne Fragen ein, sondern stelle sie im Gesamtkontext des jeweiligen Schwerpunktes dar. Um die Angaben zu konkretisieren, sind im folgenden Abschnitt die wichtigsten statistischen Angaben in Stichworten dargelegt: Wie bereits genannt, beruht die Untersuchung auf 27 ausgefüllten Fragebögen. Die Untersuchungsgruppe waren ehemalige, und sich in Therapie befindende Patienten der onkologischen Station des Olgahospitals Stuttgart. Die Tumore wurden zwischen 1983 und 1993 diagnostiziert. Die Verteilung der Krebserkrankungen ist über die Jahre fast gleichmäßig. 88,9 % (24) der Befragten waren zum Zeitpunkt der Befragung nicht mehr in Behandlung. 81,5% der Therapien liegen in einem Spektrum zwischen 5 und 14 Monaten. Der Schwerpunkt der Therapien insgesamt liegt zwischen 9 und 10 Monaten (33,3%) Dauer.

## 5.1 Lernen

Im Theorieteil habe ich die zunehmende Bedeutung des Schulabschlusses geschildert. Ob dies auch während einer Krebserkrankung so bleibt und mögliche Gründe dafür, ist der Inhalt dieses Schwerpunktes. Nach den Ergebnissen der Umfrage hat Lernen bei einer Krebserkrankung einen hohen Stellenwert: 81,5% der Befragten gaben an, daß sie gelernt haben, wenn es ihnen besser gegangen ist, für zwei Drittel war Lernen während der Erkrankung wichtig und gewann diese Bedeutung. Durch Lernen wurde eine Zukunftsperspektive vermittelt und der Anschluß an die Klasse konnte erhalten werden. Es hatte aber auch eine wichtige Bedeutung für die Gegenwart, da es eine willkommene Abwechslung bzw. Distanzierung von der Krankheit, bzw. von dem von der Krankheit geprägten Alltag war. Den Befragten hat Lernen über die Lehrer viel Spaß gemacht. Die Aufnahme von Kontakten zu Mitschülern während der Erkrankung wurde erleichtert.

Die gerade genannten Antworten lassen sich in die Kategorien „Lernen unter dem Zukunftsaspekt", „Herstellen eines normalen Alltages" und „Schule und Gleichaltrigengruppe" einteilen. Während einer Krebserkrankung halte ich den Zukunftsaspekt für bedeutsam: Indem man dem Krebskranken eine Zukunftsperspektive und ein Ziel gibt, auf das er „hinarbeiten" kann, bleibt es für ihn lohnend, die Strapazen der Therapien, insbesondere die der Chemotherapien, auf sich zu nehmen und durchzuführen. Dazu ein Zitat aus den beantworteten Fragebögen:

"Man hat gemerkt, daß das Leben weitergeht, und wenn ich z.B. Unterricht hatte, bekam ich auch mehr Hoffnung. Du weißt ja, man lernt nicht nur zum Spaß. Man ging halt davon aus, daß ich das später brauche, d.h. daß ich es schaffe und wieder gesund werde." Dadurch kann auch Erfolgszuversicht und Hoffnung auf Genesung verstärkt und die Therapiemitarbeit verbessert werden. Die Krankheit bestimmt den Alltag. Diese Dominanz wird negativ aufgefaßt und jede Abwechslung wird positiv aufgenommen. Durch das Lernen wird wieder ein Teil des alten, "normalen" Alltags hergestellt. Das bedeutet, daß der Erkrankte nicht nur für kurze Zeit seine Krankheit vergessen, sondern sich auch von seiner Krankenrolle lösen kann. Wie sich dies insgesamt positiv auswirken kann, zeigt das folgende Zitat:

"Es war sehr wichtig für mich zu lernen, da ich so den Kontakt zur 'normalen' Welt nicht verlor. Es gab mir auch enorm Mut und Kraft, trotz Krankheit genauso zu leben (oder fast genauso) zu leben wie meine Mitschüler".

Es wird sichtbar, daß ein Interesse besteht, in die alte Klasse zurückzukommen. Dies kann einerseits bedeuten, keinen Rückschritt in der schulischen Karriere zu machen, andererseits in die gewohnte Umgebung zurückzukehren (zum Bedürfnis des Erkrankten an Kontakten mit Klassenkameraden vgl. Punkt 5.4.

und 5.5). In diesem Block wurde deutlich, daß Lernen bei einer Krebserkrankung große Bedeutung hat. Der Aspekt der Lebensqualität bekam in der Onkologie in den letzten Jahren zunehmend höheren Stellenwert. Offenbar kann schulisches Lernen diesen Ergebnissen zufolge dazu gezählt werden.

Während der Behandlungen, insbesondere der chemotherapeutischen Behandlungen, sind die Erkrankten regelmäßig im Krankenhaus. Ob bei den Befragten der Schwerpunkt des Unterrichts im Krankenhaus liegt, oder ob sie nur zwischen den Therapien zu Hause unterrichtet wurden und mögliche Gründe für eine Priorität, erörtere ich im folgenden Schwerpunkt.

## 5.2 Zur Bedeutung der Krankenhausschule

Die Umfrageergebnisse zeigen, daß die Befragten während ihrer Krankenhausaufenthalte wenig Unterricht im Krankenhaus bekommen haben. Dies hängt damit zusammen, daß die Erkrankten das Krankenhaus verlassen, sobald die Infusionsbehandlung beendet ist. Während der Therapien konnten nur wenige der Erkrankten lernen, da zum Zeitpunkt der Befragung die Zytostatika noch zusammen mit Antibrechmitteln verabreicht wurden, die stark dämpfende Nebenwirkungen hatten. Reaktionen auf die Chemotherapie wie Erbrechen oder Unwohlsein sind generell sehr verschieden: Es gibt Erkrankte, die die Chemotherapie wenig belastet. Anderen geht es allerdings so schlecht, daß sie sich neben den Therapien nicht auf die Schule konzentrieren können.

Insgesamt hat den Befragten der Unterricht im Krankenhaus Spaß gemacht, besonders Lernspiele wurden hier genannt. Der Krankenhausaufenthalt wurde durch Lernen auch als erträglicher und abwechslungsreicher empfunden. Aus den Anworten geht ergänzend hervor, daß zum Krankenhauslehrer ein enges Verhältnis aufgebaut wurde. Dies äußert sich u.a. auch darin, daß die Erkrankten sich auch über außerschulische Probleme austauschen konnten.

Bei einem Vergleich der Unterrichtsanteile zeigt sich, daß der Schwerpunkt des Unterrichtens im Hausunterricht liegt, der i. d. R. von den Lehrern der Regelschule gestaltet wird. Der Klinikunterricht dient hauptsächlich dazu, den Erkrankten punktuell zu unterrichten, mit ihm den Hausunterricht zu organisieren und bei Problemen mit der Stammschule zu helfen. Die Krankenhausschule steht während des stationären Aufenthaltes des Schülers in ständigem Kontakt mit seiner Schule. Diese stellt auch die erforderlichen Unterlagen zur Verfügung.

Wie der Hausunterricht von den Befragten aufgenommen wurde und welche Bedeutung der Lehrer für den Erkrankten hat, machen die Ergebnisse des dritten Schwerpunktes erkennbar.

## 5.3 Zur Bedeutung des Hauslehrers

Der Hausunterricht wurde überwiegend positiv bewertet. Die Befragten bekundeten, daß die Lehrer besser auf Probleme eingehen konnten als in der Stammschule. Dies beschränkte sich nicht nur auf fachliche, sondern auch auf psychische und physische Probleme (Unwohlsein, Konzentrationsschwächen, usw.). Als besonders positiv wurde der persönliche Kontakt zum Lehrer empfunden. Nach den Antworten war es eine schöne Erfahrung, den Lehrer von seiner privaten Seite kennenzulernen und sich mit ihm auch über Außerschulisches unterhalten zu können. Oft entstand durch den Hausunterricht ein gutes und z.T. dauerhaftes Verhältnis zum Hauslehrer. Nach eigenen Erfahrungen wird dies dadurch begünstigt, daß der Lehrer zwar eine wichtige Bezugsperson ist, aber nicht, wie Arzt oder Krankenschwester, mit der Erkrankung und Kranksein identifiziert wird. Ein gutes Verhältnis zum Klassenlehrer erleichterte darüber hinaus die Rückkehr in die Klasse bzw. Schule. Der Lehrer bewegt sich dabei jedoch auf einem schmalen Grat. Einerseits soll er den Erkrankten wie die anderen Mitschüler behandeln, andererseits wird von ihm erwartet, daß er mit krankheitsbedingten Erscheinungen, wie z.B. unsicherem Verhalten in der Klasse, einfühlsam umgeht. Das Verhalten der Lehrer wurde insgesamt positiv bewertet. Es gab jedoch auch einige schlechte Erfahrungen. Die Befragten schrieben sowohl von Über- als auch von Unterforderung und von der Sehnsucht nach dem Unterricht in der Schule. Hier wird deutlich, wieviel Einfühlungsvermögen der Lehrer braucht, und wie eng die Grenzen des Hausunterrichts sein können.

Aus den Ergebnissen der Studie läßt sich ferner ableiten, daß dem Hauslehrer, i.d. R. der Klassen- oder Fachlehrer der Stammschule des Erkrankten, in der Beziehung „Erkrankter - Institution Schule" und der Klasse eine Schlüsselstellung zukommt. Er kann Mitschüler und Eltern über den Stand des Erkrankten unterrichten, beim Aufbau von Kontakten helfen und bei Problemen vermitteln, etwa in der Frage, wie man auf den Erkrankten zugeht. Für diese Aufgaben, den Umgang mit einem Krebskranken und die Aufklärung über Krebs, ist ein Lehrer jedoch nicht ausgebildet. Allgemeine Empfehlungen, insbesondere der Leitfaden „Wenn ein Schüler Krebs hat" dienen als erste Information im Eigenstudium. Ich halte sie jedoch nicht für ausreichend, da jede Tumorart ihre eigene Ausprägung und jede Erkrankung ihren individuellen Verlauf hat. Ausführliche Beratung oder Kooperation mit der Klinikschule ist daher unverzichtbar.

Die Klinikschule des Olgahospitals Stuttgart stellt Informationen für die Stammschule zusammen und begibt sich mit dem psychosozialen Team der onkologischen Station zu Gesprächen dorthin. Weiterhin erhellt aus der Studie, wie positiv „korrekter Umgang" aufgenommen wird. Mit „korrektem

Umgang" meine ich, den Schüler und nicht seine Krankheit im Vordergrund zu sehen, gleichzeitig auf krankheitsbezogene Defizite einfühlsam einzugehen. Diese doppelte Aufgabe ist wie auf einer Waage ständig neu auszutarieren, sie ist nicht leicht und bildet den Kern des Vorhabens.

Angesicht der Tatsache, daß knapp ein Drittel ihre Lehrer kritisierten, wird deutlich, wie wichtig Kenntnisse über die Krankheit und deren Folgen sind wie wichtig die Hilfe der Lehrer ist. Wie problematisch die Beziehung des Erkrankten zur Schule sein kann, wird im nächsten Schwerpunkt deutlich. Hier geht es um die Frage nach der Bedeutung von Kontakten zu Klassenkameraden.


### 5.4 Kontakt zur Stammschule

Aus den Ergebnissen der Untersuchung geht eindeutig hervor, daß ein Kontaktdefizit zwischen Mitschülern und dem Erkrankten besteht. Zwar bekamen 85% der Befragten Geschenke (Briefe, Photos, usw.), es wurde jedoch kritisiert, daß sich Klassenkameraden und Lehrer zu selten gemeldet haben. Weiter wurde kritisiert, daß Kontakte zu Mitschülern abbrachen und Freundschaften auseinandergingen. Bei einer Erkrankung ist es normal, daß sich Kontakte verändern. Problematisch ist indessen, daß es unberechenbar ist, mit wem sich der Kontakt verschlechtert und Kontaktabbruch mit Enttäuschungen verbunden ist. Durch negative Erfahrungen werden Rückzugstendenzen begünstigt und verstärkt, Selbstkonzept und Selbstwertgefühl zusätzlich belastet. Kontaktdefizite könnten aus Sicht der Befragten durch detaillierte Information vermieden werden. Das Einholen von Informationen über die Krankheit bzw. über den in der Schule durchgenommenen Stoff ist darüber hinaus eine gute Möglichkeit der Kontaktaufnahme. Bei Kontakten zu Klassenkameraden muß aber auch der Erkrankte die Initiative übernehmen und sollte nicht nur warten, bis sich die Klassenkameraden bei ihm melden. Die Befragten gaben folgende Tips: Der Klasse einen Brief schreiben und Freunde oder den Lehrer informieren, die dann die Klasse unterrichten.

Aus den Antworten geht freilich auch hervor, daß es problematisch sein kann, die Initiative zu ergreifen: „Ich habe mit meiner Klasse nicht über die Krankheit gesprochen. Ich wollte ich selbst bleiben und nicht der 'Mitschüler mit Krebs' werden." Ein weiterer Befragter schrieb: „Ich wäre in der Zeit psychisch nicht fähig gewesen, irgendwas an meine Klasse zu schreiben. Manche können (körperlich) auch gar nicht." Das folgende Zitat bringt die Problematik auf den Punkt: "Ich hätte mir mehr Kontakt gewünscht! Anfänglich war dieser sehr gut (die ersten Wochen), danach flachte er immer mehr ab, bis gar keiner mehr kam. Der Kontakt zu meinen Freunden/ Klassenkameraden wäre für mich sehr wichtig gewesen, um den Anschluß nicht völlig zu verlieren. Es ist sehr schwer zu sagen, was Freunde usw. hätten tun sollen, denn ich hätte wahrscheinlich ähnlich reagiert. Es wäre schön gewesen, wenn sie zu mir gestanden hätten". Offenbar erscheint das Ausloten von Wünschen nach Kontakten, nach deren Intensität und Dauer, nach Inhalt und Form als das zentrale pädagogische Problem.

## 5.5 Umgang mit dem Erkrankten in der Stammschule

Bei etwa der Hälfte der Befragten gab es Vorkommnisse in der Klasse, über die Klage geführt wird. Den Erkrankten war es unangenehm, daß sie wegen der fehlenden Haare angestarrt, peinliche Fragen gestellt wurden oder verletzende Bemerkungen fielen. Offen ausgesprochene Bemerkungen kamen jedoch meistens nur von einzelnen Mitschülern. Oft waren sie unüberlegt, eher beiläufig, gleichwohl schmerzten sie. Auch wurde deutlich, daß der Erkrankte nicht „der Krebskranke" sein will, sondern noch immer die Person ist, die er auch vor der Erkrankung gewesen war. Nach Meinung der Befragten lagen die Ursachen in ungenügender Information der Mitschüler. Wie gut eine gut aufgeklärte Klasse sich auf das Verhältnis Erkrankter - Klasse auswirken kann, belegt das folgende Zitat: „Es hätte kein besseres Verhalten meiner Klasse geben können. Meine Lehrerin hat sie regelmäßig informiert und viel über Krebserkrankungen mit ihr gesprochen."

Aus den Untersuchungsergebnissen geht ergänzend hervor, wie problematisch sich die populäre Identifizierung von Krebs mit Tod auswirkt (vgl. HILLEBRAND, S. 213 und AULBERT, S. 63f.). In der Kinder- und Jugendonkologie gab es jedoch in den letzten zwei Jahrzehnten erkennbare Fortschritte, die leichtfertige Identifizierungen ausschließen sollten. Leidtragender dieses Widerspruches und der damit verbundenen Stigmatisierung und Ausgrenzung ist der Erkrankte.

Die genannten Reaktionen auf eine Glatze sind, aus der Sicht des gesellschaftlichen Verhaltensstandards betrachtet, normal und verständlich. Folgt man GOFFMAN (S. 144 ff.), werden Stigmatisierten von der Gesellschaft feste, ihrer Stigmatisierung entsprechende Rollenschemata zugeschrieben, gemäß denen sie behandelt bzw. nach denen sie sich zu verhalten haben. Das genaue Registrieren der Umwelt oder der Wunsch nach normaler Behandlung passen nicht in das Rollenschema des Hilflosen und Entmündigten, das die Gesellschaft von einem Krebskranken hat. Sonst würden die Reaktionen oftmals nicht so direkt auftreten. Als Erkrankter lernt man, mit der Krankheit zu leben, denn sie dominiert den Alltag. Man ist aber immer noch die Person, die man auch vor der Erkrankung war. Außenstehende vergessen dies oft, vielleicht weil die physischen Stigmen zu dominierend sind. Wie die Befragten mit positiven Erfahrungen zeigen, ist natürliches und spontanes Verhalten angemessen. Folgt man den Ergebnissen weiter, dann besteht von Seiten der Klassenkameraden Interesse daran, zu erfahren, wie ihre Krankheit verläuft und man erfährt, daß der Erkrankte oft nicht abgeneigt ist, mit ihnen offen darüber zu reden.

Wie bereits geschildert, hat der Lehrer bei der Aufklärung von Klasse und Eltern eine zentrale Bedeutung; er ist bei auftretenden Problemen zwischen Klasse und Erkranktem der ideale Vermittler. Dem Erkrankten kann er die Probleme der Mitschüler verdeutlichen, den Mitschülern die Lage des Erkrankten zeigen und ihnen dabei helfen, einen Weg zu finden, wie man relativ offen damit umgehen kann. Voraussetzung dafür ist, daß der Lehrer selbst über die Erkrankung umfassend aufgeklärt ist und sich nicht um das Thema Krebs herummogeln muß. Nur in einer aufgeklärten Klasse und deren Umfeld, insbesondere Eltern, kann offener und fairer Umgang mit dem Erkrankten stattfinden, verletzende Bemerkungen eingeschränkt werden. Von solchem Umgang mit der Krankheit kann auch der Einzelne profitieren, wie ich selbst erfahren habe. Anhand eines Rückfalls bei einer Freundin und den anfangs damit aufgekommenen Problemen wurde mir deutlich, wie schwer es ist, mit jemanden Kontakt aufzunehmen und zu pflegen, dem es sehr schlecht geht. Durch Gespräche mit Freunden, denen es ähnlich wie mir erging, konne ich diese Schwierigkeiten beheben. Ferner konnten Gedanken und Ängste, wie z.B. die Angst vor einem eigenen Rückfall, besser verarbeitet werden. Die Gespräche in der Gruppe kreisten nicht nur um das Thema Krebs, sondern gingen zu grundsätzlichen Lebensfragen über. Dieses war für mich sehr bereichernd.

Etwa ein Drittel der Befragten äußerten Kritik am Verhalten ihrer Klassenkameraden. Sie schrieben, daß sie sich ein offenes, direktes und ehrliches Verhalten ihrer Klassenkameraden und bessere Aufnahme in die Klassengemeinschaft gewünscht hätten: „Es wäre schön gewesen, wenn manche mich so akzeptiert hätten wie ich bin; eine Freundin - mit damals noch wenig Haaren - war eben nicht so attraktiv."

Zwar freut sich ein Erkrankter wieder in die Schule zu gehen, doch zugleich hat er Angst vor diskriminierenden Äußerungen. In seinem Verhalten ist er in dieser Zeit u.a. durch Angst vor einem Rückfall und des veränderten Körperbildes wegen verunsichert. Dies begünstigt negative Erfahrungen. Dem Erkrankten ist es wichtig, daß er in die Gruppe aufgenommen und normal behandelt wird. Er kann aber auch damit umgehen, wenn er auf seine Erkrankung angesprochen wird. Zum Schluß dieses Kapitels stehen Ratschläge und Wünsche der Befragten, wie Klasse und Mitschüler den kranken Mitschüler behandeln sollen.

Als wichtig äußerten die Befragten, daß die Mitschüler den Erkrankten ab und zu anrufen sollen oder ihm einen Brief schreiben. Wenn es sein Gesundheitszustand zuläßt, dann sollen sie ihn so oft wie möglich zu Hause besuchen oder ihn einladen. Eine vorherige Anmeldung wird dabei sehr empfohlen. Ausreden wie „ich bin so beschäftigt" oder „ich bin so erkältet" wurden negativ aufgefaßt. Auch wenn der Erkrankte Kontakte vermeiden will, sollen sie nicht abgebrochen werden. Die Befragten wünschen sich, daß sich die Mitschüler über Krebs informieren, denn „es gab total falsche Vorstellungen bei den Mitschülern, was Krebs ist". Gespräche sollen hierbei allerdings nicht nur über Krankheit, sondern sie können durchaus über Alltägliches geführt werden.

In der Schule soll der - ehemals - Krebskranke „normal", also wie vor der Krankheit behandelt werden: „Die Mitschüler sollen einem das Gefühl geben, daß man ein 'normaler' Mensch ist." Trotz einer Behinderung soll die Klasse ihn integrieren, ihm aber auch Hilfe anbieten, wenn er sie benötigt und ihn ab und zu aufmuntern, wenn er sich etwas nicht zutraut. Allerdings, man möge ihn auch in Ruhe lassen, wenn er vorübergehend Rückzug braucht.

## 6. Zusammenfassung

Mit dieser Arbeit soll gezeigt werden, daß Schule auch für einen Krebskranken wesentliche Bedeutung hat.dies gilt vor allem zwischen den einzelnen Therapieblöcken und bei der Wiedereingliederung des Erkrankten. Damit Schule, insbesondere die Hauslehrer, ihrer Aufgabe gerecht werden kann, gehört sie eng in die psychosoziale Betreuung integriert. Auf dem Hintergrund eigener Erfahrungen als Patient und Freund von Betroffenen mit Rückfällen, konnte ich beobachten, daß der Umgang mit der Krankheit Krebs und mit einem Krebskranken - so einfach er im Prinzip sein mag - oft schwer und belastend sein kann. Umfangreiche Aufklärung und offener Umgang sind unverzichtbar. Durch Aufklärung sollen Berührungsängste abgebaut und Selbstsicherheit vermittelt werden. Offener Umgang kann der Krankheit das Image des nahen sicheren Todes nehmen.

Anfangs kann die Kooperation mit der Schule als Mehraufwand gesehen werden. Langfristig gesehen ist die stabilisierende Wirkung von Schule und Unterricht auf das Selbstkonzept des Patienten und der damit verbundenen verbesserten Therapiemitarbeit wegen unersetzlich. Die Krankhausschule soll die Zusammenarbeit von Erkranktem und Schule koordinieren, denn sie hat eine notwendige, doppelte pädagogische Sichtweise. Auf der einen Seite soll sie - wie in meinem Fall - einschätzen, ob der Kranke lernen kann und - wenn dies der Fall ist - ihn dazu motivieren. Andererseits soll sie auf die Schule zugehen und den betreuenden Lehrern Hilfestellungen geben. Damit meine ich insbesondere Aufklärung über ihre Rolle und über die Krankheit mit ihren psychischen und physischen Nebenwirkungen, über didaktisch-methodische Hilfen zur Information der Klassenkameraden und ihren Eltern und über Hilfen beim Umgang mit dem Erkrankten. Wichtig ist es, dem Lehrer zu vermitteln, im Erkrankten den Menschen zu sehen und nicht nur den „Tumor". Der Lehrer soll darüberhinaus angeregt werden, Kontakte zwischen Schülern und dem Erkrankten langfristig zu schaffen. Das Ziel soll ein offener Umgang des Lehrers mit der Krankheit und dem Erkrankten sein und das Ersinnen, Bedenken und Realisieren von Hilfe in Problemsituationen.

# 7. Literaturangaben

AULBERT, E.: Psychosoziale Betreuung des unheilbar Kranken durch den Arzt. In: NIEDERLE, N./AULBERT, E.: Der Erkrankte und sein Umfeld. Stuttgart 1987.

BAUMERT, J.: Max-Planck - Institut für Bildungsforschung Berlin: Das Bildungswesen in der Bundesrepublik Deutschland. Strukturen und Entwicklungen im Überblick. Reinbek bei Hamburg. 1994.

BAMMER, K.: Leben mit dem erkrankten Kind: Rat und Hilfe für Eltern und Betreuer. Erlangen 1984.

BODE, G./ HOFFMANN, M.: Wenn ein Schüler Krebs hat. Ein Leitfaden für Lehrer. Herausgeber: Deutsche Leukämie- Forschungshilfe. Aktion für krebskranke Kinder e.V. Bonn 1992.

BOEGER, A.: Der stationäre Krebspatient im Spannungsfeld zu sich und seiner Umwelt aus psychosozialer Sicht. In: NIEDERLE, N./ AULBERT, E.: Der Erkrankte und sein Umfeld. Stuttgart 1987.

BOURDIEU, P.: Die feinen Unterschiede. Kritik der gesellschaftlichen Urteilskraft. Frankfurt am Main , 4. Aufl. 1987.

ENGEL, U., / HURRELMANN, K.: Psychosoziale Belastungen im Jugendalter: Empirische Befunde zum Einfluß von Familie, Schule und Gleichaltrigengruppe. Berlin 1989.

FEND, H.: Schule und Persönlichkeit: eine Bilanz der Konstanzer Forschungen zur "Sozialisation in Bildungsinstitutionen". In: PEKRUN,/ R., FEND, H. (Hrsg.): Schule und Persönlichkeitsentwicklung. Ein Resümee der Längsschnittforschung. Stuttgart 1991.

GOFFMAN, E.: Stigma. Über die Techniken der Bewältigung beschädigter Identität. Frankfurt/ Main 1967.

HILLEBRAND, U.: Gedanken eines Betroffenen. In: NIEDERLE, N./ AULBERT, E.: Der Erkrankte und sein Umfeld. Stuttgart 1987.

HOLLER, B.,/ HURRELMANN, K.: Gesundheitliche Beschwerden und soziales Netzwerk bei Jugendlichen. In: Seiffge- Krenke, I. (Hrsg.): Jahrbuch der medizinischen Psychologie, Band 4, Krankheitsverarbeitung bei Kindern und Jugendlichen. Berlin 1990.

HURRELMANN, K.: Familienstreß, Schulstreß, Freizeitstreß: Gesundheitsförderung für Kinder und Jugendliche. Weinheim 1990.

JERUSALEM, M., / SCHWARZER, R.: Entwicklung des Selbskonzeptes in verschiedenen Lernumwelten. In: PEKRUN, R.,/ FEND, H. (Hrsg.): Schule und Persönlichkeitsentwicklung. Ein Resümee der Längsschnittforschung. Stuttgart 1991.

OSWALD, H.,/ KRAPPMANN, L.: Der Beitrag der Gleichaltrigengruppe zur sozialen Entwicklung von Kindern in der Grundschule. In: PEKRUN, R., / FEND, H. (Hrsg.): Schule und Persönlichkeitsentwicklung. Ein Resümee der Längsschnittforschung. Stuttgart 1991.

PETERMANN, F./ NOEKER, M./ BODE, U.: Psychologie chronischer Krankheiten im Kindes- und Jugendalter. München 1987.

SEIFFGE-KRENKE,I. u.a.: Chronisch kranke Jugendliche und ihre Familien. Belastung, Bewältigung und psychosoziale Folgen. Stuttgart 1996.

ZIEGLER, G. (Hrsg.): Krankheitsverarbeitung bei Tumorpatienten. Stuttgart (2. Auflage) 1990.

# 8. Fragebogen der Untersuchung

Wenn Du willst, dann kannst Du hier Deinen Namen eintragen: _____

1.: Bist Du männlich      oder      weiblich   ?

2.: Wann wurdest Du geboren? Schreibe bitte den Monat und das Jahr. (Bsp.: März 1969)
Monat: _____        Jahr: _____

3.: Welche Krebserkrankung hast oder hattest Du ? _____

4.: Wann wurde der Tumor bei Dir entdeckt? Gib bitte den Monat und das Jahr an.
Monat: _____        Jahr: _____

5.: Bist Du zur Zeit noch in Behandlung (Chemotherapie, Strahlentherapie oder wirst Du noch einmal operiert) ?
Ja      Nein      Welche Behandlung ist es ?
6.: Wie lange haben Deine Therapien bisher bzw. insgesamt gedauert ?
_____ Monate

7.: a) Hast Du, wenn es Dir besser gegangen ist gelernt (z.B. Deutsch, Mathe und andere Fächer)?  Ja        Nein

Welche Fächer waren es? _____

b) War es wichtig für Dich zu lernen ?      Ja              Nein

Begründe bitte, warum war es für Dich wichtig oder unwichtig war zu lernen.

_____

c) War Lernen für Dich während der Krankheit etwas anderes als sonst, z.B. weil es eine gute Abwechslung war ?
Ja      Nein

Wenn Du 'Ja' angekreuzt hast, was war daran anders? _____

d) Hat Dir Lernen während der Krankkheit mehr Spaß gemacht als sonst ?
Ja              Nein

Warum/ warum nicht ? _____
e) Mußtest Du nach den Therapien zu Hause den in der Schule versäumten Stoff nachlernen?
Ja              Nein

Schreibe bitte ausführlicher darüber: wieviel Stoff Du nachholen mußtest, usw.

_____

_____

f) Hattest Du Angst und Probleme wegen der Krankheit als Du wieder in die Schule gegangen bist ? Z.B. daß Du nicht mehr in der Schule mitkommst, daß Du Konzentrationsmängel wegen Medikamenten hattest, usw.?

_____

_____

8.: Hattest Du während der Therapien Unterricht oder Nachhilfe im Krankenhaus ?
Sehr oft        oft        ab und zu        selten        nie

9.: a) Wie hast Du den Unterricht im Krankenhaus empfunden ?

| | | |
|---|---|---|
| Er hat mir Spaß gemacht. | Ja | Nein |
| Er war nicht sehr viel anders als in der Schule. | Ja | Nein |
| Er war anstrengend. | Ja | Nein |
| Er war zu lange. | Ja | Nein |
| Er hat meinen Unterrichtsausfall teilweise ausgeglichen | Ja | Nein |
| Die Umgebung im Krankenhaus hat mich gestört (z.B. das Zimmer) | Ja | Nein |

b) Bitte schreibe ausführlicher über den Unterricht im Krankenhaus, z.B was Dir Spaß gemacht hat, was beim Lernen anders ist als in der Schule, usw.

_____

c) Was hättest Du Dir anders gewünscht ?

_____

10.: a) Wurdest Du während Deiner Krankheit darüber informiert, was in der Schule unterrichtet wird ?

Ja          Nein

Von wem wurdest Du informiert ? ( Du kannst mehrere Kreuze machen)

Von einer oder einem einzelnen Klassenkameraden/
Von verschiedenen Klassenkameraden/innen
Von Deinem Klassenlehrer/ Klassenlehrerin
Von Eltern von Klassenkameraden
Von einem Lehrer der Krankenhausschule
Von anderen Personen: _____

b) Wie verlief das Informieren? Hattest Du z.B. regelmäßigen Besuch von einem oder mehreren Klassenkameraden, oder mußtest Du bei Freunden anrufen, usw. ?

_____

11.:a) Hattest Du während der Krankheit Unterricht oder Nachhilfe zu Hause? Wieviele Stunden waren es ungefähr pro Woche ? _____

b) Wer hat Dich zu Hause unterrichtet ? (Du kannst mehrere Kreuze machen)
Der Klassenlehrer
Ein anderer Lehrer der Schule
Ein Lehrer der Krankenhausschule
Ein privater Nachhilfelehrer
Eine andere Person:

c) Hast Du zu Hause Nachhilfe bekommen ? (Du kannst mehrere Kreuze machen)
Dein Vater oder Deine Mutter
Dein Bruder oder Deine Schwester
Klassenkameraden
Eine andere Person: _____

d) Schreibe bitte ausführlicher wie Lernen und Nachhilfe zu Hause war, z. B. ob es schön war, einmal mit einem Lehrer aus der Schule alleine zu lernen, usw.

_____

_____

12.: Hast Du während Deiner Krankheit trotzdem am Schulunterricht teilgenommen ?

| | | |
|---|---|---|
| Während der Chemotherapie | Ja | Nein |
| Zwischen den einzelnen Blöcken der Chemotherapie: | Ja | Nein |
| Zwischen der Chemo- und Strahlentherapie: | Ja | Nein |
| Während der Strahlentherapie: | Ja | Nein |
| Besuchsweise für ein oder zwei Stunden | Ja | Nein |

Sonstiges: _____

Wenn Du am Unterricht teilgenommen hast, wie oft war es ? _____

13.: Wie war nach Deiner Krankheit der Kontakt mit einzelnen Freunden in der Klasse, mit der ganzen Klasse, mit Deinem Klassenlehrer und mit anderen Lehrern ?

besser     gleich     schlechter

Der Kontakt zu einzelnen Freunden in der Klasse war danach
Der Kontakt zur ganzen Klasse war danach
Der Kontakt zum Klassenlehrer war danach
Der Kontakt zu einzelnen, Lehrern war danach
Der Kontakt zu den Lehrern insgesamt war danach
Weitere Personen:

14.: a) Wie war es mit den Personen, mit denen der Kontakt besser wurde ?
Waren darunter auch einige, von denen Du es nicht erwartet hast ?

_____

b) Wie war es mit Personen, mit denen der Kontakt schlechter wurde ? Waren darunter auch einige, von denen Du es nicht erwartet hast ?

_____

Was hast Du dabei empfunden ?
Es hat mich geärgert        Ich war traurig darüber        Mir war es egal

Hier kannst Du ausführlicher darüber schreiben.

_____

15.:a) Hast Du Geschenke, Bilder, Briefe, Anrufe, usw. von Klassenkameraden und Lehrern erhalten, über die Du Dich sehr gefreut hast ?
Ja        Nein

Beschreibe bitte, was Du bekommen hast:  _____

b) Gab es etwas was Dich in der Klasse und in der Schule sehr geärgert hat?
(Z.B. Gerüchte über die Krankheit, komische Blicke, etc.)
Ja        Nein

Hier kannst Du aufschreiben, was Dich geärgert hat.

_____

c) Gab es blöde Sprüche und verletzende Bemerkungen über Deine Krankheit von Lehrern?
Ja            Nein
Wenn Du 'Ja' angekreuzt hast: Wie verletzend waren die Sprüche für Dich?
Sehr verletzend        verletzend        wenig verletzend

Weißt Du noch den einen oder anderen Spruch von Lehrern? Wenn Du willst, dann kannst Du ihn hier hinschreiben.

_____

d) Gab es blöde Sprüche und  Bemerkungen über Deine Krankheit von Mitschülern ?
Ja              Nein

Wenn Du  'Ja' angekreuzt hast: Wie verletzend waren diese Sprüche für Dich?
Sehr verletzend        verletzend            wenig verletzend

Weißt Du noch den einen oder anderen Spruch von Schülern ? Wenn Du willst, dann kannst du ihn hier hinhinschreiben.

16.: Mußtest Du wegen der Krankheit eine Klasse wiederholen ?
   Ja          Nein

17.: a) Wie war der erste Tag, als Du nach der langen Krankheit wieder in die Klasse, bzw. in eine neue Klasse gekommen bist ?

b)    Als Du nach der Krankheit wieder in die Schule gegangen bist: Hast Du Hilfe von der Krankenhausschule, von einem Psycholgen, einem Sozialpädagogen, Spielpädagogen, Arzt, Krankenschwester oder von einer anderen Person aus dem Krankenhaus bekommen ?
   Ja          Nein

Von wem hast Du Unterstützung bekommen, wie sah sie aus ?

18.: Während der Krankheit hast Du sicher sehr viele Erfahrungen in und mit der Schule gemacht.

Welches Verhalten hättest Du Dir  von Lehrern während der Krankheit gewünscht ? Was hätten sie anders, was hätten sie besser machen können ?

b) Welches Verhalten hättest Du Dir von einzelnen Schülern und der ganzen Klasse während der Krankheit gewünscht ? Was hätten sie anders, was hätten sie besser                        machen                        können?

19.: Als Du nach der langen Krankheit wieder regelmäßig in die Schule gegangen bist, hast Du sicher viele Erfahrungen gemacht:
a)    Welches Verhalten hättest Du Dir von Lehrern während der Wiedereingliederung in die Klasse gewünscht ? Was hätten sie anders, was hätten sie besser machen können ?

b) Welches Verhalten hättest Du Dir von einzelnen Schülern und der ganzen Klasse in dieser Zeit gewünscht ? Was hätten sie anders, was hätten sie besser machen                                    können                                    ?

_____

_____


20.: Welche guten Aktionen könntest Du anderen Klassen empfehlen, in denen ein Kind ist, das Krebs oder eine andere schwere Krankheit hat ?

_____

_____


21.: Was sollte ein Kind mit Krebs am Anfang der Krankheit unbedingt machen? Z.B. der Klasse einen Brief schreiben, usw.

_____

_____


Hier ist Platz, wenn bei einer Frage zu wenig Linien waren und wenn Du noch etwas schreiben willst was in keiner Frage vorkam.

_____

_____

_____

_____

_____

_____

_____

_____

_____

_____

# Alexandra Fritz

# Kooperation der Schule für Kranke mit der Stammschule bei onkologisch erkrankten Kindern und Jugendlichen

Mit diesem Beitrag sollen mögliche Wege der Kooperation zwischen der Stammschule onkologisch erkrankter Schüler und der Schule für Kranke aufgezeigt werden. Dazu ist die Lebenssituation der Patienten unter der Therapie mit ihren Auswirkungen auf die schulische Betreuung genauer zu betrachten.

## 1. Medizinische Grundlagen

Die häufigsten bösartigen Erkrankungen im Kindes- und Jugendalter stellen die Leukämien dar. Symptome einer Leukämie sind Blässe und Blutarmut, bedingt durch eine verminderte Anzahl von Erythrozyten, was eine geringere Belastbarkeit und häufige Ermüdung des Patienten zur Folge hat. Durch die geringe Anzahl von Granulozyten heilen Wunden nur langsam, der Patient hat häufig Fieber und Halsentzündungen. Wandern die Blasten, d.h. fehlentwickelte, sich schnellteilende Zellen, im Körper weiter, so kann es zu einer Vergrößerung von Milz, Leber oder Lymphknoten und zu Knochen- und Gelenkschmerzen kommen. Natürlich zeigen sich nicht bei jedem Kind alle Symptome; bei jedem Patienten kommt es zu einer individuellen Kombination von Krankheitszeichen.

Als zweite Gruppe der onkologisch erkrankten Schüler sind die Patienten mit Tumoren zu nennen. Durch die Vielzahl unterschiedlicher Tumorerkrankungen stellen diese Patienten eigentlich keine geschlossene Gruppe dar. Es versteht sich von selbst, daß ein Gehirntumor anders behandelt wird als ein Knochentumor. Deshalb sind hier auch keine typischen Symptome zu nennen. Für Tumorpatienten stellt die chirurgische Therapie oft die einzig mögliche Behandlungsform dar. Der Tumor wird operativ entfernt, wobei eventuell bestehende Tumorreste mit Hilfe der Strahlentherapie oder der Gabe von Zytostatika entfernt oder auf ein operables Maß verkleinert werden. Die unterschiedlichen Behandlungsmöglichkeiten werden dabei je nach Erkrankung individuell miteinander kombiniert. Bei der Strahlentherapie werden Zellen durch elektromagnetische Wellen zerstört. Die Zerstörung findet vor allem im empfindlichsten Teil, dem Zellkern, statt; damit kann die Zelle sich nicht mehr teilen. Leider werden auch gesunde Zellen von den elektromagnetischen Wellen zerstört. Um diese Schädigung möglichst klein zu halten, wird der Tumor genau vermessen und Markierungen werden an der betreffenden Körperpartie aufgetragen. Diese (v.a. im Kopfbereich) entstellenden Markierungen empfinden viele Patienten als besonders störend. Gerade bei jüngeren Kindern stellt die Strahlentherapie eine angstbesetzte Situation dar. Die Bestrahlung ist zwar nicht schmerzhaft, aber die Kinder müssen ganz alleine in einem Raum unter einem Gerät stilliegen und können sich lediglich über eine Sprechanlage mit ihrer Mutter unterhalten. Im Zeitraum von ein bis zwei Stunden nach der Bestrahlung kann es zu einem „Strahlenkater" kommen, welcher sich durch Kopfschmerzen, Übelkeit, Bauchschmerzen und Müdigkeit äußert. Auch Spätfolgen, die sich nach einer Latenzzeit von wenigen Wochen bis zu mehreren Jahren äußern, treten zeitweise auf. Hier sind vor allem Augenschäden, Wachstumsverzögerungen oder -hemmungen und Lernstörungen auf Grund von Konzentrationsproblemen zu nennen. Während der Therapie kann es noch zu Haarausfall, Erbrechen, Durchfall, Bauchschmerzen und wunden Schleimhäuten, v.a. im Mund- und Rachenraum, kommen.

Die genannten Auswirkungen ähneln denen der Zytostatika-Behandlung. Diese Therapieform wird eigentlich bei allen Krebserkrankungen eingesetzt, wobei die Medikamente in den Zellstoffwechsel eingreifen und dadurch die Teilung der Zelle verhindern. Die unterschiedlichen Zytostatika setzen an verschiedenen Stellen des Zellstoffwechsels an und werden daher auch in Kombinationen miteinander verabreicht. Da die Zellen dadurch bei ihrer Teilung gestört werden, greifen die Medikamente auch gesunde Zellen an. Gerade jene Zellen, welche sich besonders häufig teilen, werden von den Medikamenten vernichtet. So zum Beispiel auch die gesunden Zellen des Knochenmarks, welche für das körpereigene Abwehrsystem verantwortlich sind. Die Patienten sind also während der Therapie sehr anfällig für Infektionskrankheiten. Die häufig zusätzliche Gabe von Cortison erhöht die äußeren Veränderungen der Patienten, da sich durch dieses Medikament der Appetit immens erhöht und sich Flüssigkeit im Gewebe ansammelt. Die Patienten nehmen zu und „schwemmen auf", was sich wiederum auf die emotionale Situation auswirkt.

## 2. Die sozial - emotionale Situation

Um angemessene pädagogische Betreuung gewährleisten zu können, ist es wichtig, die sozial-emotionale Situation krebskranker Schüler zu kennen. Die ständige Ungewißheit über die weitere Entwicklung der Krankheit prägt die Lebenssituation der Patienten. Auch noch Monate oder gar Jahre nach der Entlassung ist jede Untersuchung eine angstbesetzte Situation, die mit psychischen Belastungen einhergeht. Jeder Patient erlebt seinen ganz individuellen Krankheitsverlauf, mit den sein Leben betreffenden Auswirkungen der Krankheit. So gibt es nicht das „typische" krebskranke Kind. Bei jedem Patienten ergeben sich individuelle Veränderungen seiner Lebensumwelt im Umgang mit der Krankheit. Diese unterschiedlichen Bedingungen können wiederum vielfältige Auswirkungen auf die Psyche des erkrankten Schülers haben. Eine Patientin in einer Klinik beschreibt die angstbesetzte Lebenssituation folgendermaßen:

*„Wenn die Angst sich anschleicht und von mir Besitz ergreift,*
*Wenn die Gedanken in meinem Kopf sich im Kreise drehen,*
*Wenn das Atmen scheinbar schwer wird,*
*Wenn positives Denken nicht mehr möglich ist und ich mich durch nichts mehr beruhigen lasse,*
*Dann wird dieser Wunsch fast übermächtig,*
*Dieser Wunsch, endlich ein normales Leben führen zu können.*
*Dieser Wunsch, nicht bei ein bißchen Schluckbeschwerden in Panik auszubrechen aus Angst vor einem Tumor,*
*Dieser Wunsch, nicht sofort an das Schlimmste denken zu müssen bei der kleinsten Veränderung meines Körpers.*
*Dieser Wunsch, in die Zukunft blicken zu können, ohne mich zu fragen, wie lange noch?*
*Doch ich glaube dieser Wunsch wird für mich immer unerfüllt bleiben."*

Kinder und Jugendliche bemerken Veränderungen bei ihren Eltern, Bekannten und Verwandten. Auch in der peer-group ist ihre Stellung bedroht. Allein durch die räumliche Distanz zwischen Wohnort und Klinik brechen Kontakte zu den Mitschülern ab. Dies wird durch das Besuchsverbot für Kinder unter 14 Jahren auf der Station noch verstärkt. Diese Sicherheitsmaßnahme, die vor Infektionen mit Kinderkrankheiten schützen soll, kann verständlicherweise nicht umgangen werden. Lange Abwesenheit und die äußerlichen, eventuell auch charakterlichen Veränderungen der Patienten, drohen deren Zugehörigkeit zu ihrer peer-group zu gefährden. Die Familie wird zum einzigen „Pol des Akzeptiertwerdens". Eventuell werden zwar neue Freundschaften unter den Mitpatienten geschlossen, diese können aber nicht dazu beitragen, den Kontakt zur Welt außerhalb des Krankenhauses aufrechtzuerhalten. Das Sozialisationsfeld der Schulklasse geht verloren, was dann bei anstehender Rückschulung in die Stammklasse zum Problem wird. Die Schulkameraden wissen nicht über die veränderte Lebenssituation der Patienten Bescheid, wenn der Mitschüler oftmals völlig verändert, noch ohne Haare, abgemagert oder dick in seine Klasse zurückkehrt. Oft haben die Mitschüler ein von ihren Eltern vermitteltes falsches Bild von Krebs und schrecken vor Kontakt zurück. Auch die Angst, sich anzustecken, geistert noch in vielen Köpfen umher. Deshalb müssen Mitschüler auf die Rückkehr des Patienten gut vorbereitet werden. Dazu gehören Informationen über noch anhaltende Probleme, wie Haarlosigkeit, Anfälligkeit gegenüber Infekten, vorläufige Befreiung vom Sportunterricht und das häufige Fehlen wegen anfallender Untersuchungstermine im Krankenhaus.

Verständnis und positive Einschätzung der Klassenkameraden wird vor allem zur Zeit der Pubertät für die Patienten wichtig. Die Schüler streben nach Selbständigkeit, Unabhängigkeit und Eigenverantwortlichkeit. All dies ist unter der Therapie kaum zu verwirklichen. Den Patienten wird es dadurch erschwert, zu eigener Identität zu finden. Die Beziehung zu den Eltern wird immer spannungsgeladener. Die Jugendlichen distanzieren sich und wollen sich von den elterlichen Wertvorstellungen lösen, doch hindert sie die Therapie an diesem natürlichen Verhalten. Sie geraten in ein neues Abhängigkeitsverhältnis gegenüber den Eltern, welche die Medikamentengabe kontrollieren, Besuche und Untersuchungstermine organisieren und während der stationären Behandlung oft die einzigen Vermittler zur Welt außerhalb der Klinik sind. Auch nach der Entlassung bleiben die Jugendlichen oft auf Fahrdienste angewiesen, da ihnen das Benutzen öffentlicher Verkehrsmittel noch nicht genehmigt wird. Gerade zu der Zeit, in welcher sich Jugendliche von ihren Eltern lösen wollen, ihnen ihre Freunde besonders wichtig sind, werden sie aus der peer-group herausgerissen und die Beziehung zu den Eltern gewinnt an Wichtigkeit. Viele Jugendliche fühlen sich dadurch so eingeschränkt, daß sie Wutgefühle gegenüber Eltern oder behandelndem Arzt entwickeln.

Auch das Krankenhaus wird häufig zur Kontrollinstanz, von der die Jugendlichen total abhängig sind. In dieser Situation haben es auch die Lehrer schwer, wenn der Patient die Schule als ebensolche bedrückende Einrichtung empfindet. Die therapiebedingten, äußerlichen Veränderungen der Patienten werden zur Zeit der Pubertät als besonders belastend erfahren. Gerade jetzt werden zwischengeschlechtliche Beziehungen interessant, die Jugendlichen erleben sich als „sexuelle Wesen". Ohne Frage trifft es sie nun besonders stark, wenn die Haare ausfallen, extreme Gewichtsveränderungen auftreten oder eine Amputation bzw. eine Prothese sichtbar wird, wodurch sich auch die Körpersprache von der der Gleichaltrigengruppe unterscheidet. Die zwischenmenschlichen Beziehungen werden unter erschwerten Bedingungen geführt, das Selbstvertrauen kann sich verändern, und die zu eben dieser Zeit wichtigen Zukunftspläne werden von dem vorherrschenden Drang zum Überleben unterdrückt. Die Jugendlichen erleben sich häufig als „anders"mit allen Formen eines möglichen Statusverlusts in der Gruppe.

## 2.1 Geschwisterkinder

Nicht nur für die Patienten selbst stellt die Therapie eine extrem veränderte Lebenssituation dar, auch für die Geschwisterkinder bricht die bisherige Welt zusammen. Alle Gewohnheiten und Pläne der Familie werden ungültig. Bereits kleinere Kinder spüren die Bedrohung der Krankheit, können das Problem aber noch nicht erfassen. Sie leiden unter der Trennung zum Geschwister und den neuen Alltagsbedingungen. Häufig passen nun am Tage die Großeltern auf sie auf, bei welchen sie sich an neue Regeln gewöhnen müssen. Die Eltern kommen am Abend müde nach Hause, die Energie für Erklärungen oder wenigstens das Durchsprechen der Hausaufgaben fehlt. Diese zuvor so wichtigen Dinge verlieren plötzlich an Bedeutung, was dem Geschwisterkind das Gefühl vermitteln kann, an den Rand des Interesses zu rücken. Die Schwester eines erkrankten Kindes beschreibt diese Situation folgendermaßen:

„Plötzlich gab es zu Hause keine Vorschriften und keine Strenge mehr. Zum ersten Mal habe ich gesehen, wie mein Vater weinte. Da war ich sehr erschrocken und fühlte mich ganz verlassen. Meine Mutter war sozusagen völlig aus den Fugen und zu überhaupt nichts mehr zu gebrauchen. Ich hatte das Gefühl, sie erwartete von mir, daß ich sie tröstete, und dabei war doch meine Schwester krank, meine große Schwester, mit der ich immer über alles reden konnte."

Die Freunde der Familie fragen nur noch nach dem erkrankten Kind, das Geschwisterkind wird kaum beachtet. Manche Kinder reagieren darauf mit Eifersucht, andere fühlen sich auch für die Krankheit verantwortlich, indem sie z.B. im Streit ausgesprochene Flüche als Grund für die Erkrankung sehen. In den wenigen Stunden, in denen die Geschwisterkinder die Eltern für sich haben, erleben sie diese oftmals als verändert. Gerade wenn Eltern plötzlich vor den Augen ihrer Kinder weinen, erkennen diese, daß Vater und Mutter nicht allmächtig sind.

Kehrt das erkrankte Kind nach Hause zurück, sind damit noch nicht alle Probleme geklärt. Für die Eltern stellt sich die Frage, inwieweit das kranke Kind geschont werden soll. Leicht fühlen sich auch hier die Geschwister benachteiligt, wenn dem Erkrankten alle Verantwortung und Belastung abgenommen wird.

# 3. Modelle der Kooperation

## 3.1 Meine Begegnung mit Anja

Um mögliche Kooperationswege aufzuzeigen, soll an dieser Stelle das Fallbeispiel einer sechzehnjährigen Schülerin vorgestellt werden. Anja war zum Zeitpunkt ihrer Erkrankung eine fünfzehn Jahre alte Realschülerin mit durchschnittlichen Schulleistungen. Sie klagte über Schmerzen im linken Kniegelenk und suchte daraufhin ihren Hausarzt auf. Dieser riet ihr, viel Sport zu betreiben, da er als Ursache für ihre Probleme Wachstumsschmerzen in Betracht zog. Sie fuhr daraufhin sehr häufig Fahrrad, wodurch aber keine Besserung eintrat. Nach einigen Wochen ließ sie sich zu einem Orthopäden überweisen, welcher wiederum dazu riet, das Bein häufig zu bewegen. Nach einigen weiteren Tagen brach Anja dann bei einer Fahrradtour das schmerzende Kniegelenk ohne erkennbare Ursache durch. Sie wurde sogleich in das nahegelegene Krankenhaus eingeliefert, wo dann auf dem Röntgenbild der vorliegende Tumor erkannt und sie sofort zur Behandlung in die Klinik überwiesen wurde. Dort begann die Chemotherapie und somit die Vorbereitung auf die bevorstehende Operation. Anja wurde bezüglich dieses Eingriffes gleich zu Beginn ihrer Therapie vor eine weitreichende Entscheidung gestellt, was mit großen psychischen Belastungen verbunden war. Die erste Behandlungsmöglichkeit bestand in einer Amputation des linken Beines am Oberschenkelknochen, was das Tragen einer steifen, wenn überhaupt, passiv beweglichen Prothese zur Folge gehabt hätte. Sie entschied sich jedoch für die zweite, weit kompliziertere Behandlungsvariante, die sogenannte „Umkehrplastik".

Bei dieser Umkehrplastik wird das Bein einmal am Oberschenkelknochen und ein zweites Mal am Unterschenkelknochen durchtrennt. Das Knie wird also „herausgenommen", der Fuß dann wieder in umgekehrter Richtung am Oberschenkelknochen angenäht. Der Patient hat keinen Amputationsstumpf, wodurch es auch nicht zu Phantomschmerzen kommen kann. Weiterhin muß er lediglich eine Unterschenkelprothese tragen, in welcher er durch die Fußsohle ein gutes Gleichgewicht hat. Der größte Vorteil besteht jedoch darin, daß das Bein auch weiterhin aktiv bewegt werden kann, da das frühere Sprunggelenk als neues Kniegelenk dient. Mit dieser Entscheidung begann für Anja ein langwieriger, mit Komplikationen behafteter Therapieverlauf. Das Säulendiagramm zeigt die veränderte Lebenssituation beispielhaft an den Tagen stationären Klinikaufenthalts.

**Krankheitstage**

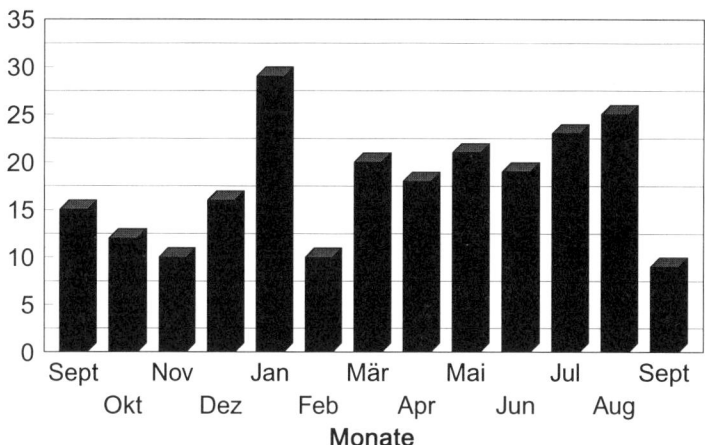

Als ich Anja kennenlernte wurde sie bereits von einer Lehrerin der Klinikschule unterrichtet, auch der Hausunterricht war organisiert. Lediglich im Fach Mathematik bestand eine „Beschulungslücke", die ich schließen sollte. An dieser Stelle soll nicht genauer auf die Organisation des Unterrichts auf der Station eingegangen werden, da schwerpunktmäßig die Kooperation mit der Stammschule darzulegen ist. Im Regelfall spiegelt folgendes Schaubild den Kooperationsverlauf wider:

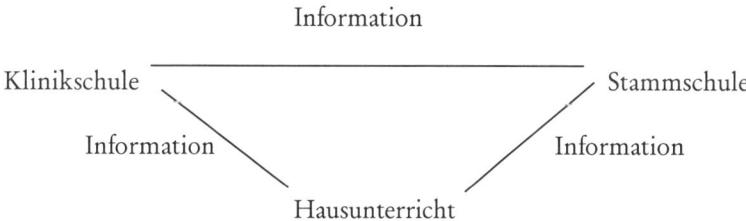

Ziel des Unterrichts war zu diesem Zeitpunkt, Anja schulisch auf dem Stand ihrer Klasse zu halten, um ihr eine spätere Wiedereingliederung zu ermöglichen. Sie zeigte zu diesem Zeitpunkt bereits größere Lücken im Fach Mathematik und sah selbst einen Zusammenhang zwischen einer Art eigener „Leistungssperre" und gewisser Voreingenommenheit des Lehrers. Für uns wurde der Unterrichtsstoff zu einer Brücke, die uns gleich zu Beginn der ersten Stunden zueinanderführte. Über die „sichere Materie", die nichts mit ihrer Erkrankung zu tun hatte, kamen wir auch auf andere Gesprächsthemen und konnten einen „guten Draht" als Grundlage für unser gemeinsames Tun aufbauen. Die „gemeinsame Grundlage" spiegelte sich auch darin wider, daß Anja, je nach Befinden, die Unterrichtszeit und teils auch den Unterrichtsstoff mitbestimmte. Mit der Zeit zeigten sich, neben ihren Problemen mit manchen Lehrern der Stammklasse, auch Probleme mit ihren Mitschülern, von denen sie sich vergessen, teils auch „verraten", d.h. alleingelassen fühlte. Dadurch geriet das zunächst wichtigste Unterrichtsziel, der Anschluß an die Stammklasse, in den Hintergrund. Mehr in den Vordergrund dagegen rückte der Wunsch, etwas für die soziale Integration in ihre Stammklasse zu unternehmen, da sie sich von dieser Situation vorrangig bedroht fühlte.

Grundsätzlich bietet der Hausunterricht viele Möglichkeiten, Kontakte zwischen Schülerpatient und Stammklasse aufrechtzuerhalten. Bei Anja gestaltete sich dies jedoch schwierig, da der Hausunterricht eher schlecht funktionierte. Sowohl von seiten der Schule als auch durch ihre Mutter, kam es bei der zeitlichen Absprache zu ständigen Problemen . Weiterhin hielt sich Anja so häufig in der Klinik auf, daß ohnehin kaum Zeit für den Hausunterricht zur Verfügung stand. Durch diese ungünstigen Umstände beschloß die Schule für Kranke im Olgahospital, einen Besuchstermin nach folgendem Schema in der Stammklasse zu vereinbaren.

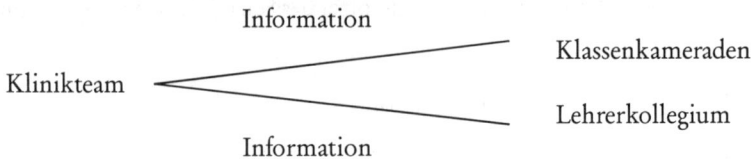

Ziel des Besuches war es, die Klassenkameraden über die besondere Situation und den Behandlungsverlauf zu informieren. Auch den Lehrern der Stammschule sollte der Informationsbesuch Unterstützung bei der Bewältigung der neuen, ungewohnten Situation im Umgang geben, zugleich Wege zeigen, wie mit den Empfindungen und Ängsten der Klassenkameraden umzugehen sei. In diesem Sinne kann ein solcher Besuch als mobiler sonderpädagogischer Dienst bezeichnet werden. In ähnlicher Weise existieren sonderpädagogische mobile Dienste im Münchner Förderzentrum und in der Wiener Heilstättenschule.

Grundsätzlich sollte sich ein solcher Besuch an den Wünschen des Patienten und seiner Familie orientieren. Nur wenn sie zustimmen, kann die Stammklasse auf diese Art und Weise aufgeklärt werden. Auf Wunsch des Schülers

kann er natürlich auch selbst an diesem Besuch teilnehmen, soweit medizinisch keine Einwände bestehen. Bei Anja bestanden keine Probleme, so daß sie mit dem Informationsteam in ihre Klasse fahren durfte. In jedem Fall sind den Klassenkameraden grundlegende Informationen über die bestehende Krankheit und den voraussichtlichen Behandlungsverlauf zu geben. Auf diese Weise sollen die Mitschüler dazu angeregt werden, Fragen an den Patienten oder das Besuchsteam zu stellen. Eventuell können auf diese Weise Vorurteile abgebaut werden. Als wesentliche Punkte sind dabei zu beachten:
- Krebs ist nicht ansteckend,
- jeder über 14 Jahre kann zu Besuch ins Krankenhaus kommen. Die Patienten freuen sich in der Regel, wenn sie Besuche erhalten.
- Die Patienten sind oft an viele Geräte angeschlossen und bekommen viele Medikamente. Dadurch kommt es zu Haarausfall (Haare wachsen wieder nach), Markierungen auf der Haut und eventuell zu starken Gewichtsveränderungen.
- Fast alle Patienten verlieren viel Gewicht und sehen dadurch „ganz anders" aus. Manche dagegen nehmen unter Cortisongabe viel Gewicht zu und können dadurch vorübergehend „entstellt" werden.
- In den Klinikzimmern gibt es Telefon (Nummer weitergeben).
- Der Schülerpatient ist auch oft zu Hause, wo er besucht werden darf.
- In der Klinik gibt es Unterricht (erleichtert die Kontaktaufnahme über das Thema Hausaufgaben).
Zur Veranschaulichung können der Klasse Fotos von der Station und medizinischer Geräte, wie ein z.B. Infusiomat, gezeigt werden.Im Anschluß daran fand eine Information des gesamten Lehrerkollegiums statt. Eine solche Veranstaltung sollte allgemein nicht unterschätzt werden, da hier unter anderem der Grundstein für erfolgreichen Hausunterricht gelegt werden kann. Das Infoteam stellte auch in diesem Fall das Angebot an die Stammschule, nötigenfalls einen solchen Beratungsbesuch zu wiederholen. Anja selbst war mit den Reaktionen nur teilweise zufrieden. Einige Freundinnen bemühten sich zwar, mit ihr in Kontakt zu bleiben. Unzufrieden war sie mit der Reaktion eines Lehrers, der seine Aufgabe allein darin sah, einen Besuchsdienst für sie einzurichten. So kamen auch andere Mitschüler zu ihr oder riefen sie an, jedoch spürte sie, daß diese Bemühungen nicht ernst gemeint waren. Bedingt durch die relativ große Distanz zwischen Wohnort und Klinik, konnte für Anja kein umfassenderes Kooperationsprogramm durchgeführt werden. Betrachtet man jedoch alle Kinder, welche im Einzugsgebiet der jeweiligen Klinik wohnen, so könnte für diese eventuell ganzheitlicher gesorgt werden.

In diesem Sinne stelle ich das Modell des „Integrativen Hausunterrichts" vor, das in der Wiener Heilstättenschule seit 10 Jahren als Schulversuch praktiziert wird. Dieses Modell kann dazu beitragen, den Schülerpatienten von Beginn seiner Erkrankung an, schulisch und sozial, seiner Stammklasse nahestehen zu lassen. Es bietet Hilfe und Unterstützung - dem Schüler, der Stammklasse, dem Klassenlehrer und zuletzt auch der Familie. Im folgenden Abschnitt wird ein Bericht eines Schülers skizziert, der über dieses Modell betreut wurde.

### 3.2 Integrativer Hausunterricht

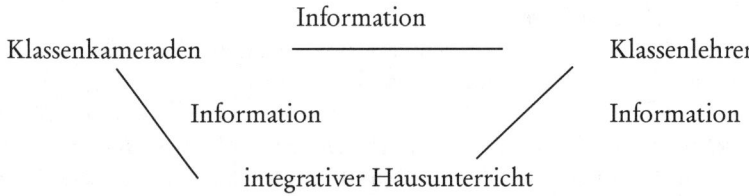

Integrativer Hausunterrichts ist ein eigenständiges Kooperationsmodell, das in Baden-Württemberg bisher nicht praktiziert wird. Da die Lehrer der Wiener Heilstättenschule dieses Modell als günstig beurteilen, soll es als mögliche Alternative zu den hier üblichen Betreuungsmodellen dargestellt werden.

Heilstättenschule ist der Sammelbegriff für sämtliche schulischen Angebote in ca. 20 Kliniken der Stadt Wien. Er rührt her von einem ersten Angebot dieser Art bereits vor Jahrzehnten: Unterricht an einer Lungenheilstätte. Während der gesamten Therapie werden die Schüler heute vom gleichen Lehrer betreut, d.h. also im Haus- *und* im Klinikschulunterricht. Diese Organisation vereinfacht die Kooperation mit der Stammschule spürbar, da dem Hauslehrer auch Zeit zu wöchentlichen Besuchen in der Stammschule eingeräumt wird. Der enge Kontakt wiederum ermöglicht genaue Informationen und erleichtert die Kontaktaufnahme mit den Klassenkameraden. So kann der Hauslehrer auch als Vermittler und Informant zwischen Klasse und betroffenem Schüler fungieren. Er kennt sich in medizinischen Dingen und im Behandlungsablauf aus und vermittelt den Klassenkameraden Eindrücke der neuen Lebensumstände. Und umgekehrt erfährt der Patient Genaueres über die Stimmungen seiner Klassenkameraden. Bei diesem Modell werden weder der Schüler, noch der Klassenlehrer, noch die Mitschüler alleingelassen. Es existiert ein kompetenter Mittelsmann, der von Anfang an mit der Kooperation beauftragt ist und viel dazu beitragen kann, die Kluft zwischen Klasse und Betroffenem zu mildern. Dadurch, daß er jede Stimmungsveränderung in der Klasse miterlebt oder berichtet bekommt, kann er dem Klassenlehrer spontan mit Rat und Tat zur Seite stehen. Dies bewirkt, daß auch während der langen Behandlungszeit in der Klinik die Kontakte zwischen dem Schüler und der Klasse aufrechterhalten bleiben. Kennen die Mitschüler aus diesem Zeitraum die krankheitsbedingten Probleme des Erkrankten, so wird die Rückkehr und die Zeit danach mit weniger Problemen verbunden sein. Sobald die Ärzte es erlauben, beginnt die Integrationsphase. Der Schüler kann beim ersten Besuch in seiner Klasse vom Hauslehrer begleitet werden. So erhält er psychische Unterstützung und hat es leichter, mit eventuell auftretenden Lücken im Schulstoff umzugehen. Fallen dem Hauslehrer Problembereiche auf, so kann er mit ihm gezielt daran weiterüben. In den darauffolgenden Tagen besucht das erkrankte Kind die Schule oft nur stundenweise und wird bei Bedarf vom Hauslehrer am späten Vormittag weiterbetreut. Dies geschieht so lange, bis das Kind wieder genug Kraft hat, um den ganzen Vormittag am Unterricht seiner Klasse teilnehmen zu können.

Über seine Erfahrungen im Unterricht nach diesem Wiener Modell hat ein Schüler Notizen erstellt. Hier sein Bericht:

*„Als ich erfahren hatte, daß ich Krebs habe, stellten sich zwei Fragen für mich:*
*1. Werde ich wieder gesund?*
*2. Was ist mit der Schule? Wie werde ich das machen, daß ich weiter mit meinen*
   *Freunden in eine Klasse gehen kann?*
*Damals hoffte ich noch, daß ich die 4. Klasse Volksschule nicht wiederholen müßte. Wie ich das anstellen sollte, war mir damals noch ein Rätsel. Da erfuhr ich, daß es im St.Anna Kinderspital Hausunterricht gibt. Anfangs dachte ich: „Nicht einmal, wenn man krank ist, hat man seine Ruhe." Ein paar Tage nach meiner Aufnahme im St.Anna kam eine Hauslehrerin zu mir. Ihr Name ist Fr. S. Es dauerte einige Zeit, bis ich mich an diese Art des Unterrichts gewöhnt hatte. Manchmal hatte ich gar keine Lust zu lernen. Obwohl ich noch in die Volksschule ging, machte Fr. S. bereits Stoff aus der 1. Klasse AHS (Allgemeine Hauptschule) mit mir. Zu Beginn ging es mir sehr gut, und ich machte gerne mit. Dann aber kamen die Chemotherapien und ich war völlig schlapp. Ich wollte nichts mehr tun und schon gar nicht lernen. Also kam Fr. S. auch weniger, aber wenn sie kam, dann nützte meine Mutter die Zeit, um beruhigt einkaufen zu gehen. Manchmal war ich nur fähig, einige Lernspiele zu machen, daran hatten wir sogar etwas Spaß. Dann kamen die Sommerferien, und ich wurde operiert.*
*Im September brach meine erste wirkliche Schulwoche in der AHS an. Natürlich ging ich noch nicht zur Schule, sondern hatte Hausunterricht. Manche Tage durfte ich auch wirklich aus dem Spital nach Hause, und dann kam Fr. S. zu mir. Freunde aus meiner Klasse kopierten alle Hefte und Zetteln für mich, so daß ich alles nachschreiben konnte. Allerdings war mir aus verschiedenen Gründen nicht immer danach. Zu diesem Zeitpunkt stand die Heilgymnastik im Vordergrund, also hatte ich eher weniger Zeit zum Lernen.*
*Als ich wieder nach Hause durfte, kam Fr. S. oft bis zu 3 Stunden täglich zu mir. Ich hatte das Glück, daß sie nur sehr wenige Schüler hatte (normalerweise sind es doch 3 bis 4). Ich machte auch meine Schularbeiten zu Hause. Da ich ein ganz guter*

*Schüler bin, bekam ich gute Noten auf meine Arbeiten. Fr. S. bereitete mich immer
intensiv auf die Schularbeiten vor. Jetzt stand Weihnachten vor der Tür. Ich hatte
keine Chemotherapie mehr. Aber ich durfte auch noch nicht zur Schule, also macht
Fr. S. weiter Hausunterricht mit mir. Zwei Monate hatte ich fast täglich 3 Stunden
Hausunterricht. Dann kam der 9. Februar, und ich sollte für längere Zeit in das
Rehabilitationszentrum „Weißer Hof" in G., um dort meine Beine auf Vordermann
zu bringen. Zunächst wußten wir noch nicht, wie es dort mit dem Schulunterricht
weitergehen sollte. Doch Fr. S. ließ mich nicht im Stich, sie kam dreimal pro Woche
nach G., um mit mir weiterzulernen. Ich lernte dort und schrieb auch meine Schularbeiten neben den vielen Physikotherapien. Wir nahmen uns vor, daß ich nach
dem Rehabilitationsaufenthalt wieder zur Schule gehen würde. Eigentlich dachte
ich nicht, daß ich das einhalten könnte, und schon gar nicht glaubte ich daran, in
der Schule mit meinen Kameraden mithalten zu können. Aber es gelang mir eigentlich ganz locker, dank Fr.S., meiner Hauslehrerin."*

## 3.3 Projekttage zum Thema „Krebserkrankung bei Kindern und Jugendlichen"

präventive Information

Klinikteam ——————————————— Schüler

In diesem Modell geht es nicht um die Erkrankung eines konkreten Schülers.
Es versucht vielmehr, Wissen und Verständnis über die Situation lebensbedrohlich erkrankter Kinder und Jugendlicher bei Gleichaltrigen zu erweitern, gegebenenfalls auch überhaupt erst einmal zu erwecken. Dies soll einen besseren
und offeneren Umgang mit schwerkranken Schülern zulassen.
Die wichtigsten Ziele hierbei sind:
- Ängste abbauen,
- sprachliche Auseinandersetzung mit dem Thema Krankheit anbahnen, erkennen, daß Krankheit heilbar ist,
- Hoffnung und Lebensmut der Betroffenen als „Licht am Ende des Tunnels"
  erkennen,
- den Nutzen der vielen erschreckenden Geräte verstehen,
- sich Gedanken über Angst und Schmerzen machen,
- erkennen, daß Schmerzen ertragen und durch Medikamente erleichtert werden können,
- Bedürfnisse kranker Mitschüler verstehen, damit den Umgang mit ihnen erlernen und Handlungsmöglichkeiten finden.

Ein erster Projekttag wurde 1995 durch die Schule für Kranke im Olgahospital Stuttgart gestaltet. Das Thema stieß bei der Teilnehmergruppe, die aus ca. zwanzig Schülerinnen unterschiedlichen Alters eines Gymnasium bestand, auf großes Interesse. Man war sich danach über die Wichtigkeit einer solchen Information einig. Lehrer der Krankenhausschule, evtl. ein Arzt oder eine Schwester, ein Vertreter des Psychosozialen Teams sind geeignete Personen, um einen solchen Projekttag gemeinsam mit einem Lehrer der entsprechenden Schule zu organisieren.

Der erste Projekttag des Olgahospitals war inhaltlich in drei Teile gegliedert:

- Der erste Teil bestand in medizinischer Grundinformation. Die Krankheitsbilder, und vor allem die Behandlungsformen mit ihren Nebenwirkungen, wurden den Teilnehmerinnen geschildert. Diese Information sollte auf die Vielfalt der unterschiedlichen Erkrankungsformen und Therapieverläufe hinweisen. Es genügt hier, einige grundlegende Informationen weiterzugeben; mit detaillierten Informationen wären die Teilnehmer überfordert. Dieser Teil des Projektes wurde von einem Arzt der onkologischen Station K1 des Olgahospitals durchgeführt.
- Der zweite Teil des Projektes begann mit einer Besichtigung des Krankenhauses. Die Teilnehmerinnen wurden durch die Tagesklinik mit den Behandlungszimmern und die Station K1 geführt. Danach berichtete die Psychologin der Station über die Arbeit des Psychosozialen Teams; die Kunsttherapeutin und die Lehrer stellten ebenfalls ihre Tätigkeit mit schwerkranken Kindern vor. Das wohl beeindruckendste Erlebnis für die Teilnehmerinnen war ein Gespräch mit einer erkrankten Schülerin. Nach anfänglicher Befangenheit entwickelte sich eine rege Unterhaltung, bei der sehr einfühlsame Fragen an die Patientin gestellt wurden.
- Im dritten und letzten Abschnitt des Projektes wurde das Erlebte und Erfahrene in Kleingruppen aufgearbeitet. Die Teilnehmerinnen sammelten alles, was ihnen wichtig schien und hielten es auf einem Poster fest. Weiter bestand noch einmal die Gelegenheit, Fragen zu stellen, da jeder Kleingruppe ein Vertreter des Krankenhauses zur Verfügung stand.

Zum Abschluß trafen sich noch einmal alle Beteiligen zu einer großen Gesprächsrunde und stellten den anderen Gruppen ihre „Gedankensammlung" vor. Sollte bei solchen Projekten eine Besichtigung der klinischen Abteilung nicht möglich sein, so kann zur Verdeutlichung auch ein Bildposter eingesetzt werden. Findet sich kein Patient, vor einer großen Gruppe über seine Erkrankung zu sprechen, ist ein Videobandeinsatz möglich.

# 4. Literaturangaben

BAMMER, K.: Leben mit dem krebskranken Kind. Erlangen 1984.
PARKER, M., MAUGER, D.: Das krebskranke Kind. Ravensburg 1982.
PICHLER, E., RICHTER, R.: Unser Kind hat Krebs. Stuttgart 1992.

# Gabriele Dörr

# Projektunterricht mit Grundschulkindern an der Schule einer kinder- und jugendpsychiatrischen Klinik

Während eines Praktikums hatte ich die Möglichkeit, die Klinikschule der Kinder- und Jugendpsychiatrie in Tübingen kennenzulernen. Beeindruckt von der Arbeitsweise meines Mentors B. KLINGNER beschloß ich, in dessen Unterstufenklasse nochmals ein Praktikum zu absolvieren. Innerhalb dieser Zeit wollte ich, zusammen mit meiner Mitpraktikantin Alice Gayed, die Kinder nicht nur einzeln fördern, wie es an Klinikschulen immer häufiger vorkommt, sondern ihnen vor allem auch Möglichkeiten zum gemeinsamen Lernen anbieten. Durch diese Überlegungen wurde die Idee des Projektunterrichts in der Unterstufenklasse konkretisiert. Im Rahmen dieser Arbeit lege ich zuerst die allgemeinen Schülervoraussetzungen in kinder- und jugendpsychiatrischen Abteilungen dar, die einen Bedingungsfaktor von Unterricht darstellen. Dann werden die für mich wichtigen Punkte des Unterrichtsansatzes von B. KLINGNER erläutert. Nach Überlegungen zur Eignung des Projektunterrichts für die Klinikschule der Kinder- und Jugendpsychiatrie komme ich zu meinem Projekt. Dabei beschreibe ich zuerst die Schülervoraussetzungen in der Klasse und erläutere dann die Planung der Unterrichtseinheit. Der empirische Teil 'Projektverlauf' schließt sich an. Zuletzt folgen Zusammenfassung und Reflexion der Unterrichtseinheit.

## 1. Allgemeine Schülervoraussetzungen in einer kinder- und jugendpsychiatrischen Klinik

Viele der Patienten des Klinischen Jugendheims in Tübingen haben schlechte Erfahrungen mit ihren Heimatschulen gemacht. Unter- oder Überforderung, zu wenig oder ungeeignete Zuwendung und problematisches Sozialverhalten können Ursachen dafür sein. Manche Kinder haben im Laufe ihrer Schulzeit Abwehrmechanismen in Bezug auf schulische Leistungsanforderungen entwickelt: die einen verweigern sich oder sträuben sich gegen den Unterrichtsbesuch, einige zeigen Überreaktionen wie Aggression, Autoaggression oder Hypermotorik, andere dagegen arbeiten nur sehr langsam oder sind apathisch, wieder andere zeigen narzißtische Züge und ziehen sich zurück. Was Konzentrationsfähigkeit und zielorientiertes Arbeiten anbetrifft, so wirken diese Schüler häufig derart emotional beeinträchtigt, daß sie längere Lernstrecken nur schwer alleine durchstehen und auf dem Weg zu neuem Lernen nur geringe Frustrationstoleranz entwickeln können. Selbst kleine Mißerfolge oder auch nur Lernumwege können aufgebaute Motivation nahezu erlöschen lassen.

Durch die familiäre Situation sind die meisten Kinder und Jugendlichen großen Belastungen ausgesetzt. Ihre Schwierigkeiten mit primären Bezugspersonen übertragen sie oft auf Lehrpersonen und Mitschüler. Dadurch entzünden sich Konflikte, die im Unterricht selbst kaum lösbar sind. Es werden Machtkämpfe ausgetragen, die in der Schule aber weniger zutage treten als auf der Station. Einige Schüler sind im Verhalten derart von ihren psychischen Auffälligkeiten bestimmt, daß es ihnen enorm schwerfällt, sich auf Unterrichts- und Beziehungsangebote des Lehrers einzulassen.

Auffallend ist ebenfalls, daß die meisten Kinder offenbar ein großes Ausmaß an persönlicher Zuwendung durch den Lehrer benötigen und diese auf unterschiedliche Art auch einfordern. Manche werden stark eifersüchtig, wenn der Lehrer länger am Platz eines anderen Schülers verweilt. Sie gehen dann unter irgendeinem Vorwand an diesen Platz oder stören den Unterricht, um die Aufmerksamkeit wieder auf sich zu lenken. Andere Kinder arbeiten nur noch sehr langsam oder hören ganz damit auf, sobald sich der Lehrer nicht mehr direkt um sie kümmert. Die Motive für diese Handlungsweisen bedürfen weiterer Klärung.

## 2. Zum Unterrichtskonzept von Bernhard KLINGNER

Ausgehend von den beschriebenen Schülervoraussetzungen hat KLINGNER einen speziellen Unterrichtsansatz entwickelt und in seiner Arbeit „Ich bin ein klein wild Vögelein und niemand kann mich zwingen!" (KLINGNER, 1994) ausführlich erläutert. Da KLINGNERs Unterrichtsansatz Grundlage und wesentliche Anregung meiner praktischen Unterrichtsarbeit in der Unterstufenklasse gewesen ist, sollen die für mich wichtigen Punkte angeführt und durch eigene Beobachtungen ergänzt werden.

Schüler der Klinikschule der Kinder- und Jugendpsychiatrie haben oft eine von Mißerfolgen geprägte "Schullaufbahn" hinter sich. Sie sind von sich selbst enttäuscht, oft auch wütend auf den Lehrer, da sie die Leistungsanforderungen der Schule nicht erfüllen konnten. Aufgrund der daraus folgenden Resignation sind die Kinder und Jugendlichen nicht mehr darauf bedacht, sich bessere Problemlösungsstrategien anzueignen, welche doch einen Grundpfeiler des Lernerfolgs darstellen.

Für KLINGNER ist es eine wesentliche Aufgabe der Schule, den Schülern Erfolgserlebnisse zu vermitteln und ihnen zu helfen, die Angst vor Mißerfolgen zu ertragen. Dies erreicht er durch ein "erweitertes Unterrichtsangebot", das zusätzlich zu dem an den Stoffplänen der Heimatschulen orientierten Unterricht stattfindet oder teilweise auch in diesen eingebunden wird.

Durchgängiges methodisches Prinzip von KLINGNER ist es, den Kindern Aufgaben zu stellen, die diese bewältigen können. Er schreibt dazu: „Durch Erreichen der Aufgabenziele wird das Selbstbewußtsein gestärkt und das Vertrauen in die eigene Leistungsfähigkeit zurückgewonnen" (a.a.O., S. 37). Und: "Es ist notwendig, jedes einzelne Kind dort abzuholen, wo es in seiner persönlichen Entwicklung und schulischen Leistungsfähigkeit steht" (a.a.O., S. 40). Dies versucht KLINGNER über die Form der 'Angebotsschule'. Dazu hat er individuell geprägte Arbeits- und Lernformen vorgesehen.

Eine enorme Materialsammlung, aufgebaut in Jahren seiner Lehrer- und Ausbildungslehrertätigkeit, bildet das Rückgrat für seine Arbeit. Sie ermöglicht, für den jeweiligen Entwicklungsstand differenzierte Aufgabenstellungen im Angebot zu haben und den Kindern mehrere Alternativen anbieten zu können. Wird eine Aufgabe aus eigenem Antrieb ausgesucht und begonnen, so ist die Motivation, sie durchzuhalten viel größer. Es gibt Schüler, die vollkommen überfordert sind, wenn sie einer Materialfülle gegenüberstehen und auswählen sollen. In diesen Fällen muß der Lehrer langsam dahin führen, eigene Entscheidungen zu treffen; dazu bietet er anfangs wenige Alternativen an oder sucht gemeinsam mit dem Kind Aufgaben heraus.

Standardaufgaben aus den Bereichen Rechnen, Schreiben und Zeichnen sind zwar verpflichtend, doch können Art der Aufgaben und deren Reihenfolge vom Schüler bestimmt werden. Indem eigene, bewußte Entscheidungen für eine Aufgabe gefordert werden, verstärken sich Eigeninitiative und Selbsteinschätzungsfähigkeit der Kinder. Außerordentlich wichtig ist die Vermittlung von Wahrhaftigkeit, um bei den Schülern überhaupt Vertrauen aufbauen zu können:

„Es ist ihnen sehr wichtig, zu erfahren, wie der Lehrer über sie denkt, wie er sie einschätzt, was er ihnen zutraut. Die Äußerungen des Lehrers müssen deshalb wahrhaftig sein. Glaubwürdig muß der Lehrer anerkennenswerte Aspekte des Schülers beschreiben und darstellen. Dazu gehört, daß der Lehrer nicht nur Zufriedenheit äußert, sondern auch tatsächlich zufrieden ist mit dem augenblicklichen Vermögen des Schülers" (a.a.O., S. 37 f.).

Beim Erreichen eines Aufgabenziels mißt KLINGNER dem Lehrervorbild große Bedeutung bei. Er geht davon aus, daß Strategien zur Lebensbewältigung bei Mitmenschen beobachtet und dann selbst nachvollzogen werden. Dieser Prozeß verläuft weitgehend unbewußt. Konsequent in diesem Sinn hat KLINGNER seinen Arbeitsplatz am gemeinsamen großen Tisch der Kinder, und nicht an einem exponierten Lehrerpult. Er stellt sich nicht über die Schüler, sondern läßt sie an der Bewältigung seiner Probleme teilnehmen. Parallel zu den Kindern arbeitet der Lehrer während des Unterrichts an einer selbstgewählten Aufgabe - (dies sind oft Bastelarbeiten oder die Erstellung neuen Unterrichtsmaterials) - und ist laufend Vorbild für die Auseinandersetzung mit einem selbstgewählten Thema. Häufig schauen die Schüler ihm bei seiner Arbeit zu und werden dadurch angeregt, die gleiche oder eine ähnliche Aufgabe zu bearbeiten.

Als weiteres Aufgabenfeld des erweiterten Unterrichtsangebotes sieht KLINGNER die ganzheitliche Unterrichtsarbeit in Bezug auf die Bedürfnisse der Schüler :

„Die im Schulsystem übliche Fächergliederung verlangt ein hohes Maß an Abstrahierungsfähigkeit und erschwert schwachen Schülern den Zugang zum Stoff. Ganzheitlicher Unterricht ist nicht als fächerübergreifender Unterricht zu verstehen, sondern er versucht auf Bedürfnisse einzugehen, die über den fachbezogenen Stoff hinausreichen. Diese für die Motivation ausschlaggebenden Bedürfnisse sind teilweise sehr verdeckt und nicht unmittelbar anzusprechen" (a.a.O., S. 46).

Im Unterricht versucht KLINGNER deshalb zu ergründen, welche Art von Aufgaben die Kinder gerne machen und für welche Stoffgebiete sie Vorliebe entwickeln, um bei weiteren Aufgabenstellungen darauf eingehen zu können. Der emotionale Bezug ist für KLINGNER die Basis seines Handelns. Voraussetzung hierfür ist sein bedingungsloses Sicheinlassen auf die Kinder mit ihrer gesamten Problematik. Er bringt ihnen Zuneigung und Vertrauen in ihre im Moment teilweise verborgenen Fähigkeiten entgegen. Oft hörte ich von ihm den Satz: „Ich glaube, daß du das kannst."

Die in diesem Kapitel angesprochenen Unterrichtsprinzipien verwirklicht KLINGNER in der Unterstufenklasse in einem Gruppenunterricht mit stark ausgeprägter Binnendifferenzierung. Durch das Lernen in der Gruppe sind sie nicht so stark auf den Lehrer fixiert und haben auch untereinander Sozialkontakte. Allerdings ist meist jedes Kind mit einer anderen Aufgabe beschäftigt, da die Alters- und Leistungsunterschiede groß sind. Gemeinsames Lernen an einem Unterrichtsgegenstand findet nur selten statt.

In meiner unterrichtlichen Praxis beabsichtigte ich, KLINGNERS meist stark binnendifferenzierten Gruppenunterricht zu erweitern, indem ich den Schülern eine gemeinsame Aufgabe stellte und ihnen die Möglichkeit bot, wirklich miteinander zu lernen und zu arbeiten. Als eine geeignete Unterrichtsmethode erschien mir hierfür der von GUDJONS (1986, 1992) beschriebene Projektunterricht. Ich verzichte in diesem Rahmen, näher auf den historischen Hintergrund dieser Unterrichtsform seit der Reformpädagogik und die Diskussion um die Unterschiede zwischen Projektunterricht und projektorientiertem Unterricht einzugehen. Insgesamt war mein Weg eher dem projektorientierten Unterricht zuzuordnen.

## 3. Projektunterricht in der Klinikschule

Schüler der Kinder- und Jugendpsychiatrie besitzen häufig negative Vorerfahrungen mit Schule. Manche haben regelrecht Angst vor Unterricht und Leistungsdruck. Projektunterricht aber kann als relativ angstfrei erlebt werden, da die Schüler hier nicht dauernd vom Lehrer beobachtet, gefordert und kontrolliert werden. Handlungen und Interaktionen werden nicht vom Lehrerpult aus dirigiert, sondern die Schüler sollen, im Idealfall, Unterricht selbstverantwortlich gestalten. Die ganze Klasse hat ein gemeinsames Ziel vor Augen, zu dessen Erreichen verschiedenste Aufgaben verteilt werden müssen. Jeder Einzelne kann Arbeiten übernehmen, denen er sich gewachsen fühlt und unterliegt nicht, wie im herkömmlichen Unterricht, dem Zwang, dieselbe Aufgabe bearbeiten zu müssen wie seine Klassenkameraden. Das Gefühl etwas leisten zu können wirkt sich wiederum positiv auf das Selbstwertgefühl der Kinder aus. Die beträchtlichen inneren Differenzierungsmöglichkeiten stellen für mich ein bedeutendes Argument für diese Unterrichtsform in der Klinikschule dar, wo sonst aufgrund der Heterogenität der Schülerschaft häufig Einzelunterricht als einzige mögliche Unterrichtsform angesehen wird, dies zweifellos auf Kosten der jeweils verfügbaren Unterrichtzeit für den einzelnen Schüler.

Im Projektunterricht können Schüler mit unterschiedlichen individuellen Lernvoraussetzungen auf ein gemeinsames Ziel hinarbeiten; denn trotz Arbeitsteilung während des Prozesses muß sich die Gruppe immer wieder zur Koordination verschiedener Einzelarbeiten und der Planung des weiteren Vorgehens zusammenfinden. Wegen ihrer Probleme im sozial-emotionalen Bereich sind für Schüler kinder- und jugendpsychiatrischer Abteilungen soziale Lernfelder von großer Bedeutung. Im Gegensatz zum Einzelunterricht bietet der Projektunterricht vielfältige Möglichkeiten. Durch Gruppenarbeit lernen Schüler die Bedeutung von Arbeitsteilung und Kooperation kennen. Bei auftretenden Konflikten und Spannungen müssen sie selbst Lösungsmöglichkeiten erproben, um das gemeinsame Arbeitsziel erreichen zu können. Dies verläuft allerdings immer wieder mit Hilfe des Lehrers. Selbstbestimmtes Arbeiten in angstfreier Atmosphäre und gemeinsames Anstreben eines Zieles wirken sich positiv auf die Motivation der Schüler aus. So können durch frühere Schulerfahrungen resignierte Kinder und Jugendliche wieder Freude am Lernen bekommen, wenn sie im Unterricht ihre eigenen Interessen und Fähigkeiten einbringen können. Es besteht eine gegenseitige günstige Beeinflussung von Heilungsprozeß und schulischem Lernprozeß, die allgemein an Klinikschulen zu beobachten ist.

Nicht nur für die Schüler, sondern genauso für das pädagogische Handeln des Lehrers eröffnet der Projektunterricht neue Möglichkeiten. Er gestattet

„aufgrund seiner durch die Schüler weitgehend selbstregulierten, durch Interaktionen gesteuerten sozialen Lernprozesse, die stärkere und häufigere Zuwendung zu einzelnen Schülern, um ihnen mit ihren besonderen Lernvoraussetzungen zu helfen. Projektunterricht macht also mehr als bloße innere Differenzierung ein individualisierendes, kompensatorisches Bemühen des Lehrers möglich und erlaubt durch den höheren Anteil an selbstbestimmtem Lernen der einzelnen Schülerpersönlichkeit Identitätsfindung und Selbstverwirklichung" (a.a.O., S. 54).

## 4. Projekt "Klassenzeitung"

### 4.1 Schülervoraussetzungen in der Klasse

Einen wichtigen Bedingungsfaktor für den Unterricht in der Klinikschule stellen die stark differierenden Lernvoraussetzungen der Schüler dar. Die zwei Mädchen und vier Jungen aus KLINGNERS Klasse sind zwischen 9 und 14 Jahren alt und stammen aus den unterschiedlichsten Schultypen. Zudem wirken sich die individuellen psychischen Schwierigkeiten der Kinder auf den Unterricht aus.

Petra ist zur Zeit der Durchführung des Projekts 11 Jahre alt und Schülerin in der 5. Hauptschulklasse. Sie leidet an einer "sekundären Enuresis und Enkopresis". Bei ihr herrscht nach Angaben der Klinik mangelhaftes Selbstkonzept derart vor, daß sie ein großes Maß an Zuwendung von den Bezugspersonen wie auch von den anderen Kindern einfordert und nur weniges selbständig machen kann. Im Unterricht reproduziert sie bekannte Aufgaben gerne, doch hat sie Probleme, sich auf Neues einzulassen. Hierbei blockt sie schnell ab und zieht sich zurück, wenn sie ihren Willen nicht bekommt. Da sie nur geringe Eigenkontrolle besitzt, macht sie selbst bei einfachen Aufgaben häufig Fehler. Daß sie den Computer alleine bedienen kann, macht sie sehr stolz.

Die vierzehnjährige Ute, 8. Klasse Förderschule, wurde mit der Verdachtsdiagnose "juvenile Psychose und milieureaktive Verhaltensstörung" in die Kinder- und Jugendpsychiatrie aufgenommen. Probleme hat das Mädchen vor allem im Bereich der Realitätssicherheit und Identitätsfindung. Sie wirkt oft abwesend und beteiligt sich nicht an Gruppenaktivitäten. Es ist sehr schwer, Ute für Unterrichtsinhalte zu motivieren. Schulisch ist sie ebenfalls schwach, aber bei kreativen Tätigkeiten blüht sie regelrecht auf: Sie ist begabt im Rollenspiel, malt ausdrucksstarke Bilder und schreibt phantasievolle, emotional sehr interessante Geschichten, die häufig Verlassenheitsproblematiken thematisieren.

Bei Peter, 9 Jahre, 3. Klasse Förderschule, wurden eine "psychosoziale Retardierung mit schwerer Deprivatiossymptomatik, Hyperaktivität, situativ schwere Panikattacken und Autoaggressionen" festgestellt. Im Moment ist der Junge jeden Tag nur von 8-9 Uhr in der Klasse; mehr Unterricht würde ihn nach Ansicht des Lehrers und der Station überfordern. Er wirkt wie ein tapferer Einzelkämpfer, der sich durchbeißt. Da er schulisch wohl vor allem Mißerfolge erlebt hat, wirkt er bei schwierigen Aufgaben entmutigt. Peter strengt sich im Unterricht sehr an und ist stolz über jedes Lob.

Bei Stationsbesprechungen wurde mir immer wieder klar, daß bei dem zehnjährigen Martin, 4. Grundschulklasse, sexueller Mißbrauch durch die Mutter nicht ausgeschlossen werden kann. Diagnostiziert wurde bei ihm eine "hyperkinetische Störung des Sozialverhaltens", die "Ausdruck einer schweren sekundären Neurotisierung auf dem Hintergrund einer erschwerten Mutter-Kind-Beziehung" sei. Von seinen Leistungen her ist Martin durchschnittlicher bis guter Schüler. Zur Zeit kann er sich allerdings fast nicht auf Unterrichtsinhalte konzentrieren, denn er scheint besessen von seinen sexuellen Phantasien. So brechen häufig symbolische sexuelle Handlungen und verbale Provokationen aus dem Jungen hervor. Es ist schwierig, Martin gezielt zu motivieren, obwohl er den Unterricht gerne besucht.

Jens, 5. Klasse Hauptschule, wird bald 11 Jahre alt. Bei ihm liegen eine "kindliche Verhaltensstörung mit autistischer Symptomatik vom Asperger Typ sowie Teilleistungsstörungen in Form einer Schwäche der Verarbeitung sozialer Situationen und der motorischen Koordination" vor. Jens' schulische Leistungen sind durchschnittlich. Alles, was bestimmten Regeln unterliegt, wie Rechtschreibung und Grundrechenarten, beherrscht er spielend. Im Unterricht treten bei diesem Jungen zwar immer noch viele Zwänge zutage, doch arbeitet er inzwischen sehr selbständig und öffnet sich Mitschülern sowie Lehrern gegenüber immer mehr.

Der elfjährige Jonatan, 6. Klasse Hauptschule, hat zu seinen Eltern eine enge, aber ambivalente Beziehung. Er hat das Gefühl, dem Vater "nichts recht machen" zu können und fühlt sich doch von ihm abhängig. Die Annahme eines hyperkinetischen Syndroms konnte beim Eintritt in das Klinische Jugendheim nicht mehr bestätigt werden, sondern es wird nun von einer "kombinierten Störung des Sozialverhaltens und der Emotionen" ausgegangen. Erwachsenen gegenüber verhält sich Jonatan anfangs extrem gefällig und angepaßt. Doch sobald er sich unbeobachtet fühlt, folgen Störmanöver im Unterricht oder er ärgert Mitschüler. Mit diesem ambivalenten Verhalten fordert der Junge regelrecht Abneigung und Schelte heraus, was wiederum sein negatives Selbstbild nur bestätigt. Jonatans schulische Leistungen sind gerade noch ausreichend, er zeigt in allen Fächern Schwächen und vergißt häufig, bereits begonnene Arbeiten zu Ende zu bringen. Dies versucht er meist durch Ablenkmanöver zu verstecken.

Soweit ich bis jetzt sehen kann, bietet der Unterricht im beschriebenen Sinn offenbar Rahmenbedingungen, die allen Kindern erträgliche Lernbedingungen und Angebote schaffen, die Klinikschule als eine Verbindung zwischen vollständiger Versorgung auf der Station und dem Schulalltag draußen zu nutzen. Daß dabei nicht nur der Lehrer als Moderator auftritt, sondern auch die Lerngruppe selbstbestimmt tätig werden kann, soll die Projektarbeit zeigen.

## 4.2 Planung und Durchführung des Projekts

Wie bereits angerissen, orientierte ich mich bei der Planung meiner Unterrichtsarbeit an den von GUDJONS (1986, 1992) und STRUCK (1980) beschriebenen Merkmalen und Kriterien des Projektunterrichts. Inwieweit mein Vorhaben wirklich die Anforderungen an ein Projekt im Sinne von GUDJONS würde erfüllen können, konnte ich zu dem Zeitpunkt noch nicht überschauen. Nur schwer konnte ich die Fähigkeit dieser Kinder zu Kooperation und eigenverantwortlichem Handeln abschätzen.

Ich ging bei den Vorüberlegungen davon aus, daß Hilfestellungen durch den Lehrer zwar unabdingbar wären, diese Schüler aber in kleinen Schritten, über langsam steigende Anforderungen an ihre Selbständigkeit derartige Fähigkeiten erlangen bzw. ausbauen können. Außerdem glaubte ich, daß auch eine Regelschulklasse nicht auf Anhieb Projektarbeit ohne Hilfe leisten kann, sondern daß sich der Weg bis zur Mitbestimmung und Eigenverantwortung der Gruppe immer als mehr oder weniger langer Lernprozeß darstellt. Die Entscheidung über den Projektgegenstand sollte den Schülern überlassen bleiben, so daß ich mir im Vorfeld nur über die bestmögliche Struktur des Projekts und dessen Rahmenbedingungen Gedanken machte.

Die Aufgabenstellung sollte möglichst viele Schulfächer tangieren, damit das Interesse aller Kinder geweckt werden könnte. Jeder sollte seine Interessen formulieren können und niemand übergangen werden. Vorteilhaft wäre, wenn innerhalb des Projektes auch an Einzelaufgaben gearbeitet werden könnte, damit das Arbeitstempo jeweils vom einzelnen Schüler selbst zu bestimmen wäre. Ein zu großer und dauernd spürbarer Gruppenzwang könnte besonders Kinder mit motivationalen und emotionalen Problemen abschrecken oder hemmen. Für sie stellt eine Einzelaufgabe innerhalb des Projekts einen Schutzraum dar, in welchem sie selbst bestimmen können, aber dennoch in einen Gesamtzusammenhang eingebunden bleiben und Außenbeziehungen zu ihren Mitschülern haben.

Nach wenigen Tagen gegenseitiger Gewöhnungszeit wollte ich den Schülern meine Idee der Projektarbeit vorstellen und gemeinsam darüber beraten. Doch diese Aufgabe nahm mir Jonatan gleich am vierten Tag unseres Praktikums aus der Hand, indem er fragte: „Was machen Sie denn diesmal mit uns? Ich hätte Lust, mal wieder eine Klassenzeitung zu machen." Hier ist zu bemerken, daß ich Jonatan, Jens, Peter und Ute schon aus meinem ersten Praktikum kannte und wir in dieser Zeit eine Klassenzeitung gemacht hatten. Im Gegensatz zum geplanten Projektunterricht war das Vorhaben damals lehrerzentriert durchgeführt worden.

Über Jonatans Vorschlag sind die anderen Schüler begeistert, außer Ute, die teilnahmslos an ihrem Platz sitzt. Mich hat die Eigendynamik, die sich hier so plötzlich entwickelt hat, zuerst erstaunt, dann aber überrumpelt. Eigentlich hatte ich nun an einem neuen Thema arbeiten wollen, andererseits kann es aber auch von Vorteil sein, wenn die Vorgehensweise bei der in Projektform durchgeführten Arbeit zumindest teilweise schon bekannt ist. Denn so ist es für die Schüler viel einfacher, selbständig zu arbeiten, und sie werden sich vermutlich von Anfang an mehr zutrauen als in einem für sie gänzlich unbekannten Bereich. Außerdem messe ich gerade einem Zeitungsprojekt für eine Klasse in der Kinder- und Jugendpsychiatrie besondere Bedeutung bei. Wer sich viel zutraut, kann sich an freien Aufsätzen versuchen, für Tüftler bietet sich das Konstruieren von Rätseln an, Phantasie erfordert das Entwerfen von Kleinanzeigen. Es können aber auch, wenn jemand Angst davor hat, etwas Persönliches preiszugeben, einfach Gedichte oder kurze Texte abgeschrieben werden. Nachdem auch Ute zögernd die Zusage machte, beim Projekt mitzuarbeiten, begannen wir konkret zu planen. Folgende Zielvorstellungen sind am Ende der längeren Diskussionen Konsens geworden:

- Weil wir eine Klassenzeitung herstellen wollen, soll jeder zumindest einen kleinen Artikel dazu beitragen.
- Jeder Schüler darf sich selbst aussuchen, was und wieviel er schreiben, zeichnen etc. möchte.
- Da der Klassenlehrer mit der Klasse gerade am Thema 'Herbst' arbeitet, bietet es sich für uns an, eine 'Herbstzeitung' zu machen. Die verschiedenen Beiträge sollen also zu diesem Thema einen Bezug haben. Nun wird sich jeder eine Aufgabe vornehmen und diese soweit als möglich selbständig bearbeiten.
- Um die bereits geschriebenen oder gemalten Beiträge zusammenzutragen und abzusprechen, wer zu welchen Themen noch etwas beitragen möchte, treffen wir uns regelmäßig wieder.
- Fertigstellung und Verkauf der Zeitung sollen gemeinsam erfolgen.

Diese Positionen zeigen, daß es sich nicht um reine Gruppenarbeit, sondern um einen Kompromiß zwischen Einzelarbeit und Gruppenarbeit handelte. Bezogen auf die Schülervoraussetzungen in der Klasse schien mir dies die beste Lösung darzustellen, solange die Schüler auch in der Einzelarbeit ein gemeinsames Ziel vor Augen hatten. Zu meinem Erstaunen verlief die Arbeit am Zeitungsprojekt in der Klasse ziemlich problemlos. Bei der Planung war ich noch davon ausgegangen, daß sich daran vielleicht nicht alle Schüler der Klasse beteiligen wollen und das eine oder andere Kind während der Projektarbeit in eine Krise geraten oder die Lust verlieren könnte. Doch selbst Ute leistete nach kurzer Anlaufphase ihren Beitrag zur Klassenzeitung.

Als eine der Hauptursachen für diesen unproblematischen Projektverlauf sehe ich die bei KLINGNER bisher angewandten Unterrichtprinzipien (vgl. Kapitel 2) und deren Auswirkungen auf die Schüler. Vor allem im ersten Teil des Vorhabens, beim Verfassen der Texte, konnten die Kinder auf gewohnte Arbeitsweisen zurückgreifen. Wie erwartet gingen sie die Arbeit ganz unterschiedlich an: Ute und Peter wußten anfangs nicht, was für einen Beitrag sie überhaupt leisten könnten und hatten Angst zu versagen. Martin und Jonatan stürzten sich Hals über Kopf in die Arbeit, Jens ging das Ganze sehr überlegt an und organisierte viel im Hintergrund. Individuelle Schwierigkeiten, welche ich zum Teil in den verschiedenen Krankheitsbildern begründet sehe, traten bei der Projektarbeit immer wieder zutage. So schien Ute häufig der Realität entrückt und saß dann minutenlang träumend an ihrem Platz. Es erwies sich von Vorteil, daß das Projekt individuelle Aufgabenstellungen ermöglichte. Da jedes Kind den Umfang seiner Arbeiten und deren thematischen Inhalt selbst bestimmen konnte, fühlte sich im Verlauf des Projektes niemand überfordert. Gerade für Ute und Peter war es entlastend, daß wir die ganze Zeit über die Anzahl der Beiträge offengelassen hatten. Sie trauten sich immer nur einzelne, für sie überschaubare Aufgaben zu, nach deren Abschluß sie sich aber, angespornt durch das Erfolgserlebnis, an weitere Arbeiten heranwagten. So äußerte Ute einmal: „Jetzt habe ich doch so viel geschrieben!"

Da bei der Projektarbeit nicht primär 'für das spätere Leben' gelernt, sondern für die Herstellung einer Zeitung gearbeitet wurde, erwiesen sich die Überlegungen und Handlungen der Kinder als von sich aus sinnvoll, interessant und notwendig. So haben meiner Erfahrung nach schreibfaule Kinder plötzlich freiwillig Artikel für die Zeitung verfaßt. Peter, der im Unterricht am liebsten jede Mathematikaufgabe umging, begann während des Zeitungsverkaufs von sich aus zu rechnen, um festzustellen, wieviel Geld die Klasse schon eingenommen hatte.

Als ganz besonders motivierend schätze ich die Produktorientierung ein. Die Schüler hatten immer das gemeinsame Ziel vor Augen, und jeder Artikel war ein Schritt in Richtung der fertigen Zeitung. Damit erschien den Schülern die

Arbeit am Projekt als sinnvolle Tätigkeit, die dazu nützt, die Interessen jedes einzelnen zu verwirklichen. Außerdem lockte vor allem Peter, Martin und Jonatan die Vorstellung, auf diese Art und Weise etwas Geld verdienen zu können, mit welchem sie sich dann kleine Wünsche erfüllen würden. Auf der einen Seite war es für die Schüler anregend, die Inhalte ihrer Beiträge entsprechend ihrer Interessen und Fähigkeiten auszuwählen. Andererseits konnten sie dadurch in Ansätzen auch Stärken und Schwächen ihrer Mitschüler erkennen und akzeptieren lernen. Martin und Jonatan waren begeistert von einem Rätsel, das Jens entworfen hatte. Peter stellte fest, daß Ute tolle Aufsätze schreiben kann, und Jens erklärte mir einmal: „Peter ist doch der Jüngste von uns und kann deshalb noch nicht so viel schreiben."

Die gemeinsame Arbeit habe ich als für die Schüler sehr anregend empfunden. Durch die Besprechungen und Jens' exaktes schriftliches Festhalten der Aufgaben jedes einzelnen Kindes war auch in der ersten Phase des Projektes schon ein Gefühl der Zusammengehörigkeit entstanden. Immer häufiger sprachen die Kinder von 'unserer Zeitung' und von den Beiträgen, die sie dafür noch versprochen hatten zu schreiben. Wie bei der Planung bereits erwartet, mußte ich bei Uneinigkeiten in der Gruppe immer wieder klärend eingreifen und Lösungsvorschläge machen. Da die Schüler sonst im Unterricht meist mit Einzelarbeiten beschäftigt sind, mußten sie sich erst langsam an Gruppenarbeit gewöhnen. Dennoch war für sie gerade innerhalb dieses Projektes soziales Lernen möglich.

Für Jonatan war es schwer zu akzeptieren, daß es bei der Projektarbeit nicht darauf ankommt, wer am meisten und am schnellsten arbeitet, doch ich hatte das Gefühl, daß er unterschiedliche Arbeitsweisen mit der Zeit wenigstens teilweise akzeptieren konnte. Jens bot diese Gruppenarbeit sicherlich Möglichkeiten, Verhalten in sozialen Bezügen zu üben, worin er noch sehr beeinträchtigt ist. Er arbeitete still und im Hintergrund, hatte aber großen Anteil an der sinnvollen Organisation der Arbeiten und setzte sich sogar einmal für die Interessen seines Mitschülers Peter ein.

Teilweise hatten Schüler bedeutende Schwierigkeiten im Umgang miteinander, doch auf meine Anregungen hin haben sie immer wieder versucht, gerecht zu urteilen oder Streitigkeiten auch aus der Sicht des anderen zu betrachten. Nur bei Ute war ich mir unsicher, ob ihr die Arbeit in der Gruppe überhaupt etwas bedeutet hat. Ihre Beiträge schien sie zwar gerne zu schreiben, doch für Planung, Fertigstellung und Verkauf der Zeitung schien sie sich nie zu interessieren. Bei Besprechungen saß sie meist unbeteiligt dabei und reagierte höchstens auf direkte Anfragen. Als wesentlichen Aspekt aus Sicht der Kinder schätze ich die Tatsache ein, daß sie mit ihrer Zeitung ihrem gesamten Umfeld ein Stück weit beweisen können, daß sie in manchen Bereichen 'ganz normal' sind, 'funktionieren' und daß auch sie Leistungen erbringen können. In der Klinik befinden die Kinder sich wegen Beeinträchtigungen und Defiziten, welche dort den Alltag, und oft wohl auch ihre Person, bestimmen. Immer wieder habe ich bei ihnen die Angst davor erlebt, 'nicht richtig zu funktionieren'. Deshalb wollen sie den Ärzten, dem Stationspersonal, dem Lehrer, den Eltern und nicht zuletzt auch sich selbst beweisen, daß sie auch Leistungen erbringen können. Im Rahmen einer derartigen Veröffentlichung ist es den Kindern aber auch möglich, ihre Situation in der Kinder- und Jugendpsychiatrie anzusprechen und wenigstens teilweise aufzuarbeiten.

## 5. Ergebnisse und Aufgaben

Die Projektarbeit an der Klassenzeitung war ein Versuch, in einer hinsichtlich der Schülervoraussetzungen inhomogenen, stufen- und schultypenübergreifenden Klasse der Kinder- und Jugendpsychiatrie gemeinsames Lernen zu ermöglichen. Dieser Versuch sollte belegen, daß nicht Einzelarbeit bzw. stark binnendifferenzierter Gruppenunterricht allein die Methoden der Wahl sein können. Das Projekt 'Klassenzeitung' bot Freiräume, sich nach eigenen Interessen Aufgabenbereiche auszusuchen. Dies wirkte sich auch positiv auf ihre Entscheidungsfähigkeit und Selbstverantwortung aus. Obwohl sich manche Kinder an neue und ungewohnte Aufgabenstellungen herantrauten, bot diese Freiheit aber auch die Möglichkeit, unbeliebten Arbeiten aus dem Weg zu gehen. Durch 'normalen Fachunterricht', zusätzlich zum Projektunterricht durchgeführt, konnte trotzdem vielseitige Förderung gewährleistet werden.

Aufgrund ihrer mangelhaften Selbsteinschätzung hatten einige Kinder Schwierigkeiten bei der selbständigen Auswahl der Aufgaben und benötigte die Unterstützung des Lehrers. Bei Besprechungen und der Gruppenarbeit kam es unter den Schülern oft zu heftigen Streitereien, so daß ich mich meist gezwungen sah einzugreifen. Gerade diese Gruppensituationen aber boten den Kindern ein Lernfeld im Bereich des Sozialverhaltens, welches sich im Einzelunterricht nicht ergeben kann. Die Schüler waren von Anfang an dem Vorhaben recht zugeneigt und arbeiteten häufig konzentriert und ausdauernd. Sie schienen angeregt von der Idee, gemeinsam ein Produkt herzustellen, das sie anschließend vorzeigen könnten und ihnen einen Gegenwert erbrachte.

Im Sinne einer Gesamtbilanz meiner praktischen Erfahrungen im Zeitungsprojekt und den theoretischen Überlegungen in Kapitel 3 bin ich der Ansicht, daß die Projektarbeit wegen ihrer großen Vielfältigkeit und Flexibilität sowie der Möglichkeit des sozialen Lernens eine besonders geeignete Form des Unterrichts an der Klinikschule darstellt, selbst wenn der Lehrer dabei oft eingreifen und helfen muß. Man sollte sich von dieser systematischen Unstimmigkeit nicht beirren lassen, sondern eher den Blick darauf richten, wo Kinder sich motiviert fühlen, zu Handlungsformen zu kommen, die sie selbst als konstruktiv erleben. Allerdings kann sie die starke Binnendifferenzierung wie sie KLINGNER praktiziert bzw. den Einzelunterricht in inhomogenen Klassen nicht ersetzen, wohl aber wesentlich bereichern. Einzelunterricht ist nur dann berechtigt, wenn er mehr bietet als ein Gruppenunterricht. Da er wenig soziale Kontaktmöglichkeiten zu anderen Kindern und Jugendlichen ermöglicht, kann diese Form keine Dauerlösung darstellen. Schule ist in ihrer ursprünglichen Form Gruppenveranstaltung. Insofern trägt man der Realität eher Rechnung, wenn in der Klinikschule soweit als möglich Bereiche für gemeinsames Lernen angeboten werden, nicht anders als in der Regelschule.

# 6. Literaturangaben

GUDJONS, H.: Handlungsorientiertes Lehren und Lernen. Bad Heilbrunn/Obb. 3. Auflage 1992.

GUDJONS, H.: Was ist Projektunterricht? In: BASTIAN, J., GUDJONS, H. (Hrsg.): Das Projektbuch. o.O. 1986, S. 14-27.

KLINGNER, B.: „Ich bin ein klein wild Vögelein und niemand kann mich zwingen!" - Schularbeit im klinischen Jugendheim Tübingen. In: ERTLE, C., NEIDHARDT, W. (Hrsg.): Unterricht mit Kindern in Not. Bad Heilbrunn 1994, S. 31-54.

STRUCK, P.: Projektunterricht. Stuttgart, Berlin, Köln, Mainz 1980.

# Günter Hilff

# Zwischen Distanz und Nähe - aus der Arbeit mit Schülern der Sekundarstufe in einer kinder- und jugendpsychiatrischen Klinik

## 1. Anmerkungen zur Schule in einer Klinik

Bei der Lektüre der spärlichen Anzahl von Publikationen zum Themenkomplex „Krankenhausschule" verblüfft stets auf's neue, wie wenig dabei für die eigene pädagogische Arbeit abfällt. Fortbildungsveranstaltungen hinterlassen kaum andere Eindrücke. Die Tätigkeitsfelder sind so unterschiedlich, daß nur wenige Berührungspunkte festzumachen sind, und selbst innerhalb einer Sparte, also z. B. der Schule in einer kinder- und jugendpsychiatrischen Einrichtung, sind bei der unterrichtlichen Arbeit von Klinikschule zu Klinikschule mehr Unterschiede als Gemeinsamkeiten zu beobachten. Sogar innerhalb einer Schulstelle kann die Arbeit von zwei Lehrern in ihrer pädagogischen Konzeption ganz unterschiedliche Wege und Ziele verfolgen. Dies ist nur zum Teil mit der unterschiedlichen Schülerklientel zu begründen. Kaum eine andere Arbeit im unterrichtlichen Bereich dürfte so eindeutig von den Auffassungen, den pädagogischen Vorstellungen, sowie der Persönlichkeit des einzelnen Lehrers geprägt sein wie die Arbeit in der Klinikschule. Er wird mit pädagogischen Fragestellungen konfrontiert, die in ihrer Selbstverständlichkeit banal wirken mögen und im Alltag einer allgemeinbildenden, öffentlichen Schule kaum wahrgenommen werden. Die Pathologie unserer Schüler bedingt eine pädagogische Arbeit, die im Extremfall die Lebensspanne von der Kindheit bis zum Erwachsenenalter umfassen kann. Eine Achtzehnjährige mag intellektuell den Anforderungen der Klasse 11 des Gymnasiums genügen und sich zugleich psychisch, zumindest zeitweise, auf der Stufe eines Kindergartenkindes befinden. Wenn diese Darstellung auch mit dem Mangel geringer Übertragbarkeit auf die jeweils eigene Arbeit des Lesers behaftet ist, so halte ich es dennoch für sinnvoll, nach über zwanzigjähriger Tätigkeit an einer Schulstelle (Sekundarstufe I in einer kinder- und jugendpsychiatrischen Abteilung) innezuhalten, Bilanz zu ziehen und die Erfahrungen im Spannungsfeld zwischen Distanz und Nähe darzustellen. Im folgenden ist mit „Kliniklehrer" der Sonderschullehrer in Abgrenzung zum Gymnasial- und Berufsschullehrer gemeint. Sie waren früher regelmäßig zu Gast in unserer Schule; sie arbeiten heute als „angestellte" Lehrer in der Klinikschule, gehören demnach „gleichwertig" zum Kollegium.

## 2. Veränderungen im Therapiekonzept der Klinik - Auswirkungen auf die Schule

Im Frühjahr 1973 wurde die „Staatliche Sonderschule am Universitätsklinikum" offiziell eingerichtet, und ich begann im April desselben Jahres mit meiner Arbeit als Lehrer in der Abteilung für Kinder- und Jugendpsychiatrie der Universitätsklinik Tübingen. Zu diesem Zeitpunkt wurden hier Kinder und Jugendliche im Alter von etwa 3 bis maximal 14/15 Jahren behandelt. Die Vorschulkinder waren dem Kindergarten, dem „Häusle", vor- und nachmittags betreut, zugewiesen, die schulpflichtigen Kinder vormittags in der Klinikschule, wo der im Hause tätige Psychologe - er war gleichzeitig Lehrer - sie unterrichtete. Ich war für Schüler ab Klasse 5 zuständig. Im Herbst 1973 kam ein weiterer Sonderschullehrer für den Grundschulbereich hinzu.

Die Patienten waren damals fast ausschließlich zur diagnostischen Abklärung in der Klinik, längerfristige Therapien bildeten die Ausnahme. So befanden sich im Schuljahr 1974/75 insgesamt 73 Schüler des Sekundarschulbereichs in stationärer Behandlung, von denen 59 eine Aufenthaltsdauer von bis zu sechs Wochen aufwiesen. Lediglich drei Schüler mußten länger als 20 Wochen behandelt werden. Im Grundschulbereich war die durchschnittliche Verweildauer noch geringer. Ebenfalls 73 Schüler hielten sich im Schnitt 3,7 Wochen in der Klinik auf. Zu dieser Zeit war noch ein deutliches Übergewicht der männlichen Patienten zu verzeichnen; heute besteht ein Verhältnis von 2:1 zugunsten weiblicher.

Ein markanter Einschnitt vollzog sich mit dem Bezug des neuen Klinikgebäudes im Sommer 1977. Ein geändertes Therapiekonzept im Sinne einer Abkehr von ausschließlich diagnostischer Arbeit, hin zu langfristig angelegter, psychoanalytisch ausgerichteten Behandlung, erschloß ein anderes Patientengut. Die von zwei auf drei Stationen erweiterte Klinik, das „Klinische Jugendheim", verzichtete als erstes auf die Behandlung der Vorschulkinder. Gehörte der verwahrloste oder delinquente Schüler zum „klassischen Klientel" einer Schule für Erziehungshilfe - in den Anfangsjahren ein bestimmender Schülertyp - so tauchte er jetzt nur noch sporadisch im Sekundarschulbereich auf. Vor allem jedoch änderten sich Durchschnittsalter und Status der Patienten: Seit Beginn der achtziger Jahre stellen die Gymnasiasten der Klassenstufen 9 und 10 das Gros. Zusammen mit den Realschülern der gleichen Klassenstufe sind das in der Regel mehr als zwei Drittel der 18 bis 20 Schüler pro Jahr. Diese sind im Schuljahresdurchschnitt etwa ein halbes Jahr in der Klinik, in Wirklichkeit jedoch länger, da etliche Schüler in der Statistik des folgenden Schuljahres nochmals erfaßt werden.

Ein vordringliches Ziel unserer Arbeit, kranke Schüler so weit zu fördern, daß eine Wiedereingliederung in den Klassenverband der Heimatschule ermöglicht wird, konnte nur noch geleistet werden, wenn es gelang, die Jugendlichen im Rahmen der Therapie so weit zu stabilisieren, daß nach einer Übergangszeit von maximal zwei bis drei Monaten der Besuch der Klinikschule durch den Besuch einer öffentlichen Schule in Tübingen mit dem Status eines Gastschülers abgelöst wurde. Dies ließ sich ab Mitte der achtziger Jahre für die Klassenstufen 9 - 11 kaum noch realisieren. Dies lag in erster Linie daran, daß die an schwersten neurotischen und psychotischen Krankheitsbildern leidenden 15- bis 17jährigen Schülerpatienten den Zwiespalt zwischen der Normalität „Schulalltag in der öffentlichen Schule" und dem Leben in einer psychiatrischen Einrichtung nicht aushalten konnten. Für die Klinikschule bedeutete dies, daß wir solche Angebote zu machen hatten, die es ermöglichten, auch bei langfristigen Aufenthalten die Schulzeit erfolgreich zu beenden, d.h. Schulabschlüsse zu vermitteln. Seit 1983 werden daher die Fächer Englisch, Französisch, Deutsch, Latein, Mathematik, Physik und Chemie für die Schüler der Klassenstufen 9 und 10 von Gymnasium und Realschule durch Gymnasiallehrer unterrichtet. Damit kann ein mittlerer Bildungsabschluß angeboten werden.

Schülern der gymnasialen Oberstufe, die allerdings eher selten zu unterrichten sind, kann in Klasse 11 nur für einen begrenzten Zeitraum durch den Unterricht in der Klinikschule die Wiederholung der Klasse erspart werden; in Klasse 12 und 13 ist dies nicht zu vermeiden. Ein großer Teil der jugendlichen Schüler beendet in der Klinikschule seine allgemeine Schulpflicht mit dem Hauptschulabschluß oder der „Mittleren Reife" (Realschulabschlußprüfung oder Versetzung nach Klasse 11 des Gymnasiums).

Ende der achtziger Jahre wurde der Ruf nach einer berufsorientierenden unterrichtlichen Förderung immer lauter. Sie sollte solchen Schülerpatienten zugutekommen, die nach erfolgreichem Hauptschulabschluß in der Klinikschule und weiterer langfristiger stationärer Therapie in ein schulisches Vakuum zu fallen drohten. Seit dem Schuljahr 1991/92 wird das Berufsvorbereitungsjahr (BVJ) in den Bereichen Metall und Holz angeboten, wobei Fachpraxis und Fachkunde durch zwei Lehrer der Gewerblichen Berufsschule vermittelt werden; die allgemeinbildenden Fächer erteilt der Kliniklehrer. Den Klinikseelsorger eingeschlossen, der für Religionsunterricht zuständig ist, werden die etwa 12-15 Schüler der Sekundarstufe von acht Lehrkräften unterschiedlicher Ausbildung unterrichtet, darunter zwei Lehrerinnen. Unsere Schüler verteilen sich in der Regel auf vier bis fünf Schularten, so daß der Sekundarschulbereich nicht nur als eigenständige „Zwergschule", sondern durchaus auch als kleine Integrierte Gesamtschule anzusehen ist.

# 3. Status der Schule in der Klinik - heute

Die Staatliche Sonderschule am Universitätsklinikum Tübingen ist eine eigenständige Institution; die Lehrer an den einzelnen Schulstellen sind nicht in die Hierarchie der jeweiligen Kliniken eingebunden. Dies schafft formale Distanz. Wir genießen Gastrecht, sind allerdings gern gesehene Gäste. Nun ist es sicher nicht einfach, über 20 Jahre hinweg Gast in einer Einrichtung zu sein, ohne tendenziell zum Inventar eben dieser Einrichtung zu werden. Über lange Jahre hinweg arbeitet der Lehrer täglich mit den Mitarbeitern der Stationen (Erzieher / Krankenpfleger / Ärzte / Psychologen) zusammen, ist ihnen im Denken und Erleben oft viel näher als den Lehrerkollegien anderer Klinikschulstellen und muß dennoch vermeiden, vom Stationsteam vereinnahmt zu werden. Der Kliniklehrer verkörpert in seiner Selbstdarstellung die Institution Schule. Bewußt wird auf das freundschaftliche „Du" im Kontakt mit dem Stationspersonal verzichtet, obwohl es im ganzen Haus übliche gegenseitige Anredeform ist. Diese klare formale Abgrenzung vom Stationsbetrieb erleichtert es auch den Schülern, Schule als eigenständigen Bereich zu erkennen, der vom Stationsalltag mit seinen Therapieangeboten getrennt ist. Schule darf nicht mit der Institution Klinik identifiziert werden, auch wenn beide sich unter demselben Dach befinden. So heißt es bei anstehenden Therapie-Terminen: „Du hast jetzt einen Termin beim Werner"; bei Hinweisen auf die Schule dagegen: „Denk dran, du hast jetzt Unterricht".

Ein Problem in der Zusammenarbeit zwischen Station und Schule besteht darin, immer wieder werbend dafür eintreten zu müssen, welchen elementaren Stellenwert Schule im Alltag der jugendlichen Patienten einnimmt. Sie ist neben der Familie der wichtigste Lebensbereich, gleichbedeutend mit der Arbeitswelt der Erwachsenen. Schule bleibt ein Prinzip der Hoffnung, denn solange Schule stattfindet, geht das Leben weiter, sind noch Ziele zu erreichen.

Schule ist deshalb keineswegs nur willkommene Abwechslung im langen Vormittag der jungen Patienten oder Entlastungsfunktion für die Stationen bei extrem anstrengenden Patienten. Bei der zeitweise erheblichen Fluktuation unter dem Personal, gelingt es nicht immer, Vorstellungen von Schule und die damit verbundenen Erwartungen in ihren wechselnden Bedeutungen den Mitarbeitern der Klinik näherzubringen.

„Schule im Krankenhaus" wird von der Klinikleitung gerne als Verbindung zur Schulwirklichkeit draußen, als „Nabelschnur zur Normalität" bezeichnet. Dies bedarf in einer psychiatrischen Einrichtung, deren Patienten gerade wegen ihrer Unfähigkeit, die Alltagsnormalität bewältigen und aushalten zu können, besonderer Akzentuierung. Da viele der jugendlichen Patienten stationärer Behandlung die Schule nicht weiter besuchen werden, tritt, neben Wissensvermittlung mit dem Ziel des Schulabschlusses, ein zweiter Aspekt in den Vordergrund, der für die künftige Daseinsbewältigung einen höheren Stellenwert besitzt: Forderungen nachkommen zu können, Belastungen aushalten zu lernen, Zeitperspektiven zu entwickeln, eigene Ansprüche und Wünsche zu äußern wagen und zu wissen, wie man Hilfe einfordern kann. Diese klassischen Sekundärtugenden müssen als Lerninhalte in das Unterrichtsgeschehen eingefügt werden. Da diese Ziele auch im Therapieplan der Stationen angestrebt werden, ist enge Absprache und Zusammenarbeit von Schule und Stationsbetrieb unabdingbar. Die besondere Mühe liegt in der Abstimmung der Nuancen. Um die Station nicht zu sehr mit der Präsenz einzelner Lehrer zu belasten und die Zahl der dort anwesenden Mitarbeiter nicht unnötig zu erhöhen, bleibt der Kontakt zu den Stationen nahezu ausschließlich in der Hand des Kliniklehrers. Die Gymnasial- und Berufsschullehrer werden über Zustände und Entwicklung während der Behandlung informiert.

Fähigkeit zur Teamarbeit ist Voraussetzung für die Kooperation zwischen Schule und Station. Teamfähigkeit bedeutet hier, die jeweilige Professionalität anderer Berufsfelder anzuerkennen und Fachkompetenz zuzugestehen. Die Tatsache, daß die übrigen Lehrer nicht auf den Stationen präsent sind, sondern in der Regel nur zweimal pro Woche Unterricht anbieten, verstärkt die notwendige Distanz zwischen beiden Bereichen. Bezeichnenderweise erzählen die Schüler gerade diesen Kollegen mehr von ihren Erlebnissen, Ängsten und Wünschen als dem Kliniklehrer, der doch eher als Teil der Klinik empfunden wird. Das gleiche Phänomen ist zu beobachten, wenn Studenten im Rahmen schulpraktischer Ausbildung einige Wochen in der Klinikschule zubringen. Naives Verständnis könnte hier Mißtrauen wuchern sehen, doch zeigt sich darin jugendliche Skepsis gegenüber allzu Nahem. Studierende kommen und gehen in absehbarer Zeit wieder.

Der Kliniklehrer nimmt regelmäßig einmal pro Woche an den Besprechungen der beiden Adoleszentenstationen teil; hinzu kommt bei Bedarf die Teilnahme an Einzelsupervisionen. Dies ist nötig, wenn der übliche Informationsaustausch zu ergänzen ist, oder das Krankheitsbild (z. B. bei klassischer Schulphobie) es erfordert. Der Zeitbedarf für diese Besprechungen liegt bei zwei bis drei Stunden pro Woche, wofür eine Unterrichtsstunde im Deputat angerechnet wird. So wünschenswert diese Einbindung ist, so wächst bei weiter ausgedehntem zeitlichem Anspruch die Gefahr, daß dies zum Selbstzweck auf der Suche nach emotionaler Nähe wird und die zur eigenen Psychohygiene notwendige Distanz zum Arbeitsplatz verloren geht.

In den Besprechungen ist die geistige Beweglichkeit des Lehrers immer dann gefordert, wenn auf den drei Stationen, bei gleichem Krankheitsbild, unterschiedliche Therapiekonzepte angewandt werden, der Lehrer aber für eines davon eine klare Präferenz hegt.

## 4. Raumprogramm und Unterrichtsorganisation

Die Schulräume befinden sich unter dem Dach des Klinikgebäudes. Der Grundschulbereich ist von der Sekundarstufe durch eine halbe Ebene abgetrennt. Die Werkstätten sind gegenüber dem Klinischen Jugendheim im Untergeschoß der Poliklinik untergebracht.

Die Schüler legen also einen kurzen Schulweg zurück. Ich betone die Distanz zwischen Schul- und Stationsräumen, indem ich erwarte, daß die Schüler so in der Schule erscheinen, als hätten sie wie daheim, einen Schulweg zurückzulegen. Diese Forderung an Kleidung (kein Erscheinen in Hausschuhen, Schlafanzug, Turnhose o. ä.), Ausrüstung (sämtliche Bücher und Materialien für den Schulvormittag) sowie halbwegs gepflegtes Äußeres (gewaschen / gekämmt) sollen zeigen, daß Schule in einem anderen Raum, im wörtlichen und übertragenen Sinn, stattfindet, in dem das „Sich-bewähren" im Mittelpunkt der Arbeit steht und auf die es sich entsprechend vorzubereiten gilt. Die Schüler sollen sich mit Unterrichtsmaterialien (Hefte / Schreibutensilien / Zirkel u. ä.) selbst versorgen, sich für die Schule mitverantwortlich fühlen. Auch diese Forderung dient der bewußten Abgrenzung gegenüber der medizinisch-therapeutischen Rundumversorgung mit ihrem beträchtlich regressiven Sog.

Bei der Planung des neuen Klinikgebäudes in den siebziger Jahren hatten die Vorstellungen und Wünsche der Schule einbezogen und größtenteils umgesetzt werden können. Drei Schulräume und ein Vorraum stehen der Sekundarstufe zur Verfügung. Dieser Bereich ist durch eine Tür vom geräumigen Treppenhaus der Klinik abgetrennt. Im Zentrum des Schulbereichs befindet sich ein großer, hoher, quadratischer Raum, der durch bewegliche Schränke unterteilt wird. Durch Holzwände und -möblierung, große, bis zur Decke reichende Fenster wirkt dieser Raum hell und freundlich, Teppichboden unterstreicht diese Wirkung. Die beiden kleineren Nebenräume, mit direktem Zugang vom Vorraum aber auch jeweils einer Tür zum zentralen Schulraum, waren ursprünglich als kleines Lehrerzimmer bzw. als Rückzugsraum überbelasteter Schüler gedacht, mit Leseecke und Möglichkeiten zu konstruktivem Spiel. Heute dienen sie den Gymnasiallehrern als Unterrichtsräume, wobei die Raumgröße eine Schülergruppe von vier Schülern erlaubt. Die Toiletten liegen eine halbe Treppe höher. Ich betone dies, um darzustellen, daß selbst bei banalen Vorgängen die Distanz zwischen Schule und Station gewahrt bleiben soll. Nicht die vertraute Toilette auf der Station, die in der Krankengeschichte einzelner Patienten durchaus eine wichtige Bedeutung und Funktion haben kann, wird aufgesucht, sondern die „neutrale" Schultoilette. Die ständige Präsenz eines Lehrers in der Schule - im therapeutischen Bereich würde dies der „Begleitung des Patienten" entsprechen - gewährt beträchtliche äußere Sicherheit. Schule als „angstfreier Raum" ist grundlegende Voraussetzung für jegliches Arbeiten in der Klinikschule, d.h. angstfrei im Sinne von „Nichtbedrohtsein" durch verbale und körperliche Attacken der Mitpatienten auf den Stationen und „Nichtalleingelassensein" mit den eigenen Ängsten und Wahnideen. Für manche kann der Kliniklehrer Garant der Wirklichkeit werden, wobei diese Funktion mitunter in ihrem Gewicht rasch wechselt, aber in ihrer Unbeugsamkeit das „ganz Andere" gegenüber Klinik und Versorgung verkörpert.

Parallel zu den Veränderungen im Schulkonzept während zurückliegender zweier Jahrzehnte gestaltete sich auch die Unterrichtsorganisation neu. Die älteren Konzepte sahen morgens zunächst für alle Schüler Gruppenunterricht vor, bei einer Gruppengröße von ca. vier bis sechs Schülern; anschließend bearbeitete jeder gemäß Stoffplan seiner Klasse unter Anleitung des Kliniklehrers die Inhalte der Hauptfächer. Einzelunterricht wurde in der letzten Vormittagsstunde angeboten. Mit der Ausweitung der Lehrerzahl ist die oben dargestellte Organisationsform nicht mehr beizubehalten gewesen. In der Regel sind neben dem Kliniklehrer noch ein oder zwei Kollegen in den Nebenräumen tätig, wobei mir für einen Gruppenunterricht nicht mehr ausreichend Schüler zur Verfügung stehen. Lediglich im Rahmen der schulpraktischen Ausbildung von Studierenden der Fakultät für Sonderpädagogik Reutlingen wird für einen begrenzten Zeitraum die Stundentafel so hingebogen, daß für eine Kleingruppe von vier bis fünf morgens in der ersten Stunde Gruppenunterricht erteilt werden kann. Selbst wenn gleichzeitig sechs Schüler der Klasse 10 des Gymnasiums die Klinikschule besuchen, so können doch nur selten - mit Ausnahme des Faches Deutsch - alle in einer Lerngruppe zusammengefaßt werden. Unterschiedliche Fremdsprachenfolgen und unterschiedlich lange Schulversäumnisse vor der stationären Aufnahme führen dazu, daß der Unterricht zumeist als Einzelunterricht erteilt wird. So pendeln die Schüler den Vormittag über von einem Schulzimmer ins andere, unterbrochen von ein oder zwei Hohlstunden, in denen sie auf die Stationen zurückkehren. Diese Stunden sind, von Station zu Station unterschiedlich organisiert, oft gefüllt mit festen Terminen im therapeutischen Bereich, so daß sich der Stundenplan der Schule diesen Terminen stets aufs neue anpassen muß. Im Durchschnitt erhalten die Schüler täglich zwei bis drei Stunden Unterricht, wobei nur in Ausnahmefällen ein Limit von 15 Stunden pro Woche überschritten wird; mehr ist ihnen in der oft anstrengenden Situation von Einzelunterricht nicht zuzumuten.

Die Stundenpläne hängen auf den Stationen und im Stationszimmer aus, damit jeder Mitarbeiter weiß, in welchem Raum und bei welchem Lehrer, allein oder in der Kleingruppe, sich der Schüler befindet. Selbst bei nur geringem Abweichen von Unterrichtsterminen, sei es, daß er nicht in die Schule kommt oder auch zu lange im Schulbereich bleibt und die Stationsmitarbeiter ihn vermissen, wird telefonisch rückgefragt. Diese gegenseitige Verläßlichkeit spüren die jungen Patienten und können sich im Rahmen von Klinik und Schule sicher und aufgehoben fühlen.

## 5. Die Schüler: Vorgeschichte - Krankheitsbild - Prognose

Das Gros der Schüler auf den Jugendlichenstationen schleppt schon eine über Jahre gehende chronifizierte Krankheitsgeschichte mit sich herum; häufig sind vorab schon längere Aufenthalte in anderen Kliniken zu verzeichnen und nun, zu guter Letzt, wird die Universitätsklinik aufgesucht, die von heute auf morgen alle Probleme lösen soll.

Die Krankheitsbilder decken das gesamte Spektrum der Kinder- und Jugendpsychiatrie ab, wobei allerdings eine Dominanz der Eßstörungen und schweren psychotischen Zustandsbilder nicht zu übersehen ist. Die meisten Patienten sind vor ihrer stationären Aufnahme nicht mehr zur Schule gegangen; die Dauer reicht von wenigen Wochen bis zu teilweise drei Jahren. Häufig war der verweigerte Schulbesuch ein letzter Versuch auf desolaten Gesundheitszustand aufmerksam zu machen. Erst als auch noch die schulische Arbeitsfähigkeit versiegte, reagierte das soziale Umfeld. Diese Schüler erscheinen dann u.a. mit dem Etikett „Schulverweigerung", „Schulphobie" oder auch „Schulschwänzen" in der Klinik, zeigen aber hier im Alltag keinerlei Symptome dieser Art. Klassische „Schulphobiker" sind in der Altersgruppe der 15- bis 17jährigen kaum mehr anzutreffen, da sie dann sehr oft die allgemeine Schulpflicht schon beendet haben.

Zur Begabungsstruktur ist anzumerken, daß es sich zumeist um gute, teilweise sehr gute Schüler handelt. Schwache Schüler und Schulversager sind häufig dann anzutreffen, wenn sie eine falsche, überfordernde Schullaufbahn einschlagen mußten und in der permanenten Überforderungssituation sich keine andere Lösung anbot als psychotisch zu dekompensieren.

Mit den Jugendlichen läßt sich anspruchsvoller, differenzierter Unterricht durchführen, wobei eine depressive Grundstimmung vorherrscht, die einen „Animateur" verlangt. Ein Großteil der Strategien und Techniken, die zur Bewältigung des Unterrichts mit erziehungsschwierigen Schülern - zumeist mit ausagierenden, destruktiven Störungsbildern - den Grundstock der Lehre an der Hochschule bilden, werden hier weniger benötigt.

Ein Teil der Patienten ist nicht zuletzt wegen der Klinikschule und ihrer Angebote bereit, sich überhaupt auf eine langfristige Behandlung in der Klinik einzulassen. Die Chance, durch den Besuch der Klinikschule einen wichtigen Teil der Alltagsrealität wieder „in den Griff" zu bekommen, ist häufig der „Aufhänger" für den Einstieg in die Therapie. Die Mitarbeiter im therapeutischen

Team sind zu Beginn einer stationären Behandlung zunächst offen gegenüber der Entwicklung des Patienten; es gilt zu beobachten, nachzufragen, Vorstellungen zu entwickeln, zu überprüfen und ggf. zu verwerfen, sich entlang der Behandlung vorwärtszutasten und sich über das Erreichen von Minimalzielen zu freuen. Während der Therapeut zu Beginn der Behandlung noch keinen Gedanken an das Ende der Therapie verschwendet, sondern je nach Therapiefortschritt das nächste Ziel festlegt, hat der Kliniklehrer schon nach wenigen Wochen ein klares Bild über realistische Ziele am Ende der Behandlung. Bisherige schulische Biographie, daneben Krankengeschichte und Beobachtungsphase in der Schule können deutliche Hinweise darauf geben, was sich nach dem Ende des stationären Aufenthalts anschließen sollte: Fremdunterbringung, Reha-Einrichtung oder weiterer Schulbesuch. Bei Schülern mit schweren psychotischen Zustandsbildern zeigt die Erfahrung, daß es trotz Stabilisierung und Verbesserung des Gesundheitszustandes im Rahmen der stationären Behandlung nicht gelingt, sie wieder in den Betrieb einer öffentlichen Schule zu integrieren. Die Systeme sind zu groß, zu verwirrend und überfordernd. Berufliche Orientierung oder Reha-Maßnahmen sind Wege, die mehr Erfolge versprechen. Schülern mit neurotischen Störungen stehen nach Beendigung der stationären Therapie sowohl weitere schulische als auch berufliche Ausbildungswege offen, wobei die letztere Variante zu bevorzugen ist, weil sie in der Regel eher Selbständigkeit und finanzielle Unabhängigkeit vorzubereiten vermag.

## 5.1 Erstgespräch mit dem Schüler

Über Neuaufnahmen wird der Lehrer in der Regel bereits einige Tage vorab informiert, mit eher vagen Angaben über die bisherige Schullaufbahn. Im Verlauf der ersten Teambesprechung bzw. nach Rücksprachen mit behandelndem Arzt / Psychologen / Erzieher oder durch Einsicht in die Ambulanzakte können Daten zur besuchten Schule, zur Klasse und zu bestehenden Schulproblemen konkretisiert werden. Der jugendliche Patient nimmt den Lehrer im Stationsalltag wahr und hat über seine Mitpatienten erste Hinweise zur Klinikschule erhalten. Der Lehrer selbst spricht ihn zunächst nicht auf seinen neuen Status an, um ihm die Chance zu erhalten, selbst initiativ werden und auf den Lehrer zugehen zu können. Das Erstgespräch wird in den Schulräumen geführt. Eine Bezugsperson der Station begleitet den Jugendlichen zur Schule und läßt ihn dann mit dem Lehrer allein. Bei sehr ängstlichen Schülern bleibt sie auch während des Erstgespräches anwesend, um den Übergang vom sicheren Stationsrahmen in den noch unbekannten, möglicherweise angstmachenden Raum der Schule abzufedern. Zunächst wird dem Schüler die Klinikschule detailliert dargestellt: ihre Aufgaben, ihre Mitschüler, ihre unterschiedlichen Tätigkeitsbereiche. Damit versuchen wir zu vermitteln, daß der Neue sich durchaus nicht in einer einzigartigen Schulsituation befindet, sondern daß gleichzeitig 50 bis 60 andere in dieser Schule unterrichtet werden. Dabei beziehen wir die Situation in allen Schulstellen der Schule für Kranke Tübingen mit ein. Dann konzentriert sich das einführende Gespräch auf die Arbeit in der Schulstelle im Klinischen Jugendheim selbst. Unterrichtsumfang, Unterrichtsart (Einzel-, Gruppenunterricht), Unterrichtsfächer und Unterrichtsziele (Versetzung / Prüfung / Übergang auf öffentliche Schulen) werden ausführlich dargelegt.

Nun stellt sich der Patient mit seiner Schülerbiographie vor. Diese ist oft von zahlreichen Brüchen und Versagungen gekennzeichnet, so daß der Lehrer behutsam nachfragen muß, um sich ein Bild vom aktuellen Bildungsstand machen zu können. Es werden die persönlichen Daten notiert, Lieblingsfächer und Schwachstellen eruiert und versucht, Vorstellungen über die weitere Schullaufbahn herauszufinden. Anschließend gilt es aufbauend zu planen und gemeinsam mit dem Jugendlichen eine realistische Perspektive für den Schulbesuch in der Klinik zu entwickeln. Dabei werden auch Teilziele bestimmt, die an Termine gebunden sein können. Der in der Vorstellung zunächst als unendlich lang erscheinende Zeitraum der stationären Behandlung für den Bereich Schule soll damit klar strukturiert und überschaubar erscheinen - ein wichtiger erster Schritt, wenn er gelingt. Realistische Perspektive bedeutet: Was ist für den Schüler, unter den gegebenen Voraussetzungen und unter Berücksichtigung des Krankheitsbildes in der Klinikschule erreichbar? Dies mag auch bedeuten, daß die bisherige Schulkarriere nicht weiter verfolgt werden kann und nach sinnvollen, erfolgversprechenden Alternativen, wie Schulartwechsel oder Berufsorientierung gesucht werden muß. Nachdem vorab der Unterrichtsumfang mit der Station abgesprochen worden ist, kann der Stundenplan für die ersten Wochen festgelegt werden.

Das Erstgespräch entscheidet somit über den weiteren Schulverlauf. Wenn es gelingt, die oft nur angedeuteten Wünsche hinsichtlich ihrer weiteren Schullaufbahn aufzunehmen und in die gemeinsame Planung einzubeziehen, dann fühlen sie sich - mit all ihren Schwierigkeiten - ernst genommen und sind auch bereit, den Schulalltag in der Klinik ernstzunehmen. Telefonische Kontakte mit der Heimatschule zur gegenseitigen Information werden bei Schülern mit Schulproblemen unmittelbar nach diesem Erstgespräch getätigt, sonst innerhalb der ersten Wochen.

# 6. Unterricht

## 6.1 Selbstdarstellung des Lehrers

Im stationären Tagesablauf haben die Patienten zahllose punktuelle Kontakte mit den verschiedenen Mitarbeitern der Station, mal von kürzerer Dauer, mal mit festem Zeitrahmen, wobei neben den Terminen mit den Bezugspersonen meist mehrere Mitarbeiter im gleichen Raum präsent sind. Mit dem Kliniklehrer hingegen sind sie täglich zwei bis drei Stunden im selben Raum zusammen (für die Gymnasial- und Berufsschullehrer trifft dies in geringerem Umfang ebenfalls zu); d.h., daß keine andere Person innerhalb der Klinik in ihrer Selbstdarstellung so intensiv und nah wahrgenommen wird wie der Lehrer. Und da dieser im Gegensatz zu den Mitarbeitern auf der Station, nicht als Therapeut - als „Eindringling in die Psyche" - fungiert, wird er von den Schülern unbefangen und neutral gesehen, als Vertreter einer „normalen" Alltagsrealität. Bezugspersonen (Erzieher / Krankenschwester / Arzt / Psychologe) mögen identifikatorisch idealisiert werden; ob der Kliniklehrer sich davon freihalten kann, ist nicht sicher - jedenfalls wird ein solches Angebot nicht forciert an den Schüler herangetragen.

Der Lehrer ist aufgrund seines Alters ein Vertreter der Elterngeneration. Vor dem Hintergrund eines zumeist desolaten, pathogenen Elternhauses und den entsprechenden Prägungen des Erwachsenenbildes hat der Kliniklehrer in seiner Selbstdarstellung eine nicht zu unterschätzende Vorbildfunktion hinsichtlich neuer Angebote für eine Alltagsrealität. Einige Momente in diesem Zusammenhang erscheinen mir als besonders wichtig:

– *Vermittlung und Verkörperung von Lebensfreude.* Ich möchte jeden Tag Spaß und Freude mit den Schülern haben und ihnen dabei Wissensstoff vermitteln. Dem Lebenspessimismus ihrer seitherigen Alltagserfahrung, zumindest bei den meisten meiner Schüler, setze ich meinen Lebensoptimismus entgegen. Ich will ihnen zeigen, daß auch sie Freude bereiten können und als angenehme und liebenswerte Menschen empfunden werden. Dadurch wird es ihnen erleichtert, notwendige Kritik oder auch Tadel als sachbezogen zu erfahren, ohne daß die eigene Person Schaden nehmen muß.

– *Glaubwürdigkeit.* Dieser Gesichtspunkt steht im Zentrum der pädagogischen Arbeit. Die Schüler, die in ihrer Biographie kaum Sicherheit und verläßliches Verhalten der Erwachsenen erlebt haben, müssen erfahren, daß es in der Welt auch durchschaubare, glaubwürdige Personen und Institutionen gibt, die ihnen Halt bieten können. Termine müssen exakt eingehalten, Änderungen rechtzeitig bekanntgegeben, Verspätungen entschuldigt werden, eigentlich Selbstverständlichkeiten, die der Respekt vor dem Gegenüber verlangt, aber oft sind diese Selbstverständlichkeiten den Jugendlichen bisher vorenthalten worden. Alle werden über sämtliche Kontakte mit ihren Heimatschulen informiert, genauso wie sie die Schulberichte, die bei der Entlassung oder an den Zeugnisterminen den Heimatschulen zugesandt werden, zu lesen bekommen. Schule muß offen und durchschaubar sein.

Wie sieht nun Vermittlung von Lebensoptimismus und Glaubwürdigkeit in der Unterrichtsrealität aus? Es beginnt mit dem morgendlichen Ritual, daß der Kliniklehrer vor dem Unterricht auf die Station kommt und zuerst die Schüler begrüßt, ehe er in das Stationszimmer geht, um dort die notwendigen Informationen für den Tag zu erhalten. Er will damit zeigen, daß nicht die Klinik der Adressat seiner Bemühungen ist, sondern der einzelne Schüler. In dieser Arbeit wird auf die Stärken eingegangen; die Defizite werden, wenn überhaupt, erst dann behutsam angesprochen, wenn der Schüler genügend Sicherheit und Zutrauen in die eigene Leistungsfähigkeit gewonnen hat. Jedoch bei einem Teil, vor allem bei Lernschwachen, werden Defizite negiert, denn es erscheint mir sinnvoller, die nur begrenzt vorhandenen Energien des Einzelnen in die Intensivierung der positiven Leistungsaspekte zu stecken, als zum wiederholten Mal auf dem defizitären Bereich „herumzutrampeln". Wenn ein Schüler nach neun Schuljahren noch immer mit der Rechtschreibung auf Kriegsfuß steht oder nicht schriftlich zu dividieren weiß, müssen wir uns nicht anmaßen, Versäumnisse eines Schullebens in der begrenzten uns zur Verfügung stehenden Zeit aufarbeiten zu wollen.

Das Anerkennen eigener Schwächen im Schulleistungsbereich erhält im therapeutischen Bereich seine Entsprechung darin, daß die jugendlichen Patienten im Rahmen ihrer Behandlung erfahren und lernen müssen, mit ihrer Krankheit zu leben; nicht Heilung ist das ausschließliche Ziel einer Behandlung in psychiatrischen Einrichtungen, sondern der Erwerb der Fähigkeit, mit seinen psychischen Defiziten in der Welt „draußen" überleben zu können. Der Lehrer kann seinen Beitrag hierzu leisten, indem er in seiner Selbstdarstellung die eigenen Schwächen nicht verbirgt, sondern den Schülern demonstriert, wie man humorvoll und spielerisch damit umgehen kann. So suche ich z. B. seit über 20 Jahren, zum Vergnügen der Schüler, sicher fünfmal am Vormittag meinen Schlüsselbund, meine Brille; oder das eigene, manchmal rasend schnelle, Sprechtempo schlägt karikierend in silbentaktweises langsames Sprechen um. Durch Selbstironie und Theatralisieren versucht der Lehrer Distanz zu sich selbst zu schaffen, neben sich zu treten und kurzfristig aus seiner Lehrerrolle auszusteigen. Er präsentiert sich als Verkäufer der Ware „Wissensstoff" und bemüht sich, eine optimale „Verkaufssituation" zu gestalten. Indem sich der Lehrer offen, mit all seinen Stärken und Schwächen zu erkennen gibt, sich selbst nicht so wichtig nimmt, wird er durchschaubar, berechenbar und verläßlich: Voraussetzung für angstfreies Lernen.

Immer wieder kommen Schüler mit einer total mißratenen Schullaufbahn (zahlreiche Schulwechsel / Schulartwechsel / Abbrüche / Fehlzeiten / Wiederholungen etc.) in die Klinik. Auch ihnen kann gezeigt werden, daß es immer wieder einen Anfang, ein neu erreichbares Ziel gibt; daß Schule auch für sie das „Prinzip Hoffnung" verkörpert. Da müssen dann manchmal unorthodoxe Wege, unter Einschaltung der Schulaufsichtsbehörde eingeschlagen werden, die sich in aller Regel sehr entgegenkommend verhält, um dem Jugendlichen zu einem günstigen Schulabschluß zu verhelfen.

## 6.2 Distanz und Nähe

Kein anderes Phänomen stellt für Schüler und Lehrer eine größere Belastung dar als die ständige unmittelbare Präsenz des Gegenübers, von der man glaubt, ihr nicht entrinnen zu können. Umso wichtiger ist es, Strategien zu entwikkeln, die es ermöglichen, mit dieser Nähe umzugehen, sie für beide Seiten erträglich zu machen und nach Möglichkeit sogar als angenehm zu erleben. Einige empfinden es als wohltuend, daß es einen Lehrer gibt, der ständig für sie da ist, jederzeit abrufbereit, wenn es bei der Lösung einer Aufgabe nicht weitergeht. Auch für den Lehrer ist es ein beglückendes Gefühl, Zeit zu haben, sich intensiv individuellen Bedürfnissen widmen zu können. Diese Situation ist verführerisch und birgt die Gefahr, daß der Lehrer nicht mehr losgelassen, Bedürftigkeit festgehalten oder so sehr fasziniert wird, daß er sich nicht mehr entziehen kann. Er fühlt sich geschmeichelt, herausgefordert und bemerkt nicht, daß er nicht mehr handelndes Subjekt, sondern Objekt geworden ist.

Zum anderen gibt es immer wieder Schüler, die die Allgegenwart des Lehrers zunächst als lästig und bedrohlich empfinden. Der Lehrer sieht alles, weiß alles, und der Schüler hat keinerlei Möglichkeit, seine Schwächen zu kaschieren; so jedenfalls erleben es manche. Alle Techniken, die im bisherigen Schulleben geholfen haben sich durchzumogeln, greifen in der Klinikschule nicht mehr. Der Schüler kann sich nicht verstecken, sich nicht dem Lehrer entziehen, er fühlt sich ausgeliefert, entblößt. Umso wichtiger ist es im Rahmen der bereits skizzierten Selbstdarstellung des Lehrers, daß auch er von sich, seiner Freizeit und seiner Familie erzählt, ohne dabei indiskret zu werden.

Die skizzierten Varianten von Distanz und Nähe erfahren ihre besondere Ausprägung im Einzelunterricht, aber auch im Kleingruppenunterricht müssen sich Schüler und Lehrer dem Problem von Distanz und Nähe stellen. In dieser Unterrichtsform erleben sie es ebenfalls als anstrengend, daß sie während des Unterrichts - durchschnittlich zwei Zeitstunden - ständig gefordert sind und keinerlei Möglichkeit haben, sich der Kontrolle des Lehrers zu entziehen, einen Schwatz mit dem Nachbarn zu halten, bei Klassenarbeiten zu mogeln oder sich ganz einfach Tagträumereien hinzugeben - dem also, was normalen Schulalltag mitbestimmt. Da der Schüler kaum eine andere Möglichkeit hat, dieser belastenden Situation zu entgehen, als in seine pathologischen Verhaltensmuster zu fliehen, ist es Aufgabe des Lehrers, ihn davor zu schützen und die Situation durch eigene Distanzierung „aushaltbar" zu gestalten. Welche Möglichkeiten bieten sich dafür an?

Drei Varianten stehen zur Wahl:
– *Verlassen des Klassenzimmers*. Im Verlaufe des Vormittags verlasse ich bewußt zwei bis dreimal für einige Minuten das Schulzimmer, um ein Gespräch auf der Station zu führen, Kopien anzufertigen oder ein Telefonat zu führen und lasse die Schüler allein, wobei sie jederzeit wissen, wo ich mich aufhalte oder was ich zu erledigen habe. Dabei entsteht kein ungutes Gefühl wegen Vernachlässigung der Aufsichtspflicht, haben sie doch vorab soviel emotionale Sicherheit und Geborgenheit in der Schule erfahren, daß sie nicht in Gefahr geraten, entgleisen zu müssen. Das Vertrauen in die Vertragsfähigkeit und Verläßlichkeit der Schüler wird honoriert. Diese unkontrollierten Minuten werden dann für Heimlichkeiten, für einen harmlosen Streich genutzt und anschließend fällt es nicht schwer, an die Aufgaben zurückzukehren.
– *Ausweichen in einen Nebenraum*. Neben dem Verlassen des Schulortes wird von Zeit zu Zeit die Möglichkeit wahrgenommen, kurzfristig in einen der Nebenräume zu gehen, um dort bei geöffneter oder angelehnter Tür einen Test zu korrigieren, Unterrichtsmaterialien zusammenzustellen oder im Lexikon nachzuschauen. Die angelehnte Tür garantiert Rufkontakt, so daß die Distanzierung jederzeit unterbrochen werden kann.
– *Distanzierung im Schulzimmer*. Das Klassenzimmer ist der Ort des unterrichtlichen Arbeitens; daher sind die ersten beiden Varianten nur begrenzt anwendbar. Bei der Planung der Schulräume haben wir darauf geachtet, daß Möglichkeit zur räumlichen Distanzierung gegeben ist. Der zentrale Arbeitsbereich in der Nähe der großen Fensterfront - hier arbeiten gewöhnlich zwei bis vier Schüler - wird durch ca. 1,40 m hohe Raumteiler (Bücherschränke) von gut einem Drittel des Raumes getrennt, in dem sich noch ein weiterer Arbeitsplatz befindet. Abhängig vom Krankheitsbild des Schülers und dessen Vertrautheit mit dem Lehrer wird die Sitzordnung arrangiert. Entweder sitze ich meinen Schülern gegenüber oder wir sitzen über Eck, nebeneinander so gut wie nie. Meine Gegenüber haben offenbar ein ähnliches Empfinden, denn auch sie setzen sich nicht neben mich.

Ich erkläre den Schülern diese Sitzordnung gerne anhand der Parabel „Die Stachelschweine" von A. SCHOPENHAUER:

*„Eine Gesellschaft Stachelschweine drängte sich an einem kalten Wintertage recht nahe zusammen, um durch die gegenseitige Wärme sich vor dem Erfrieren zu schützen. Jedoch bald empfanden sie die gegenseitigen Stacheln; welches sie dann wieder voneinander entfernte. Wann nun das Bedürfnis der Erwärmung sie wieder näher zusammenbrachte, wiederholte sich jenes zweite Übel; so daß sie zwischen beiden Leiden hin- und hergeworfen wurden, bis sie eine mäßige Entfernung voneinander herausgefunden hatten, in der sie es am besten aushalten konnten. - So treibt das Bedürfnis der Gesellschaft, aus der Leere und Monotonie des eigenen Innern entsprungen, die Menschen zueinander, aber ihre vielen widerwärtigen Eigenschaften und unerträglichen Fehler stoßen sie wieder voneinander ab. Die mittlere Entfernung, die sie endlich herausfinden und bei welcher ein Beisammensein bestehen kann, ist die Höflichkeit und feine Sitte. Dem, der sich nicht in dieser Entfernung hält, ruft man in England zu: „Keep your distance!" - Vermöge derselben wird zwar das Bedürfnis gegenseitiger Erwärmung nur unvollkommen befriedigt, dafür aber der Stich der Stacheln nicht empfunden. - Wer jedoch viel eigene innere Wärme hat, bleibt lieber aus der Gesellschaft weg, um keine Beschwerden zu geben noch zu empfangen."*

Für den Lehrer besteht jederzeit die Möglichkeit, sich aus der direkten Unterrichtssituation zurückzuziehen, im Klassenzimmer umherzugehen, die Tafel zu reinigen, Bücher zu ordnen oder Materialien für die nächste Stunde bereitzulegen. Die Schüler arbeiten somit ohne Begleitung des Lehrers. Wichtig ist, sie dabei erfahren zu lassen, daß der Lehrer, auch wenn er sich sichtbar distanziert, für sie tätig ist, indem er für sie vor- oder nachbereitende Arbeiten tätigt. Ich versuche damit der Vorstellung entgegenzuwirken, der Lehrer fliehe aus einer für ihn unangenehmen Situation. Gelegentlich zweifle ich daran, ob mir dies gelingt. In der Kleingruppe erleichtert der Umstand, daß zumeist jeder in einem anderen Fach, an einem anderen Thema arbeitet, die Distanzierung des Lehrers; dieser ist unentwegt auf dem Sprung von einem zum nächsten. Den Schülern ist diese Unterrichtsform besonders lieb. Es fehlt der Vergleich zum Leistungsbild der Mitschüler, zudem ist es spannend zu sehen, was die anderen machen und Langeweile drängt sich selten auf. Der Lehrer ist stets nah, aber auch ständig auf dem Sprung, so daß Nähe nicht zur Bedrohung wird. In den Unterrichtsphasen, in denen alle für einen längeren Zeitraum still beschäftigt sind, ziehe ich mich gern hinter den Raumteiler zurück, entweder stehend, mit Blickkontakt zur Schülergruppe oder sitzend am Arbeitsplatz, ohne Blickkontakt zu den Schülern, um ihnen Raum für Heimlichkeiten anzubieten.

Die einzige Schülergruppe, deren Nähe dem Lehrer zu schaffen macht, ist die Patientengruppe mit schwerster Zwangssymptomatik. Hier steht er den Auswirkungen der Krankheit oft recht hilflos gegenüber. Der Lehrer kann sich nicht räumlich distanzieren und den Schüler seinen Zwängen überlassen. Er muß ihm nahe bleiben und versuchen, ihn durch regelmäßige ruhige Interventionen zu begrenzen und auf den Unterrichtsgegenstand zurückzuführen. Die jugendlichen Patienten wissen, daß ihren Symptomen in der Klinik Raum gegeben wird, um sie therapeutisch angehen zu können. Die Distanz zwischen Station und Schule wird jedoch nicht wahrgenommen, so daß Zwänge auch im Unterrichtsgeschehen sichtbar werden. Der Lehrer wird dabei an die Grenzen seiner pädagogischen Möglichkeiten stoßen. Sämtliche Interventionstechniken und Hilfsstrategien werden so massiv von den Zwangsritualen der Schüler blockiert, daß gewinnbringender Unterricht kaum mehr möglich ist. Letzteres ist zwar immer wieder auch bei anderen Schülern der Fall, dennoch erleben hier alle Beteiligten die Nähe in der Unterrichtssituation als nicht unangenehm. Bei Schülern mit schweren Zwangssymptomen kontrastiert räumliche Nähe mit großer psychischer Distanz. Vermutlich leiden beide Seiten darunter, daß es nicht gelingt, diese Distanz zu verringern. Nun hat es sich in den letzten Jahren einige Male bewährt, dem Wunsch von Patienten mit massiven Zwangssymptomen zu entsprechen und sie nach einiger, nicht sehr erfolgreicher Zeit in der Klinikschule, in die öffentlichen Schulen zu schicken. Entgegen unseren Erwartungen konnten sich die Schüler in der öffentlichen Schule erfolgreich behaupten, ohne durch ihre Zwänge den Schulbetrieb zu hemmen. Die Alltagsbewältigung in der Normalität 'draußen' setzte offenbar Kräfte frei, die im Schonraum Klinik nicht aktiviert zu werden brauchten. Umso hemmungsloser wurden dann nach der Schule die Zwänge im Stationsalltag ausgelebt.

### 6.3 Unterrichtsinhalte

Man kann, einer groben Einteilung folgend, unterscheiden zwischen
*a) Unterricht als strukturgebendem Faktor*
Neben den bisher geschilderten struktur- und haltgebenden Rahmenbedingungen der Klinikschule, vermögen einzelne Fächer dazu beizutragen, sich in der Realität des Schulalltags zurechtzufinden. *Mathematik*, *Physik* und *Chemie* sind hier zu nennen. Gesetzmäßigkeiten, eindeutige Anweisungen und Lösungen vermitteln den Schülern Orientierung und Sicherheit. Der *Grammatikunterricht in den Sprachen* dient dem gleichen Ziel. Am Satz des Pythagoras oder an den Regeln zur Bildung der „reported speech" gibt es nichts zu deuten. Strukturen werden erkannt und können beherrscht werden. Schülern mit psychotischem Zustandsbild wird daher zunächst Mathematik angeboten. Wenn sich die Belastungsfähigkeit stabilisiert hat, wird der Unterricht langsam auf die Sprachen ausgedehnt; die „Nebenfächer" folgen später, wenn möglich von den Naturwissenschaften ausgehend. Im *Deutschunterricht* greife ich in der literarischen Erziehung gern auf Texte (Lyrik / epische Kurzformen) zurück, an denen sich besonders gut die formalen Elemente herausarbeiten lassen, die dann in Bezug

zum Inhalt gesetzt werden. Dadurch soll vermieden werden, daß der Schüler nicht mehr zwischen eigener Gedankenwelt und „gedichteter Welt" zu trennen weiß und sich im Text verliert. Bei der *Bildbetrachtung* und *-beschreibung* wird ähnlich vorgegangen. Zuerst das Erkennen der Struktur, der Form, dann der Bezug zum Inhalt des Dargestellten. In der *Aufsatzerziehung* liegt in den Klassen 9 und 10 von Gymnasium und Realschule ein Schwerpunkt der unterrichtlichen Arbeit beim Thema „Erörterung". Auch hier wird durch vorgegebene Raster Orientierungshilfe gegeben, mit denen es ihnen gelingt, ordentliche und gute Ergebnisse zu erzielen. Die Fächer des gesellschaftswissenschaftlichen Bereiches, *Geschichte, Gemeinschaftskunde,* offerieren weniger Gesetzmäßigkeiten und lassen Interpretationen größeren Raum. Eingeschränkt gilt dies auch für das Fach *Erdkunde.* Den Mangel an strukturgebenden Faktoren in den Themen dieser Fächer muß sich der Lehrer stets vergegenwärtigen, um rechtzeitig „ein verirrtes Schäfchen" wieder einfangen und auf den Boden der Realität zurückholen zu können.

*b) Unterricht als therapieunterstützendem Faktor*
Den Fächern *Deutsch* und *Gemeinschaftskunde* kommt besondere Bedeutung zu. Indem der Lehrer von den jeweils individuellen Schwierigkeiten im sozialen Kontext der jugendlichen Patienten weiß, kann er sachlich und ohne ausdrücklichen theoretisch begründeten, therapeutischen Anspruch gleich oder ähnlich gelagerte Problemfelder (Themen) in den Inhalten der o.g. Fächer zum Unterrichtsgegenstand machen. Der Schüler erlebt, wie sein Problem als Unterrichtsthema, damit neutral, bearbeitet wird. Er erfährt die Ansichten seiner Mitschüler und Lehrer, sieht unterschiedliche Lösungsansätze und Interpretationen, kann, da offensichtlich niemand weiß, daß es „sein Thema" ist, selber Lösungsmöglichkeiten andeuten, die er in der „therapeutischen Einzelstunde" kaum zu äußern sich bereit gefunden hätte. Eine Art „Laborsituation Schule", in der der Schüler eigene Konflikte, losgelöst aus dem sozialen Kontext seiner Alltagsrealität, analysieren, diskutieren und „in der Theorie" beheben kann, vermag den therapeutischen Prozeß zu unterstützen, im besten Fall zu beschleunigen, gewiß nicht zu ersetzen.

*c) Unterricht als Projektunterricht*
Unterrichtsprojekte lassen sich fast nur im Zusammenhang mit der schulpraktischen Ausbildung von Studenten der Fakultät für Sonderpädagogik Reutlingen, Fachrichtung Verhaltensgestörtenpädagogik, durchführen. Diese Ausbildung kann in der Klinikschule ausschließlich als Blockpraktikum von drei Wochen Dauer angeboten werden. Es sind dabei Unterrichtsfächer und -inhalte auszusuchen, in denen schulart- und klassenübergreifender Unterricht möglich ist. Dem *musischen* (Bildende Kunst) und dem *praktischem Bereich* (Technik / Hauswirtschaft) werden dabei großer Raum eröffnet, da diese Fächer im Klinikschulalltag der Sekundarstufe so gut wie nie erteilt werden können. Zwar

taucht dieser Bereich in der Angebotspalette der Stationen auf, allerdings mit therapeutischem Anspruch, so z. B. in der Malgruppe. In ihr sind lediglich Thema und Material vorgegeben. Im Kunstunterricht dagegen soll primär gelernt werden. Wie in jedem Unterricht soll ein vorzeigbares Ergebnis Unterrichtsziel sein, das in eine Note einfließt, so daß eine klare und eindeutige Aussage über das Produkt besteht. Die Ergebnisse der Malgruppe auf der Station hingegen dienen als Spiegel der jugendlichen Psyche. Das kann manchen, vor allem zu Beginn einer Behandlung, Angst machen. Indessen: Niemand macht sich Illusionen über eine exakte Trennung in der Motivation und in der Darstellung der Kinder. Sie muß allerdings von den jeweiligen Initiatoren solcher Arbeiten eingehalten werden, dem Kliniklehrer hier und den Betreuern auf den Stationen da.

Ein weiterer Themenbereich, der sich für Unterrichtsprojekte eignet, umfaßt die *„Daseinsgrundfunktionen"*: sich versorgen / wohnen / Freizeit gestalten / reisen. Diese Themen sind heikel, denn die jungen Patienten befinden sich in klinischer Behandlung, weil ihr Dasein problematisch verläuft. Der Lehrer kommt den Schülern bei diesen Themen sehr nahe, dringt in den persönlichen Bereich ein und es bedarf besonderer Wachheit, um die versteckten Signale wahrzunehmen, bis zu welcher Schranke vorgetastet werden darf. Wir erfahren Details aus dem Lebensbereich, die in der medizinischen Anamnese kaum Erwähnung gefunden haben, und können nun unterrichtliche Ergänzungen oder Alternativen zu den seitherigen Erfahrungen erarbeiten. Der Abbau von Schwellenängsten durch den Besuch von Geschäften (Reisebüros / Boutiquen / Möbelhäuser) und Institutionen (Wohnungsamt / Staatsgalerie / Bahnhof) im Rahmen dieser Unterrichtsprojekte mag es manchen erleichtern, die komplexe und manchesmal verwirrende Alltagswelt besser ordnen zu können.

# 7. Ergebnisse und Aufgaben

Es wurde versucht zu zeigen, wie im Bereich Sekundarstufe an einer Schule innerhalb der kinder- und jugendpsychiatrischen Abteilung einer Universitätsklinik Voraussetzungen geschaffen werden können, um jugendlichen Patienten zu einem erfolgreichen Schulbesuch und -abschluß zu verhelfen. Damit soll ein Grundpfeiler gesetzt werden, um den schwierigen Alltag nach Beendigung stationärer Behandlung besser bewältigen zu können. Als zentrale pädagogische Fragestellung wurde näher erläutert, wie Distanz und Nähe im außergewöhnlichen Alltag mit seinen Chancen, aber auch mit seinen Schwierigkeiten verstanden und genutzt werden können.

Als Maximen für die Arbeit des Kliniklehrers seien genannt:
- den Schüler ernst nehmen,
- die Bedeutung von Schule als zentralen Lebensbereich junger Menschen entfalten, zugänglich machen und erweitern,
- sich selbst nicht so wichtig nehmen.

*Organisatorische Mängel*
Als gravierend ist an erster Stelle zu nennen, daß bei der Terminplanung des Vormittags auf den Adoleszentenstationen z. T. zu wenig Rücksicht auf die Bedürfnisse der Schule genommen wird. Der Schulvormittag sollte bis 11.00 Uhr von Therapiestunden freigehalten werden, vor allem, um zusätzliche Belastungen während des Schulvormittags auszuschließen. Weiter muß gesehen werden, daß eine Beschränkung des Unterrichtsangebotes im musischen und praktischen Bereich lediglich auf die Schulpraktika angehender Sonderpädagogen nicht sein darf. Diese Lücke über das Angebot einer weiteren Lehrkraft zu schließen, würde jedoch bedeuten, daß die wöchentliche Unterrichtsstundenzahl die Grenze der Belastungsfähigkeit überschreiten würde.

*Strukturbedingte Mängel*
Hierunter verstehe ich das Fehlen zahlreicher positiver Aspekte des üblichen Lehrerdaseins an einer öffentlichen Schule:
- Wir erleben es als Mangel, *langfristige Entwicklungen* zwar *initiieren*, aber nicht *langfristig beobachten* zu können.
- Nach der Entlassung der Patienten erhalten wir nur *selten Rückmeldung* über deren weitere Entwicklung. Wenn wir sie bekommen, dann zumeist nur in der Art, daß wir unsere Ehemaligen als Patienten der Erwachsenenpsychiatrie wiedersehen.
- Der Kliniklehrer bleibt als „*Typ*" *nicht im Gedächtnis haften*, er „überlebt" nicht in ihrer Erinnerung. Dies ist für die Berufsidentität eine zunehmend größere Belastung; dieses „Nicht-Überleben" wird zeitweise von uns Lehrern als ein Verlust erlebt. Vermutlich müssen wir uns mit der Vorstellung zufriedengeben, *im Rahmen einer Episode*, oft genug mit traumatischer Prägung, erlebt worden sein. Vermutlich wird damit ein Grundproblem der Schule im Klinikum berührt, das unabhängig von der jeweiligen Ausprägung die Identität des Lehrers auf die Probe stellt. Denn, wer möchte etwa *nicht* im Gedächtnis haften bleiben, wem ist es gänzlich gleichgültig, ob Kinder ihn als förderlich oder stärkend erleben ? Nur als „Typ" zu überleben erscheint angesichts der Mühsal mancher Unterrichtsvormittage wohl kaum ein zufriedenstellendes Ergebnis. Andererseits : Vielleicht nehmen die Schüler Elemente der Erinnerung mit, in unseren Augen gänzlich Nebensächliches, das sie aufbewahren, vielleicht sogar für sich kultivieren.

– Klinikstruktur und versicherungsrechtliche Probleme (Haftung) setzen Grenzen, was z. B. mehrtägige Klassenfahrten angeht. Dabei wäre gerade eine solche Erweiterung der Realität Klinik wünschenswert und als Beitrag zu einer Stärkung eigener Aktivität gegenüber völliger Versorgung willkommen.

Susanne Lock

# „Schweigen ist auch eine Antwort" - Kunstunterricht in der Schule an einer kinder- und jugendpsychiatrischen Klinik

Zu Beginn meiner Tätigkeit im Rahmen eines Lehrauftrags für Kunstunterricht in der Sekundarstufe der Klinikschule einer Kinder- und Jugendpsychiatrie begegnete mir das für schulischen Unterricht im allgemeinen außergewöhnliche Phänomen des Schweigens. In Sprichwörtern wird Schweigen gegenüber dem Reden hervorgehoben, so z.b. „Reden ist Silber, Schweigen ist Gold" oder „Unter den Schwätzern ist der Schweiger der Klügste". Unterricht gestaltet sich jedoch sehr einseitig und unbefriedigend, wenn die Schüler die Position des sogenannten sprichwörtlich 'Klügeren' einnehmen, also nahezu ausschließlich schweigen und so den Lehrer dazu verleiten, umso mehr zu reden. In dieser Konstellation bedingt eines das andere: Der Lehrer redet viel, weil die Schüler nichts sagen; die Schüler sagen nichts, weil der Lehrer viel redet. Diesen Teufelskreis zu durchbrechen, machte ich mir - neben den 'traditionellen' Unterrichtszielen - zur Aufgabe. Deswegen wollte ich es mit Schiller in Don Carlos halten: „Brechen Sie dies rätselhafte Schweigen!"

Ich begab mich also auf die Suche nach einem eigenen, anderen Zugang zu den Schülern. Der Weg dorthin soll im Dialog zwischen Theorie und Praxis beschrieben und interpretiert werden. Meine Angaben zur Institution des Klinischen Jugendheims und der ihm angegliederten Schule sind knapp gehalten, da Ausführlicheres zur Konzeption der Klinikschule dem Beitrag von G. Hilff in diesem Band zu entnehmen ist.

## 1. Die vorgefundene Situation - Schule und Schüler

Die Klinikschule ist Teil der Staatlichen Sonderschule am Universitätsklinikum Tübingen und zuständig für die Beschulung der Kinder und Jugendlichen, die sich stationär in der Abteilung Kinder- und Jugendpsychiatrie der Universitätsnervenklinik aufhalten. Die Verweildauer in der Schule richtet sich nach Krankheitsbild und Therapiedauer; sie reicht von einigen Monaten bis hin zu 3 Jahren, weshalb es keine Klassen mit konstanten Schülergruppen gibt. Die Schüler rekrutieren sich aus den verschiedensten Schularten und Klassenstufen, so daß die Gruppenzusammensetzungen relativ heterogen sind. Um Problematik und Verschiedenheit der Persönlichkeiten einzelner Schüler exemplarisch aufzuzeigen, hier einige Portraitskizzen:

Zunächst zur jüngsten Schülerin der Gruppe, der 13-jährigen Elke. Sie litt unter Trichotillomanie, riß sich also die Haare aus. Zu Beginn ihres stationären Aufenthalts wurde sie als Schülerin der Klasse 5, Realschule, gesehen. Sie selbst war jedoch der Meinung, sie gehöre der 7. Klasse an. Tatsächlich besuchte sie, aufgrund längerer Klinikaufenthalte und Zeiten, in denen sie Hausunterricht erhalten hatte, bereits zum dritten Mal die 5. Klasse der Realschule. Da Elke den Anforderungen kaum gewachsen war, wurde sie in die Klasse 5 der Hauptschule umgeschult. Sie nahm als einzige Schülerin von der Krankenhausaufnahme an bis zur Entlassung an meinem Kunstunterricht teil.

Adrian, ein 16-jähriger Hauptschüler, absolvierte sein letztes Pflichtschuljahr. Zuvor war er anderthalb Jahre nicht mehr zur Schule gegangen und intellektuell sowie emotional verwahrlost, was zu einer Umschulung von der 8. Klasse Realschule in die 7. Klasse Hauptschule führte. Seine Leistungen ließen es jedoch zu, daß er später in die 8. Klasse versetzt werden konnte.

Der 16-jährige Jan besuchte bis kurz vor meinem Arbeitsantritt die 10. Klasse eines Gymnasiums. Dieser Schulbesuch scheiterte, weil sich seine Problematik, Enkopresis und Enuresis, nicht auf Dauer verbergen ließ. Daraufhin wurde er in der Klinikschule weiter unterrichtet. Aufgrund der Verschlechterung seiner Beschwerden nahm er nach den Weihnachtsferien immer weniger am Unterricht teil, bald überhaupt nicht mehr. Jan entschloß sich später, das 10. Schuljahr freiwillig zu wiederholen.

Maren, 16-jährige Gymnasiastin der 10. Klasse, hatte vor ihrer Aufnahme mehr als ein Vierteljahr in der Schule gefehlt und mußte deshalb die Klasse wiederholen. Die ärztliche Diagnose lautete: „Psychotische Reaktion bei hochpathologischem Familienmilieu". Ihre Eltern und drei der fünf Geschwister haben sich in der Vergangenheit bereits in stationärer psychiatrischer Behandlung befunden.

Der fünfte Schüler, Udo, 16 Jahre alt, wiederholte die 10. Klasse des Gymnasiums, da er vor seiner stationären Aufnahme ca. neun Wochen Unterricht versäumt hatte. Er zeigte eine Zwangssymptomatik; insbesondere Grübeln und Kontrollieren hielten ihn gefangen.

## 1.1 Schulleistung

Da die Schüler aus unterschiedlichen Schularten und Klassenstufen stammen, erhält diese „Zwergschule" Gesamtschulcharakter. Besonderes Merkmal sind teilweise große Leistungsunterschiede. Interessen und Begabungen spielen zusätzlich eine Rolle, wodurch sich die Diskrepanzen verringern oder vergrößern können. Bildende Kunst ist jedoch wenig vergleichbar mit anderen Schulfächern, da dieses Fach es eher möglich macht, größere Leistungsunterschiede zu überwinden. Durch die heterogene Gruppenzusammenstellung existiert für einige Schüler keine Vergleichsmöglichkeit mit ihrer alters- und schulartspezifischen Klassenstufe. Dies kann für den Lehrer außerordentlich verwirrend sein und ein Beurteilungssystem entstehen lassen, das in keiner Beziehung zur Realität außerhalb der Klinikschule steht. Leistungsdiskrepanzen können sowohl motivierend als auch frustrierend wirken. Motivierend sind sie, wenn z. B. ältere Schüler bei der Umsetzung eines bildnerischen Problems ihre größere Erfahrung zum Ausdruck bringen können. Die jüngeren Schüler bemühen sich dann, den selben Stand zu erreichen und bringen dadurch eine Kommunikation über den Unterrichtsinhalt in Gang. Das ansonsten wenig ausgeprägte Sozialverhalten wird gefördert, indem die Schüler beginnen, sich gegenseitig zu helfen.

Montessori (vgl. OSWALD/SCHULZ-BENESCH, 1992, S. 202 ff.) vergleicht eine heterogene Klassenzusammensetzung mit den Mitgliedern einer Familie und empfindet es als unmenschlich und grausam, wenn Menschen gleichen Alters oder Geschlechts in einer Gruppe gesammelt werden. So werde das Band des sozialen Lebens zerrissen und ihm die Nahrung genommen. Die Autorin fordert deshalb ausdrücklich, Kinder verschiedenen Alters in einer Lerngruppe zusammenzufassen, da „sich die Kinder verschiedenen Alters untereinander helfen; die Kleinen sehen, was die Größeren tun und bitten sie um Erklärungen, die diese ihnen gern geben". Sie begründet diese Unterrichtsform nachdrücklich damit, daß die Schüler einen weit geringeren Altersunterschied zueinander hätten als der Lehrer zu den Schülern. Aus diesem Grunde lägen die Motivationen der verschiedenaltrigen Schüler näher beieinander, so daß sie voneinander leicht lernen, was wir ihnen nicht erklären können. Die Älteren „werden zu Helden und Meistern", die Jüngeren „lassen sich von ihnen inspirieren und arbeiten dann allein". Die geschilderten eigenen Erfahrungen können dies insgesamt bestätigen und unterstreichen einen besonders günstigen Aspekt von Unterricht in dieser Schule. Es kann jedoch Frustration entstehen, wenn der jüngere bzw. schwächere Schüler merkt, daß es ihm momentan noch nicht möglich ist, dieselben Leistungen zu erbringen, Erwartungen zu erfüllen oder wenn Schüler unterschiedlicher Schularten einen Vergleich untereinander ziehen, beispielsweise eine Hauptschülerin mit einem Gymnasiasten und der Lehrer dies nicht auszugleichen vermag.

Das Fach Kunst kann Leistungsunterschiede ausgleichen, da hier nicht zwingend der Gymnasiast leistungsfähiger und -williger ist als die Hauptschülerin. Damit bietet sich zugleich Gruppenunterricht an, zumal auch die curricularen Vorgaben erfüllt werden können: In jeder Schulart gehört Kunst insbesondere die Arbeitsbereiche Farbe und Grafik zu den ordentlichen Lehrgegenständen.

Die Aufgabe des Lehrers liegt in der Erarbeitung von Differenzierungs-möglichkeiten gemäß den jeweils in den Lerngruppen vertretenen Klassenstufen und Schularten sowie der momentanen Verfassung der einzelnen Schüler. Sie erwiesen sich als adäquate methodische, didaktische und organisatorische Maßnahmen. Vorsicht ist geboten, wenn die Differenzierung Diskriminierung zu werden droht. Die Persönlichkeitsstruktur der Schüler läßt sie sehr verletzlich sein was mögliche Ungleichbehandlung angeht. Selbst wenn sie solche auch nur glauben entdeckt zu haben, können sie heftig reagieren, in alte Verhaltens-weisen zurückfallen und den gesamten Unterrichtsfluß hemmen. Ausgeglichen wird die starke Empfindlichkeit teilweise durch die kognitiven Fähigkeiten. Über diese Ebene kann es dann immer wieder gelingen, die Realität einzuführen.

## 1.2 Gruppendynamik

Zu Beginn meines Angebots im Kunstunterricht zeigten sich die Schüler zwar eher schweigsam, aber doch aufgeschlossen. Sie beteiligten sich rege und aktiv am Unterricht. Dies änderte sich mit dem Hinzukommen von drei neuen Schü-lern, dies, nachdem eine Schülerin kurze Zeit vorher die Gruppe verlassen hat-te. Zurückgeblieben waren die beiden Hauptschüler Elke und Adrian, hinzu kamen die Gymnasiasten Jan, Udo und Maren. Nun beherrschte Schweigen den Unterricht, Blickkontakte waren nur noch schwer herzustellen. Wurde je-mand direkt von mir angesprochen, so zeigte sich aber, daß derjenige bei der Sache war. An Stelle der Spontaneität war Trägheit getreten, und die Gruppe als Ganzes regredierte; die schon länger anwesenden Schüler zogen sich zurück. Das Verhalten der „Neuen" mag darin begründet gewesen sein, daß für sie noch alles ungewohnt war und sie sich erst orientieren mußten. Gleichzeitig waren sie „Eindringlinge", welche die bisher entstandene Vertrauensbasis störten. Die Schüler reagierten also aus unterschiedlichen Motiven auf ähnliche Weise.

Es ist zu bedenken, daß die Schüler sich erst kurze Zeit in der Kinder- und Jugendpsychiatrie aufhielten, so daß sie sich vermutlich zunächst orientieren und mit den anderen Jugendlichen auch im außerschulischen Bereich arrangie-ren mußten. Im Vordergrund stand ihre akute Erkrankung, so daß sie wahr-scheinlich noch zu sehr mit sich beschäftigt waren. Dennoch wunderte ich mich oft, daß sie offenbar immer präsent und an der praktischen Arbeit aktiv betei-ligt waren, so daß keineswegs von Leistungsverweigerung gesprochen werden kann. Schweigen kann also wohl kaum als pure Unlust interpretiert werden, auch die besonders positiven Ergebnisse der Schülerarbeiten sprachen nicht da-für. Zunächst empfand ich die Arbeit mit diesen Schülern als angenehm, doch nach kurzer Zeit wirkte sich deren Verhalten jedoch lähmend auf den Unter-richt aus. Hierbei handelte es sich wahrscheinlich nicht um Absicht, um Provokation oder Langeweile, sondern um Unsicherheit und Sich-fremd-fühlen. Man wird von einem narzißtischen Syndrom sprechen können. Möglicherweise war dieses Verhalten für die Jugendlichen in der Vergangenheit oft die einzige Möglichkeit gewesen, psychisch und physisch zu überleben. Denkbar ist, daß sie solchen „Egoismus" im Laufe ihrer Therapie zunächst aufbauen müssen, um ihn dann mit fortschreitender Genesung wieder abzulegen, um allmählich einem „gesunden", „normalen" Maß zuzusteuern. Egoismus könnte bedeuten: "Jetzt kümmere ich mich erstmal um mich und mein Wohlergehen, deswegen muß ich mich zunächst in mich zurückziehen und mit mir klarkommen. Erst dann kann ich (wieder) mit meiner Umwelt in Kontakt treten." Zudem wurde möglicherweise in dem bisherigen Leben der Jugendlichen schon viel zu viel geredet, was nun in dem therapeutisch durchsetzten Alltag seinen Höhepunkt findet. Hierfür spricht auch, daß sich im zweiten Drittel meiner Anwesenheit langsam ein Wandel der Situation anbahnte. Es wurde zur Gewohnheit, zu Beginn der Stunde erst einmal über die vergangene Woche und über die Pläne für die kommende Zeit zu sprechen. Dieses Ritual wurde von den Schülern stets eingefordert.

Ursprünglich vorgefunden hatte ich also eine zum Teil sehr leistungsstarke Schülergruppe, die ihre Zusammensetzung mehrere Male geändert hatte. Die Schülerpersönlichkeiten, geprägt durch ihre jeweiligen Krankheiten und individuellen Erfahrungen, führten zu einem phlegmatischen und lethargischen Verhalten mit autistoiden Zügen. Der Unterricht gestaltete sich dementsprechend mühsam, die Lernziele wurden dennoch gut erreicht. Verschiedene Aspekte sprachen dafür, daß es sich nicht um ein kognitives Problem handeln konnte. Das tatsächliche Problem soll hier nicht theoretisierend behandelt werden. Stattdessen sollen mögliche Lösungswege aufgezeigt und geprüft werden, die eine Eröffnung von Zugängen zu den Schülern möglich machen.

## 2. Zur neueren Theorie der Kunstdidaktik

Kunsterziehung und Kunstunterricht „bezeichnen Erziehung und Unterricht durch, in und zur bildenden Kunst", also „das Lehren und Lernen von ästhetischen Phänomenen" (BÖHM 1988,S. 355). Anhänger der Kunsterziehungsbewegung legen das Gewicht auf die Förderung schöpferischer Kräfte und der Eigentätigkeit des Kindes. Es wird eine Erziehung „zur Kunst durch die Kunst" gefordert. Der Ansatz des „Formalen Kunstunterrichts", etwa von 1960 an, stellt die pädagogische Funktion der Bildenden Kunst der Gegenwart in den Vordergrund. Es wird versucht, bildnerische Erfahrungs- und Arbeitsmöglichkeiten zu rationalisieren und zu systematisieren. Der kunstdidaktische Ansatz der „Visuellen Kommunikation" (ab 1970) richtet sich gegen die Überbewertung der Bildenden Kunst, betont die gesellschaftliche Relevanz von Lerninhalten und fordert kritische Auseinandersetzung mit den Massenmedien. Die Bildende Kunst wird zu einem integrierten Sachbereich visueller Kommunikation erklärt. Neuere Strömungen der Kunstdidaktik wenden theoretische und empirische Wissenschaftsmethoden an und berücksichtigen Kriterien aus der allgemeinen Didaktik, der Kunstwissenschaft, Psychologie und Soziologie. Sie sind ein Konglomerat von Zielvorstellungen der vorangegangenen Theorien, behalten jedoch die Bezeichnung „Ästhetische Erziehung" als Sammelbegriff bei. Diese Erweiterung führt zum Fach „Ästhetische Erziehung". Zwei Positionen lassen sich unterscheiden:

1. eine *problemorientierte*, ästhetische Erziehung, die die gesellschaftliche Bestimmtheit und Relevanz der Kunst betont,
2. eine *gegenstandorientierte* ästhetische Erziehung, die ein „offenes Lernangebot" beinhaltet, das die Bildende Kunst zunehmend als Erkenntnismittel und Aneignungsform sowie als Ausdrucksmittel von Wirklichkeit in den Unterricht einbeziehen will (vgl. BÖHM S. 355 ff.).

In der Fachliteratur sind ganze Kriterienkataloge vorzufinden, was Leistungssoll von Kunstunterricht und ästhetischer Erziehung anbetrifft. Es wird differenziert in Teil- und Vorziele, in Richtziele, die in der Mitte von allgemeinen Erziehungs- und Fachzielen liegen und letztlich in Lehr- und Lernziele. Einige Autoren legen den Schwerpunkt auf einzelne Punkte. Witt stellt die Persönlichkeitsentwicklung unter dem individuellen und dem sozialen Aspekt in den Mittelpunkt ihrer Forderungen. Dabei versteht sie es, kognitive, affektive und sensumotorische Orientierung miteinander zu verbinden (vgl. OTTO 1974, S. 126 ff.). Claussen fordert Emanzipation und Aufklärung ebenso wie Halbfas (ebd. S. 130 f.). OTTO selbst legt besonderen Wert auf den kognitiven und den affektiven Bereich (ebd. S. 131 f.).

Nach KOWALSKI (1968) sind folgende didaktischen Ziele des Faches zu verfolgen:

– Vermittlung von sachlichem Können im Bereich der handwerklichen und bildnerischen Inhalte,
– Heranbildung einer Verhaltensweise im Menschen, „die den bildnerischen Bereichen der Welt angemessen ist",
– Verstehen der bildnerischen Absicht und historischen Bedingtheit menschlicher Werke, „um der Gegenwart offen und kritisch gegenüberzutreten",
– Vermittlung von zweckgerichteten Arbeitsmethoden, „die es jedem ermöglichen, den eigenen Umweltbereich nach bildnerischen und anthropologischen Einsichten zu ordnen" (vgl. KOWALSKI S. 90).

GRIMM faßt die Grundintentionen ästhetischer Erziehung im Rahmen von Unterricht folgendermaßen zusammen:

- „Stärkung des persönlichen Ausdrucksbedürfnisses und Ausdrucksvermögens als Chance zu ästhetischer Selbstverwirklichung,
- Bereitschaft und Fähigkeit zu kreativem Tun im Sinne eines selbständigen, lustbetonten Umgangs mit bildnerischen Medien als Einstieg in ein aktives Kulturverhalten,
- Differenzierung und Intensivierung der Wahrnehmung sowie Sensibilität und Kritikfähigkeit gegenüber den Erscheinungen der Umwelt und den in ihr agierenden Mitmenschen als den Voraussetzungen einer wachen Teilhabe am Umweltgeschehen,
- Erfahrung der Veränderbarkeit vorgegebener Materialien und Verfahren als Trainingsfeld zur Einflußnahme (im Sinne der ästhetischen Artikulation eigener Interessen),
- Begegnung mit Werken der Bildenden Kunst als Modellfälle ästhetischer Wirklichkeitsverarbeitung,
- Erlernen und Einüben eines fachsprachlichen Grundvokabulars zur genaueren Verständigung über ästhetische Sachverhalte,
- Kooperationsbereitschaft und partnerschaftliche Einstellung bei der gemeinsamen Arbeit als Grundformen sozialen Verhaltens" (zit. nach v. CRIEGERN 1982, S. 84).

Gemeinsam ist vielen Kriterienkatalogen, daß sie wesentliche Bereiche der Persönlichkeitsbildung umfassen. Diese steht beim Kunstunterricht, zumal in der Sekundarstufe der Schule an einer kinder- und jugendpsychiatrischen Einrichtung, wohl in vorderster Reihe. Die Forderungen der Didaktiker gehen im allgemeinen von schon vorhandenen Anlagen der Schüler aus. Damit soll an etwas angeknüpft werden, was gar nicht oder kaum vorhanden ist. Nicht vergessen werden sollten dabei jedoch die fachspezifischen Aspekte, wie z. B. das Gewinnen von Einsichten in bildnerische Zusammenhänge und das Kennenlernen sowie Anwenden technischer und ästhetischer Mittel. Alle Komponenten stehen in enger Beziehung zueinander, so daß das eine ohne das andere nicht möglich ist. Ändern läßt sich lediglich die Gewichtung. Ausgehend von einer „Pädagogik vom Kinde aus" gibt das Klientel der oben genannten Einrichtung die Gewichtung vor. EUCKER (1980) merkt hierzu an: „Ästhetische Praxis, die auf die Darstellung/Gestaltung von Inhalten / Themen / Gegenständen gerichtet ist, erfaßt diese mit technischen und ästhetischen Mitteln und Zugriffsweisen. Sie erschöpft sich dann nicht in Materialerfahrung, vermittelt aber auch diese, reduziert ästhetisches Verhalten nicht auf das technisch Handwerkliche, lehrt aber auch dieses, begnügt sich nicht mit Strukturierungsübungen an sich, sondern strukturiert Inhalte" (EUCKER/KÄMPF-JANSEN S. 31).

Der Vielfalt in den genannten Zielkatalogen entsprechen die Vorschläge der Didaktiker zur praktischen Durchführung. Am Beispiel KOWALSKIS soll dies erläutert werden. Er zeigt, wie Methoden der Darbietung und Erarbeitung aus der Zielvorstellung und der Problemstellung erschlossen werden können. Wichtig ist bei der Erarbeitung eines Problems, ob es im Gespräch im voraus erarbeitet wird oder durch praktisches Arbeiten überhaupt erst kennengelernt werden soll. KOWALSKI kommt zu dem Ergebnis, daß diese Frage „letztlich vom Fingerspitzengefühl des Lehrers und seinem Verhältnis zur Klasse" abhinge und nicht grundsätzlich erörtert werden könne: „Immerhin hilft die Vorstellung, daß es reine Darbietungsformen gibt, an denen sich der Lehrer orientieren kann". In der Folge schildert er diese Darbietungsformen:

– ganzheitlich - analytisch - reduzierend
– elementhaft - synthetisch - produzierend
– problemhaft - dialogisch - in- oder deduzierend

Durch die Entscheidung für eine der Darbietungsformen meint KOWALSKI das Schülerverhalten beeinflussen zu können. Dieses ist dann schöpferisch, experimentell oder lernaktiv. „Das Verhalten des Schülers muß sowohl mit der Darbietungsform als auch mit der Problem- und der Zielvorstellung abgestimmt werden, denn mit der Wahl einer Darbietungsmethode ist noch nichts über die Arbeitsform ausgesagt". Im Zuge der Schilderung von Methoden der Unterrichtsführung schildert KOWALSKI in der Folge die Verlaufsplanung einer Stunde mit ihren verschiedenen Phasen.

Zusammenfassend kann gesagt werden, daß sich die Kunstdidaktiker punktuell mit auftauchenden Problemen auch in der Nähe unseres Zusammenhangs befassen. Diese sind aber meist methodischer oder organisatorischer Art. So rät KOWALSKI etwa, der Lehrer möge „planend eingreifen, drängen, abbrechen, wenn die Schüler zum Ende kommen sollen" (KOWALSKI S. 143 ff.). Ansonsten wird immer wieder auf die Situationsbedingtheit verwiesen, was sicherlich so richtig wie falsch ist, solange nämlich ungeklärt bleibt, wonach sich die Situationsbedingtheit bemessen soll.

Gemeinsam ist allen Kunstdidaktikern, daß sie lernwillige, aufmerksame und aktiv mitarbeitende Schüler voraussetzen. Die Grundlage vorliegender Theorien bildet also ein „normaler", dem Lernangebot optimal zugewandter Schülertyp. Aus diesem Grunde greifen die kunstdidaktischen Vorschläge im Unterricht mit psychisch auffälligen oder kranken Schülern nur selten bzw. unvollständig. Keiner der Autoren äußert sich zum Problem einer passiven, schweigenden, aber geistig präsenten Schülergruppe. Es muß demnach ein neuer, theoretisch zunächst wenig abgesicherter Weg gesucht werden. Fraglich ist, ob es sich beim Untersuchungsgegenstand um eine Konfliktsituation im herkömmlichen Sinne handelt, denn wo es keinen offenen Konflikt und somit kein sichtbares Problem gibt, kann auch keines gelöst werden, zumindest nicht mit den uns üblicherweise verfügbaren Mitteln.

## 3. Allgemeine Pädagogik und das Disziplinproblem

Da mit dem genannten Problem auch die Allgemeine Pädagogik befaßt ist, soll die entspechende Literatur dazu befragt werden. Als Beispiel sei hier MOLL-STROBELS Veröffentlichung „Die Problematik der Disziplinschwierigkeiten im Unterricht" genannt. Unter Disziplin wird in der Regel „das geordnete Verhalten der Schüler im Unterricht" verstanden; damit „stellt Disziplin eine notwendige Bedingung für Unterricht und erfolgreiche schulische Sozialisation dar" (MOLL-STROBEL 1983, S. 1). Folgt man dieser Linie, dann müßten schulische Sozialisation der Schülerpatienten und Unterricht sehr erfolgreich gewesen sein, zumal die Ergebnisse nichts zu wünschen übrigließen. Die genannte Situation ist somit nicht in das Problem der Disziplinschwierigkeiten in o. g. Sinne einzuordnen. GRELL (1990) überschreibt seinen Artikel in MOLL-STROBEL mit „Halt den Mund, sonst fliegst du raus!" (a.a.O., S. 82). Dies veranschaulicht karikierend, daß der Lehrer nicht für etwas bestrafen kann, das nicht getan wurde. Schüler können nicht aus dem Unterricht entfernt werden, weil sie schweigen! Der Aspekt des Strafens kann hier nicht erörtert werden, ist aber in jedem Fall zu hinterfragen. In ihren „Unterrichtsrezepten" sprechen J. und M. GRELL von der „Anbrüll-Stille", die auf Anbrüllen folgt. In der beschriebenen Lerngruppe meiner Klasse wurde niemals ein solches „Rezept" zur Herstellung von Ruhe benötigt. Ein anderer Aspekt erscheint mir wichtig. Es ist die Grundannahme, „daß ich mit der Stimmung, die ich als Lehrer aussende meine Schüler unmittelbar anstecke" (GRELL S. 31). Könnte dies heißen: Wenn ich in die Klasse schweige, dann schweigt sie zurück? GORDON schildert Schüler, die hartnäckigen Widerstand, geringe Motivation, schwache Konzentration, unerklärliches Desinteresse und oft unverhüllte Feindseligkeit zeigen. Dieser Lernverweigerer-Typ lag in meinem Falle nicht vor. Die Reaktionen des Lehrers dürften aber dennoch den von GORDON geschilderten nahekommen. Er spricht von dem „Gefühl eigener Unzulänglichkeit" und „Hoffnungslosigkeit".

Für Hoffnungslosigkeit gab es in genannter Schülergruppe keine mir zugängliche Veranlassung, eher möchte ich es Ratlosigkeit nennen. GORDON geht davon aus, daß es einen entscheidenden Faktor für erfolgreiches oder erfolgloses Unterrichten gibt, nämlich „ob und wie es dem Lehrer gelingt, eine besondere Beziehung zu den Schülern herzustellen". Damit ist die Qualität der Lehrer-Schüler-Beziehung maßgebend. Dies ist durchaus nachvollziehbar, doch muß zunächst eine Basis für ein solches Beziehungsgeflecht geschaffen werden. Statt Basis könnte auch von einem Ansatzpunkt gesprochen werden, den es zu finden gilt. Schweigen kann eine Schülerreaktion auf Machtausübung sein. GORDON nennt das Verhalten „passiv-aggressiv": „Nach außen hin geben die Schüler nach, aber heimlich widersetzen sie sich. Sie erfinden viele Tricks, um sich beim Lehrer beliebt zu machen; sie stellen sich dumm, erzählen dem Lehrer, was er hören will, lächeln nett, sind immer seiner Meinung, machen Komplimente, heucheln Bewunderung". Jene Schüler unterwerfen sich dem Lehrer. Aber auch dieser Schülergattung war die Klinikschulklientel nicht zuzuordnen, da sie weder nett lächelten, noch sich dumm stellten und schon gar nicht das erzählten, was ich hören wollte, es sei denn, ich sprach sie ganz direkt mit Namen an und zeigte dabei ausdauernde Geduld. GORDON rät dem Lehrer im Dienste des aktiven Zuhörens zu schweigen, - die Schüler schweigen aber bei ihm nicht. So nennt er als Beispiel für einen verschlüsselten Code sogar folgendes: Der Schüler fühlt „Enttäuschung über das Resultat einer gestellten Aufgabe im Kunstunterricht", sagt aber „Ich hasse Kunst - das ist was für Mädchen". Hier wird ebenfalls gesprochen, wenn auch nicht das tatsächlich Gemeinte. In der Klinikschule sprachen die Schüler jedoch lange Zeit wenig, weder das Gemeinte noch etwas Verschlüsseltes. Schwieg ich nun auch, dann konnte es sein, daß minutenlang überhaupt nichts geschah, bis ein Schüler mein Verhalten hinterfragte. Die Lehrerrolle wurde zunehmend zu der eines vorsichtigen Provokateurs. Hier setzte ich mein Angebot praktischer Arbeit ein, das so an besonderer Bedeutung gewinnen konnte.

## 4. Kunstunterricht als Orientierungsangebot

Ästhetische Praxis beschäftigt sich mit Wahrnehmen und Erkennen. Der Ausdruck „Sich-ein-Bild -von-etwas-machen" kann hier im wörtlichen und übertragenen Sinne verstanden werden. Der künstlerisch Tätige kann sich ein Bild vom Ist-Zustand machen oder aber von dem gewünschten Zustand. Hieraus wird ein Gegenwarts- und ein Zukunftsaspekt von allem Tun ersichtlich. Montessoris These benennt diesen Gedanken: „Um die Zukunft aufzubauen, muß auf die Gegenwart achtgegeben werden" (OSWALD/SCHULZ-BENESCH S. 174). Es gibt keine Zukunft ohne Gegenwart. Es muß im Hier und Jetzt mit Blick auf die Zukunft gearbeitet werden. Der Zukunftsaspekt ist für die Jugendlichen besonders wichtig, da er in enger Verbindung mit Hoffnungen, Wünschen und Zielen steht. Es liegt nahe, daß dies besonders für kranke Kinder gilt.

Der Lehrer muß schon bei der Planung des Unterrichts die Subjektivität des Schülers berücksichtigen. Hier spielen Wünsche, Ängste, Lust, Unlust, spezielle Barrieren und Neigungen des Schülers eine Rolle. Der Lehrer selbst wird von subjektiven Erwägungen beeinflußt. In der pädagogischen Situation treffen nun die Subjektivität des Lehrers und die des Schülers unter unterschiedlichen Vorzeichen aufeinander. Beide Seiten sind der Subjektivität des anderen ausgeliefert, sie beziehen sich beide auf dieselbe Sache, wozu soziale Interaktion nötig ist.

Das „Sich-ein-Bild-von-etwas-machen" ist damit dem subjektiven Empfinden untergeordnet. Der Schüler macht sich von etwas ein Bild, das zum einen vom Lehrer vorgegeben ist und zum anderen von jemand anderem (also u.a. auch dem Lehrer) subjektiv anders erfaßt werden kann, als es gemeint ist. Gleichzeitig gibt der Schüler durch das Umsetzen seines geistigen Bildes in ein Konkretes, Faßbares, Einblicke in seine subjektive Weltsicht bzw. in seine Wünsche. Dadurch kann der Lehrer einen Zugang zur Welt des Schülers finden. Diese Welt ist eine momentane, aktuelle Realität des Subjekts Schüler. Der Kunstunterricht in der Schule der Kinder- und Jugendpsychiatrie sollte sich folglich am Aspekt der Wirklichkeit orientieren, nämlich an dem Produkt und dessen Entstehung.

In der zitierten Grimm'schen Auflistung wird das Thema „Wirklichkeit" ebenfalls angesprochen. Sie scheint ein wichtiges Element der Kunstdidaktik zu sein. KOWALSKI (S. 11 ff.) und PFENNIG (1970, S. 75 ff.) verfolgen den Umgang mit der Wirklichkeit über die gesamte Kunstgeschichte hinweg. KOWALSKI geht dabei vom Kunstbegriff des Mittelalters aus, der auf Platon und Aristoteles gründet, der über die Renaissance und den Manierismus bis hin ins 20. Jahrhundert nachvollziehbar wird. Er endet mit HEIDEGGERS Kunstauffassung, die besagt, daß Kunst das 'ins Werk setzen der Wahrheit' sei. ADORNO hingegen ist der Meinung, daß „der künstlerischen Tätigkeit ... ein schlechtes Gewissen" anhafte, und „sie werde unernst im Angesicht der Realität, die übermächtig wird und nicht mehr im visionellen Bereich bewältigt werden kann". In der Zusammenfassung stellt KOWALSKI fest, daß die Ansichten über das Verhältnis von Natur und Kunstwerk stets sich wandelnden Gesichtspunkten unterliegen. Die Kunstwerke sind immer in ihrer historischen Eingebundenheit verhaftet „und nur soweit verständlich, als ihre Gehalte im Denken der Gegenwart unmittelbare Wirkung haben" (S. 26).

STAGUHN (1967) stellt fest, daß der Künstler sein „In-der-Welt-sein ... zu begreifen" sucht. Der Künstler kommt zu einer Erkenntnis über das gelebte Leben im Gegensatz zur objektiven, wissenschaftlichen Erkenntnis. „Menschliches Sein, einschließlich der zentralen religiösen und weltanschaulichen Problematik des Lebens, bezogen auf die Gemeinschaft und von ihr bestimmt, abhängig von der Welt und auf sie mit dem ganzen Sein eingestellt, ist der eigentliche Inhalt der Kunst. Diesen Inhalt dem Schüler zu erschließen und ihn so weit zu führen, daß er sich später das Kunstwerk selber erschließen kann, indem er sich seiner auslösenden und anregenden Wirkung stellt, ist das erste Ziel aller Erziehung zu Kunst" (STAGUHN S. 305).

Im Ergebnis kann von zwei „Wirklichkeiten" gesprochen werden, einer „äußeren" und einer „inneren". Die äußere Wirklichkeit ist die Aussage von Kunst in ihrem historischen Kontext, die von einer Mehrheit Beurteilender oder maßgeblichen Instanzen bestimmt wird. Die innere Wirklichkeit ist die subjektiv empfundene eines jeden Einzelnen. Künstlerisches Schaffen kann einen Zugang zur Wirklichkeit herstellen. Wirklichkeit kann subjektiv erfahren werden. So kann Kunst mögliche Wege aufzeigen, die zur „inneren subjektiven Wirklichkeit" des Schülers führen könnten. Diese „Wirklichkeit" und die Wege dorthin gilt es für den Lehrer - besonders an einer Institution wie der Klinikschule - zu finden. Der Lehrer sollte sich hier jedoch stets darüber im Klaren sein, daß diese „Wirklichkeiten" des Schülers vielschichtig und wechselnd sind, zumal wenn es sich um die Klientel einer Kinder- und Jugendpsychiatrie handelt. Gelingt es, diese Wege zu erkennen und adäquat zu handeln, so kann ein solches Angebot dem Schüler Orientierungshilfe für den Umgang mit realen Gegebenheiten sein. Dies muß stets in Übereinstimmung mit dem Therapiekonzept stehen, und macht Kooperation unter allen beteiligten Helfern unabdingbar. Ist Kooperation nicht gegeben, so kann das Aufspüren der Wege geradewegs in einer Sackgasse enden. Die Wege sollten niemals als Einbahnstraßen gesehen werden, sie können zuweilen auch einem Irrgarten gleichen. An dieser Stelle ist auf entsprechende Supervisions- oder Balintgruppen mit ihrem klärenden, das Lehrerhandeln verbessernden Auftrag zu verweisen, deren Funktionen hier aber nicht zu erörtern sind. Die Wege können sehr versteckt sein und verlangen dem Lehrer besondere Sensibilität ab, denn oftmals blitzt eine Zugangsmöglichkeit nur kurz auf und verschwindet dann für lange Zeit wieder.

Interdisziplinäre Arbeit ist nicht nur in Form von Kooperation zu leisten, sondern verlangt auch vom Lehrer eine Annäherung, die über die „bloße" Lehrerrolle hinausgeht. Es gibt Situationen, in denen er über seine vielfältigen Sekundärrollen hinaus mitunter auch therapeutische Grundqualifikationen benötigt. Der Lehrer im Fach Kunst könnte aufgrund der kunstunterrichtsspezifischen Möglichkeiten davon profitieren.


## 4.1 Anmerkungen zur Kunsttherapie

Kunsttherapie will die Fähigkeiten des Menschen darin fördern, „eigene Probleme kennenzulernen und dazu beizutragen, problemlösende Entwicklungsmöglichkeiten aufzuzeigen." Dazu bedient sie sich verbaler, averbaler und vorsprachlicher Mittel. Durch künstlerische Tätigkeit, also mit zeichnerischem, malerischem und plastischem Ausdruck   sollen emotionale Ausdrucksmöglichkeiten erfahren, geübt und der eigenen Persönlichkeit innerlich zugänglich gemacht werden. Therapie durch Kunst mißt dem gestalterischen Prozeß, wie der entstandenen Form, als auch dem Inhalt eines Bildes Bedeutung zu. Aus den vom Künstler des Bildes zu diesem vorgebrachten Assoziationen ergeben sich Hinweise auf dessen bisherige innere Entwicklung, seine noch ungenutzten Entwicklungsmöglichkeiten, sowie "Eigenarten der betreffenden Persönlichkeit, ihre Konfliktlage und ihre Interessenbereiche". So kann der kreative Prozeß „dazu beitragen, Wünsche, Ängste und Phantasien in einem sicheren Rahmen auszuleben, dabei einerseits emotionale Konflikte lösen und andererseits Selbsterkenntnis- und Persönlichkeitsentfaltung fördern" (DREIFUSS-KATTAN, 1986 S. 11). Mit dieser Skizze soll die Grenze zwischen Kunsttherapie und im weiteren Sinn pädagogischen Verfahren abgesteckt sein.

## 4.2 Pädagogische Kunsttherapie

RICHTER unterscheidet vier Formen pädagogischer Kunsttherapie unter Verwendung „ästhetischer Mittel in therapeutischer Absicht unter Einbeziehung der Adressaten":

1. die *curricular organisierbaren* Aktivitäten, d.h. pädagogisch-therapeutische Maßnahmen, die im Rahmen von Schulunterricht stattfinden können,
2. die *extracurricularen* Aktivitäten, also die Vorhaben, die noch innerhalb der Institution Schule stattfinden, aber außerhalb des curricular vorgeschriebenen Unterrichts (in Arbeitsgemeinschaften, Kursen o.ä.) ablaufen,
3. die *außerschulischen, sozialpädagogischen* Aktivitäten. Zu dieser dritten Gruppe von Vorhaben sind alle jene Aktivitäten zu rechnen, die außerhalb der Schule in sozialpädagogischen Einrichtungen und unter Supervision von Sozialpädagogen/Psychologen stattfinden,
4. der *kunsttherapeutische (im psychologischen Sinne)*, neuerdings auch 'gestaltungstherapeutisch' (FRANZKE) oder 'kreativtherapeutisch' (PETZOLD) genannte Bereich, in dem 'kreative Arbeitsweisen' psychologisch/psychotherapeutisch/psychiatrisch genutzt werden.

Die ersten drei Formen „von therapeutischen Aktivitäten mit ästhetischen Mitteln im pädagogischen Feld" können nicht isoliert nebeneinanderstehen, sondern weisen Übergänge auf. Alle drei Arbeitsgebiete haben jedoch die Gemeinsamkeit einer pädagogischen Ausrichtung (RICHTER 1984, S. 17). Als Lehrer für Kunst in der Klinikschule bewegt man sich vorwiegend innerhalb der erstgenannten Form. Die ästhetische Erziehung ist abhängig von „den kunsttheoretisch/kunstgeschichtlich aufbereiteten Inhalten (Stoffen), die sie den Heranwachsenden vermitteln soll, und von den Feststellungen über die Ziele von Erziehung und Bildung, die ihr von der Allgemeinen Pädagogik vorgegeben werden. Da Inhalte und Ziele ... in einen Begründungszusammenhang gebracht werden müssen, läßt sich von dieser Ebene als von der kunstpädagogischen Ebene sprechen" (a.a.O., S. 13).

## 4.3 Kunsttherapeutische Pädagogik

Mit diesem Begriff versuche ich meine Intentionen wiederzugeben. Kunstunterricht und -pädagogik in der Schule an einer Kinder- und Jugendpsychiatrie sollte sich kunsttherapeutischer Elemente bedienen, um zur inneren Wirklichkeit des einzelnen Schülers zu finden. Auf dieser Basis sollte Unterricht möglich werden. Kreative Arbeitsweisen könnten auf diese Weise unterrichtlich genutzt werden, nicht nur im Kunstunterricht, sondern im Unterricht allgemein.

KOBI schreibt, klinischer Unterricht gehe „primär von den gestörten Fähigkeitsbereichen ... und nicht nur von einem vorbestimmten Lehrplan oder einem Curriculum .... aus". „Der Schulstoff ist nicht Zweck, sondern Mittel ...", um Fähigkeiten zu entwickeln und die Koordination und die notwendigen Umsetzungen zwischen den einzelnen Bereichen - Sprache, Motilität, Perzeption, Kognition, Soziabilität - zu fördern und zu entstören. Für ein 'clinical teaching' ist, im Unterschied zum konventionalen Unterricht, nicht die Frage maßgebend, was von der vorhandenen Stoffhülle als von der Sache her unabdingbar zu gelten hat und daher durchgenommen werden muß, sondern die Frage, welche Stoffe (Materialien, Unternehmungen etc.) geeignet sind ...". „Durchgehende, d.h. nicht mehr nach Fachprinzipien geordnete Aktivitäten wie: 'Soziale Interaktionen', 'Transferieren', 'Motivationen verfolgen', 'Visualisierung und Verbalisierung von Wahrnehmungen und Vorstellungen" usw. nehmen einen zentralen Platz ein. Daraus folgt eine ungewohnte „Hierarchie im Stoffangebot: Zeichnen, Erzählen, Gebärden, Spiel etc. erhalten eine Vorrangstellung gegenüber den traditionellerweise als wichtig erachteten Schulfächern, so lange und so weit mindestens, bis jene Beziehungen zwischen Stoff und Basisfunktionen entwickelt sind, auf die ein konventioneller Unterricht sich abstützen muß" (KOBI, in RICHTER, S. 127).

Die Rede ist von einem therapeutischen, klientenzentrierten Unterricht, der aus den Umständen heraus erforderlich wird. Das eingangs erörterte Problem von Passivität und Schweigen kann in jeder anderen Schulart vorkommen. Erfahrungsgemäß ist dem jedoch nicht so. Die Schüler der Schule an der Kinder- und Jugendpsychiatrie antworteten sehr wohl, jedoch nicht spontan, sondern überaus kontrolliert, nach langer Bedenkzeit. Aus diesem Grunde ging ich dazu über, die verbalen Phasen relativ kurz zu halten und die praktischen Phasen auszudehnen. Gerade dabei ergab sich das Problem des Schweigens nicht. Wenn die Schüler nicht weiterkamen, so fragten sie mich; möglicherweise benutzten sie einen konkreten Gegenstand, um sich daran für ihre Kontaktaufnahme förmlich festzuhalten. Schon bald entwickelte sich dann das Gespräch langsam vom Unterrichtsinhalt weg, hin zu allgemeinen Lebensfragen.

Sehr oft wurde ich nach meiner Meinung und nach meinen Erfahrungen gefragt und auch ganz direkt: „Was würden sie machen, wenn ...". So wollten die Schüler z.b. von mir wissen, was ich an Weihnachten machen werde. Vermutlich wollten sie selbst danach gefragt werden, um daran eine weitere Frage anzuknüpfen, nämlich, was ich an ihrer Stelle machen würde, in der Klinik bleiben oder nach Hause gehen. Weitere Gesprächsthemen waren naheliegend, so die der Berufswahl, des Verhältnisses zum anderen Geschlecht und Fragen des Geschmacks. Diese Gesprächsthemen schienen die Schüler schon mitgebracht zu haben, um sie während unseres ritualisierten Anfangsgespräches zu erwähnen, oder aber sie entstanden aus dem aktuellen Unterrichtsgegenstand heraus, etwa aus der Besprechung einer Künstlerbiographie oder bei Bildbetrachtungen. Diese zunehmende Offenheit mag auch mit meiner Rolle als Fachlehrerin in Zusammenhang gestanden haben. Meine Anwesenheit war auf eine Doppelstunde in der Woche begrenzt. Aus der Sicht der Jugendlichen war ich somit nicht eine von „denen", die sie ständig mit sich selbst und ihren vermeintlichen Fehlern konfrontierte. Es schien keine Gefahr für sie zu bestehen, daß ich alles an „diese Therapeuten" weitergeben könnte. So war es möglich, daß sie einen kleinen Teil ihrer Last bei mir abluden; ich nahm sie mit und bewahrte sie bei mir auf. Und manche Last gab ich, geklärt und verarbeitet, vorsichtig auch wieder zurück, indem ich die Schüler daran teilnehmen ließ, wie mich ihre Themen anregen und zu beschäftigen vermögen.

Die überschaubare Gruppengröße mag mit ein Grund für das Verhalten gewesen sein. Üblicherweise sind Lehrer und Schüler in der Klinikschule permanent und unmittelbar miteinander konfrontiert. Für die Schüler könnte das Schweigen die einzige Rückzugsmöglichkeit gewesen sein, oder sie äußerten auf diese Weise Angst: Angst vor dem Versagen, vor der Konfrontation mit dem Gegenüber und dadurch mit sich selbst, mit den eigenen Schwächen. Wenn ich durch das Senken des Blicks verhindere, angesprochen zu werden, so kann man mir auch nicht zu nahe kommen, und ich muß nichts von mir offenbaren. Viele der Schüler befinden sich in der Klinik, weil sie Schwierigkeiten der Kontaktaufnahme und -pflege haben. Der Umgang mit der Wirklichkeit, die durchdrungen ist von Beziehungsgeflechten, fällt ihnen schwer und wird mitunter unmöglich. In gravierenden Fällen wird die Wirklichkeit verkannt, so daß eine von der äußeren, vollkommen losgelöste, eigene innere Realität entsteht, die mit der der Mitmenschen nichts mehr zu tun hat. Es besteht keine Gemeinsamkeit im subjektiven Empfinden der Wirklichkeit mehr, so daß ein „gemeinsamer Nenner" nicht zu finden ist. Dieser gemeinsame Nenner kann im Fach Kunst über das Mittel Kunst gefunden werden, wodurch die Kommunikation in Gang kommt. Über Kunst können die Schüler zeigen, was sie bewegt und wo sie mit ihren Gedanken sind. Der Lehrer muß solche Angebote wahrnehmen, auch wenn sie oft sehr versteckt gemacht werden. Entgeht ihm eine solche

Möglichkeit oder ignoriert er sie, z. B. weil sein Unterrichtskonzept nicht mit einer solchen Unterbrechung übereinstimmt, so kann dies den gesamten Unterricht des Tages und zum Teil weit darüber hinaus wieder in die Ausgangssituation zurückwerfen. Erkennt er ein solches Angebot jedoch, dann bekommt er Einblicke in die Welt und momentane Verfassung der Schüler. Auf dieser Grundlage kann Unterricht in einer Klassengruppe der Klinikschule der Kinder- und Jugendpsychiatrie zu einer fruchtbaren und befriedigenden Angelegenheit für beide Seiten werden. Im Rahmen meiner Erfahrungen war es auffallend, daß es niemals Probleme bereitete, wieder zum Unterrichtsinhalt zurückzukehren, selbst dann nicht, wenn ich dies bewußt durch Unterbrechung des Gesprächs herbeiführte. Die Schüler schienen jetzt auch erstmals untereinander Gemeinsamkeiten entdeckt zu haben, die auf ihrem Aufenthalt in der Institution beruhten. Nun waren sie in der Lage, miteinander zu sprechen und einander Hilfe zu geben. Wichtiger noch war, daß sie begannen, Hilfe anzunehmen und diese nicht abzublocken.

Im Unterricht lief dieser Veränderungsprozeß in einer bestimmten Sequenz ab: Zunächst durfte ich den Schülern konkret an ihrem Werk oder an der Tafel zeigen, was zu tun war. Dies führte vorübergehend zu Unsicherheiten auf beiden Seiten. Die Schüler forderten auch hier meine Hilfe kaum direkt ein, eher versteckt. Interpretierte ich ein Verhalten falsch und gab Hilfe, obwohl diese nicht erwünscht war, so zog sich der Schüler wieder in sich zurück und arbeitete still bis zum Ende der Stunde weiter. War Hilfe jedoch erwünscht, so wurde der Arbeitsprozeß sehr bereichert.

Bewußt plante ich nun Sequenzen ein, die die gemeinsame Arbeit aller Schüler erforderten. Die kognitive Ebene konnte bei der Bewältigung der aufkommenden Gefühle von Unsicherheit und daraus entstehenden Abwehrhaltungen gut angesprochen werden, so daß wir uns Gedanken darüber machen konnten, was denn schon Schlimmes passieren könnte, wenn man miteinander arbeitet und welche Vorteile dies andererseits hätte, also z.B. Zeitersparnis, weil ansonsten jeder einzelne Schüler warten müßte, bis ich ihm zur Verfügung stünde. Allerdings habe ich jedoch niemals nach dem „Warum" für solche Ängste gefragt. Dies einzulösen schien mir außerhalb meiner Kompetenz zu liegen. Hier wäre die Nähe zum therapeutischen Bereich allzu groß geworden und hätte entsprechender Erfahrung bzw. Vorbildung bedurft. Dennoch bieten im Fach Kunst Teile des kunsttherapeutischen Ansatzes Möglichkeiten, Zugang zu den Schülern zu finden. Der Lehrer sollte jedoch nicht vergessen, welche Funktion er innerhalb des Gesamtrahmens Kinder- und Jugendpsychiatrie übernimmt, daß er nämlich die Institution Schule verkörpert und nicht die Institution Klinik mit ihren therapeutischen Angeboten. Hilfe geht in jedem Fall individuelle Wege, wozu es der Kooperation sämtlicher am Heilungsprozeß Beteiligter bedarf. Hierzu zählt auch der Lehrer, da er wertvolle Beobachtungen macht, die mit den anderen professionellen Helfern ausgetauscht werden sollten. Auf dieser Grundlage kann dann sein „Hilfs-Konzept" entstehen und verwirklicht werden, das ständiger Überprüfung bedarf. Trotz dieser Gewichtung und Zuordnung therapeutischer Angebote im klinischen Bereich bleibt doch das Nachdenken über zusätzliche therapeutische Qualifikationen des künftigen Kliniklehrers. Da dies bisher nicht gegeben ist, besteht die Gefahr, daß wertvolle Momente und Situationen für Interventionen verstreichen, die möglicherweise nie mehr oder erst weit später wieder in dieser Form auftreten. Der Aufenthalt in der Klinik könnte sich so unter Umständen unnötig verlängern. Die Funktion der Therapeuten und Ärzte soll durch diese Forderung keinesfalls angezweifelt werden. Die wesentlichen Aufgaben des Lehrers bleiben Wissensvermittlung und Erziehen, nicht die des Therapierens. Dennoch sollte seine Stellung innerhalb des therapeutischen Settings überdacht und eventuell neu festgelegt werden.

## 5.  Zusammenfassung

Kunstunterricht kann wesentlich zu dem angestrebten Prozeß der Genesung der Schülerpatienten beitragen und über die bloße Wissensvermittlung hinaus durch besondere Zugangsweisen über das „Mittel" Kunst Berührungsängste abbauen und Sozialverhalten fördern. Im Kunstunterricht hat der Jugendliche die Möglichkeit, seine Fähigkeiten auszudrücken und sein Selbstwertgefühl zu stärken. Der Lehrer kann seinerseits dem Schüler Erfolgserlebnisse vermitteln, indem er ihn besonders auf seine Stärken hinweist und diese fördert. Der Kunstunterricht unterscheidet sich wesentlich von anderen Fächern. Es stehen nicht alleine kognitive Fähigkeiten im Vordergrund, es gibt nicht immer ein „Richtig" oder „Falsch". Dies gibt Freiheiten, bedarf aber auch starker Strukturierung, da die Schüler sonst weiter verunsichert werden und ihre psychischen Probleme eher zunehmen. Beim praktischen Arbeiten ist verbaler Kontakt nicht unbedingt nötig, was sich bei der wenig kommunikativen Schülerklientel der Sekundarstufe einer Kinder- und Jugendpsychiatrie als hilfreich erwies. Darüberhinaus kann Kunstunterricht den Umgang mit Kritik vermitteln, genauer, Kritik überhaupt erst möglich machen. Dieser Bereich ergab ein weiteres Problemfeld, da Kritik an den Arbeiten letztlich immer auch Kritik an der Persönlichkeit Schüler bedeutet, die bei Schülerpatienten sehr labil ist. Gleichzeitig verlangen sie ausdrücklich nach einer Beurteilung ihrer Arbeit, was mit der Suche nach Orientierung zusammenhängt. Ihre Suche nach einem Standpunkt ist zugleich die Suche nach dem Standort in der Gruppe - und diese ist eine kleine Gesellschaft. Kritik auszuüben und Kritik empfangen zu können muß wieder erlernt, bei manchen Schülern neu erfahren werden, ebenso das Geben und Empfangen von Hilfe. Beides ist ein Prozeß, der sich über einen längeren Zeitraum erstreckt.

Die Begründung für eine Unterscheidung zwischen pädagogischer Kunsttherapie und kunsttherapeutischer Pädagogik mag schwierig sein, ist u. U. sogar nur bedingt schlüssig mit Argumenten zu vertreten. In der Schulpraxis des Alltags boten sich immer wieder Situationen, wo die Identität mit pädagogischem Handeln über konkrete Angebote im Unterricht so sehr im Vordergrund stand, daß weitergehende Interventionen mit dem Ziel Zusammenhänge zu erforschen und damit Fernerliegendes aufzugreifen, nicht in Frage kamen. Es gehört zu den wesentlichen Erkenntnissen der halbjährigen Unterrichtstätigkeit, diese skizzierte Unterscheidung zunehmend als methodisch interessant, inhaltlich zu ergründen und spannend im Alltag mit den Schülern erkannt zu haben.

## 6. Literaturangaben

BÖHM, W.: Wörterbuch der Pädagogik. Stuttgart 1988.

CRIEGERN V., A.: Handbuch der Ästhetischen Erziehung. Stuttgart, Berlin, Köln, Mainz 1982.

DREIFUSS-KATTAN, E.: Praxis der klinischen Kunsttherapie: mit Beispielen aus der Psychiatrie und aus der Onkologie. Bern, Stuttgart, Toronto 1986.

EUCKER, J./KÄMPF-JANSSEN, H.: Äthetische Erziehung. München, Wien, Baltimore 1980.

GORDON, T.: Lehrer - Schüler - Konferenz. Wie man Konflikte in der Schule löst. 6. Aufl. München 1993.

GRELL, J. und M.: Unterrichtsrezepte. Weinheim, Basel 1990.

KOWALSKI, K.: Praxis der Kunsterziehung. Didaktik und Methodik. Stuttgart 1968.

MOLL-STROBEL, H. (Hrsg.): Die Problematik der Disziplinschwierigkeiten im Unterricht. Darmstadt 1983.

OSWALD, P./SCHULZ-BENESCH, G. (Hrsg.): Maria Montessori. Das kreative Kind. Der absorbierende Geist. 9. Aufl. Freiburg, Basel, Wien 1992.

OTTO, G.: Didaktik der Ästhetischen Erziehung. 1. Aufl. Braunschweig 1974.

PFENNIG, R.: Gegenwart der bildenden Kunst. Erziehung zum bildnerischen Denken. Oldenburg 1970.

RICHTER, H.-G.: Pädagogische Kunsttherapie. Grundlegung, Didaktik, Anregungen. 1. Aufl. Düsseldorf 1984.

STAGUHN, K.: Didaktik der Kunsterziehung. Frankfurt a. M., Berlin, Bonn, München 1967.

# Marie-Louise Funk

# Pfade zum Unterricht mit autistischen Kindern

## 1. Einleitung

Mein Interesse an einer Auseinandersetzung mit dem Problem des Autismus war durch eine Exkursion zu sonderpädagogischen Einrichtungen in Wien geweckt worden. Ich erfuhr damals von Spezialklassen für autistische und teilleistungsgestörte Kinder in einer Schule. Dort konnte ich dann ein halbes Jahr später, im Verlauf eines Praktikums, eigene Erfahrungen sammeln*. Zuvor hatte ich einige, von Autisten verfaßte, Bücher gelesen und fühlte mich von diesen, mir fremden Kindern und Jugendlichen nachhaltig angezogen. Ich war gespannt und neugierig, wie in einer Schule für autistische Kinder gearbeitet werden würde, mit Kindern also, bei denen viele Voraussetzungen für normalen Unterricht fehlen.

In der vorliegenden Arbeit wird von einer persönlichen Annäherung die Rede sein. Die theoretischen Überlegungen sind im wesentlichen an psychoanalytischen Ansätzen wie jenen von B. BETTELHEIM, M. MAHLER und F. TUSTIN orientiert. Diese Sichtweisen sind mir bedeutungsvoll geworden, da sie Verständnis für das autistische Kind vermitteln, dessen Bedürfnisse und Ausdrucksformen zu analysieren versuchen, nicht wegtrainieren, sondern psychischen Sinn ergründen möchten. Die Achtung vor dem Kind in konkreten pädagogischen Zusammenhängen ist in keinem Ansatz so deutlich vertreten , wie in dem praktisch gut nachvollziehbaren BETTELHEIMS. MAHLER liefert sowohl wertvolle Beobachtungen über die normale als auch die pathologische Entwicklung des Säuglings. TUSTINs herausragende Leistung liegt im Bereich der echten und der autistischen Objektbeziehungen sowie in der Bedeutung taktiler Empfindungen. Alle drei Autoren sind relevant für mein pädagogisches Verständnis, aber sie erfordern zugleich Übersetzungsarbeit für mein Handeln als Lehrerin.

---

* Für die Bereitschaft, mir über ein Praktikum Einblick in die Arbeit der Projektklassen zu gewähren, bedanke ich mich beim Kollegium der Projektklassen für autistische Kinder der Wiener Heilstättenschule.

Zunächst werden die Besonderheiten autistischer Kinder im Hinblick auf Schule dargelegt; dann berichte ich über meine Arbeitsweise und Erfahrungen in den Wiener Projektklassen und versuche pädagogische Forderungen abzuleiten. Der Unterricht mit autistisch-psychotischen Kindern muß individuell auf diese Kinder und deren Bedürfnisse sowie vorhandenen Fähigkeiten ausgerichtet werden. Insofern unterscheidet er sich vom üblichen Unterricht nicht, prinzipiell allerdings in wesentlichen Nuancen.

Es kommt mir darauf an, meine Überlegungen im Rahmen einer gesamttherapeutischen Institution und im klinischen Bereich vertreten zu sehen; ich betrachte es dabei als unentbehrlich, die Möglichkeit der Reflexion in einer Supervisions- oder Balintgruppe als stärkenden Hintergrund regelmäßig und auf Dauer präsent zu wissen. Mit solcher Vergewisserung steht und fällt die Arbeit mit diesen rätselhaften Kindern.


## 2. Theoretische Grundlagen

Die psychoanalytische Theorie rückt eine ganzheitliche Betrachtungsweise in das Blickfeld ihrer Auseinandersetzungen. Die Psyche mit ihren Bedürfnissen, Antrieben, Interessen, unbewußten Vorgängen und Inhalten stellt dabei wichtige Auseinandersetzungspunkte dar. Es geht in den psychoanalytischen Reflexionen um die psychische Entwicklung und deren Struktur, um Konflikte und deren Verarbeitungsmodi. Innerhalb der Autismusforschung sind die psychoanalytisch begründeten Positionen in der Minderzahl und dazu auch noch umstritten. Gemeinsam ist den von mir ausgewählten Autoren die Grundüberzeugung, daß autistische Störung als eine Form kindlicher Psychose angesehen wird. Psychotische Zustände bei Kindern und Jugendlichen sind als Folgen früher existentieller Bedrohungen und psychischer Beeinträchtigungen, oft Verlusten oder Trennungen zu verstehen, durch die die Entfaltung der seelischen und geistigen Kräfte blockiert wurde. BECKER (1979) weist darauf hin, daß die Psychose aus psychoanalytischer Sicht nicht als festgeschriebener pathologischer Zustand angesehen werden sollte, sondern als Entwicklungstendenz, die „sehr viel mit psychischer Gesundheit auf einem sehr frühen primitiven Entwicklungsniveau zu tun hat".[1] Es kann von einem Regressionsprozeß als Folge einer als übermächtig und bedrohlich erlebten Außenwelt ausgegangen werden, unter Umständen eine Regression auf sehr frühe Ich-Zustände. Dieser Rückzug ist erklärbar aus Gefühlen wie - 'sich aufzulösen', 'in Stücke zu fallen', 'zerstört zu werden' - und er dient dazu, auszuhalten, abzuwehren und zu ertragen. Es geht darum, sich ein Mindestmaß an Wohlbefinden zu sichern. KAUFHOLD sieht den Rückzugsprozeß und die daraus resultierende Regression in der übergroßen Angst des psychotischen Kindes vor der eigenen Vernichtung und in der Unfähigkeit begründet, diese Angst als auch die dazugehörige Aggression in einer sozial akzeptablen Form ausdrücken zu können. [2]

Wichtig in der psychoanalytischen Literatur sind nicht nur die Beziehungsstörungen zur menschlichen und dinglichen Umwelt, sondern auch der Ansatz einer intrapsychischen Beziehungsstörung. Interessant ist dabei die Perspektive, daß die Symptome der Autisten nicht nur als Diagnosemerkmale dienen, sondern symbolhaften Charakter haben können. BETTELHEIM spricht von Lebenserfahrungen, die das Kind zu diesen Symptomen gezwungen haben können und die unter Umständen der einzige und beste Ausweg aus Destruktion gewesen sind. [3] LACAN erkennt den Behinderten sogar als Subjekt seines Wunsches an. [4] Aus psychoanalytischer Sicht kann eine Persönlichkeitsentwicklung nur dann gesund voranschreiten, wenn sich stabile Ich-Strukturen aufbauen können. Ohne den Aufbau von Objektbeziehungen und der Besetzung sowohl des eigenen Körpers als auch der Umwelt mit libidinösen Gefühlen, gelingt dieser Prozeß nicht. Autistische Kinder sind während dieses Prozesses an einer Stelle gescheitert. Und die Ermittlung dieser Stelle gestaltet sich als schwierig.

## 2.1 Überlegungen zu einer Schulform mit psychodynamischer Orientierung

Als oberstes Prinzip für die therapeutische Grundhaltung BETTELHEIMS gilt, daß das Kind selbst die Informationen geben soll, wie ihm geholfen werden kann. Es hängt also vom Kind ab, ob es sich für eine Veränderung seiner Lebensweise entscheidet. Dieser Prozeß kann in der Regel nicht im gewohnten familiären Umfeld geschehen, da in eben diesem auf psychotische Weise der Rückzug des Kindes stattgefunden hat. Es sollte keine aktive Beeinflussung des Kindes geschehen. BETTELHEIM spricht sich auch gegen eine Verbalisation und Deutung von Handlungen aus, denn dadurch würde dem Kind nur (wieder) eine neue Identität übergestülpt , die es selbst weder intendiert noch gebildet hat. Es muß dem Kind eine andere Welt angeboten werden, in der es wieder Verlangen zu entwickeln in der Lage ist, danach, etwas bewirken zu wollen und etwas zu können. Deshalb war das therapeutische Milieu, in dem BETTELHEIM gearbeitet hat, eine den Lebensbereich abdeckende Ganz-Tages-Therapie. In seiner Schule wurde versucht, den Bedürfnissen und Wünschen der Kinder gerecht zu werden. [5] Es soll dem Kind ermöglicht werden, seine Entwicklung bzw. die Phasen, die nicht bewältigt werden konnten, neu zu erleben und nachzuholen, soweit dies möglich ist. Hier setzt Milieutherapie in BETTELHEIMS Sinn ein. Durch eine Rund-um-die-Uhr-Betreuung soll der psychotische Zustand verlassen und die Sicherheit eines „Ich-Gefühls" entwickelt werden. Dadurch soll eine Regression gerade auf die Ich-Zustände ermöglicht werden, die beschädigt worden sind. Es ist unmöglich, der Beziehung Kleinkind-Mutter völlig nahezukommen, doch kann die Milieutherapie allerdings versuchen, sich der Situation des Kleinkindes möglichst anzunähern. [6] Dazu ist es notwendig, sich völlig auf den Zustand des kindlichen Ichs einzustellen.

Hier treten die ersten erheblichen Schwierigkeiten der pädagogischen Übertragbarkeit des BETTELHEIM'schen Konzepts zu Tage. Außer dem therapeutisch ausgerichteten Milieu ist die innere Haltung der jeweiligen Betreuer, auch der Lehrer, von großer Bedeutung für Fortschritte des Kindes. Der Betreuer muß empathisch reagieren und sich auf die Entwicklungsstufe des Kindes begeben können, um es Schritt für Schritt auf seinem Weg aus dem Chaos begleiten zu können. Eine Chance zu helfen besteht darin, mit ihm, in dessen Umwelt zu leben und zusammen zu versuchen, seine Probleme zu lösen. Über Stabilität und Verläßlichkeit der betreuenden Person soll dem Kind langsam die Bildung von stabilen Ich-Strukturen gelingen. Der Aufbau von persönlichen Beziehungen geschieht nur, wenn das Kind dazu bereit ist, und auch dann nur als Prozeß einer langsam wachsenden Zuneigung. Ein wichtiges Moment der Therapie ist Abwartenkönnen und vorübergehendes Zulassen regressiven Verhaltens, erfahrungsgemäß für Pädagogen nicht immer leicht, da sie entweder zu aktivem, "helfendem" Eingreifen oder aber zu ausdrücklicher Zurückhaltung neigen. Bei BETTELHEIM indessen geht es um die Position aktiven Abwartens.

Problematisch ist das BETTELHEIM'sche Konzept im Hinblick auf eine Schule ohne klinischen Hintergrund, da beim Kind unter Umständen Gefühle und Aggressionen ausgelöst werden, die für die betreuenden Personen nur schwer auszuhalten sind. Auch wenn dem schulischen Bereich innerhalb einer Gesamtinstitution bezüglich des Aufbaus der Ich-Strukturen geringere Bedeutung zugeschrieben wird als dem therapeutischen, so müßten die Lehrer dennoch über zahlreiche andere Qualifikationen verfügen, um mit autistischen Kinder umgehen zu können. BETTELHEIMS Konzept erfordert soviel therapeutisches Verständnis und Können, daß es auf keine Regelschule übertragbar ist. Für unabdingbar halte ich bei jeder intensiven, auch schulischen Arbeit mit psychotischen Kindern, Möglichkeiten zur Reflexion in einem längerfristigen, berufsfeldbezogenen Verarbeitungsprozeß. Ich mache hier nocheinmal auf die Balint - Gruppe als mögliches Angebot aufmerksam.

Im folgenden schildere ich Schwierigkeiten der schulischen Situation, die dem Lehrer bei einer nach BETTELHEIM orientierten Arbeit begegnen. Da davon auszugehen ist, daß das autistische Kind ständig mit unsagbaren Ängsten lebt, fühlt es sich in permanenter Bedrohung. Der Rückzug auf autistische Objekte schützt vor der als bedrohlich erlebten Welt. Funktioniert dieser Rückzug, der auch als Abwehrmechanismus zu verstehen ist, nicht, etwa, wenn diese Kinder in der schulischen Situation von ihren Stereotypien abgehalten werden, kann eine psychotische Krise die Folge sein. Dazu sind im Sinne der BETTELHEIM'schen Orientierung „Hilfs-Ich"- und „Containment"-Funktionen zu übernehmen. Die Konstituierung bzw. Reintegration der fragmentierten Ich-Anteile ist nur möglich, wenn die Betreuer den Schutzmantel des „Containers" mit seinen Hilfs-Ich-Angeboten bieten können; dann kann aus der psychotischen Krise eine Chance werden. Es ist vorstellbar, daß die Spanne der Gegenübertragungsgefühle vom Lehrer zum Kind von diffuser Hilflosigkeit bis hin zu starken Aggressionen reichen wird. Spätestens hier wird deutlich, wie wichtig ein gesamttherapeutischer Rahmen ist.

Wesentliches Ziel des „Vereins für psychoanalytische Sozialarbeit Rottenburg e.V." für unterrichtliches Handeln ist, dem Kind zu helfen, den autistischen Gebrauch von Objekten abzulegen und ihm zu einer Welt von Objekten mit sozialer Bedeutung zu verhelfen. Wichtiges Mittel hierbei ist es, sich auf Umwege einzulassen, um die Kinder dort zu erreichen, wo sie sich gerade befinden. Die Schwierigkeit, auf die der Lehrer dabei stößt, ist, daß diese Kinder in einer anderen Welt zu leben scheinen: „Sie leben in einer Welt, in der die allermeisten unserer Bedeutungen für Dinge und Abläufe keine oder eine andere Bedeutung haben." [7] Der Lehrer wird immer wieder mit dem Fehlen grundlegender Voraussetzungen für normales schulisches Lernen konfrontiert. F. NIELEBOCK und E. RAMMINGER (1993) beschreiben, daß sie oft über Wochen nur die Chance des Beobachtens und Aushaltens haben. Bei jeglicher Art von Kontaktaufnahme stoßen sie auf anfallartige Reaktionen wie z.B. schrilles Schreien, Treten, Spukken oder Schlagen. Selbst wenn autistische Kinder sich Dinge angeeignet haben, wie Schneiden, Fädeln und Malen, so bleibt ihr Gesichtsausdruck meist fremdartig, unbewegt und leer, so daß man als Lehrer nicht umhinkommt, den Sinn dieser Tätigkeiten zu hinterfragen. Auf der anderen Seite dieser berechtigten Zweifel sehe ich die schon von Piaget postulierte Sichtweise, daß die Beschäftigungen und Auseinandersetzungen mit Dingen zum Entwicklungs- und Lernprozeß des Kindes beitragen können. NIELEBOCK und RAMMINGER berichten aber, daß bei autistischen Kindern „die Beschäftigung mit Dingen gerade dazu dient, neue Erfahrungen nicht machen zu müssen". [8] Hier besteht eine wesentliche Diskrepanz zwischen der „normalen" schulischen Arbeit mit Kindern und der mit psychotischen Kindern. Diese benutzen die Beschäftigung mit Dingen oft dazu, die Ungelöstheit ihrer verinnerlichten Konflikte und ihre Verzweiflung darüber zuzudecken.

BETTELHEIM erwähnt, daß diese Kinder sich deshalb aktiv von der Welt zurückgezogen haben, weil sie nicht den Eindruck hatten, durch ihre eigene Initiative irgendetwas verändern zu können. Er nannte es Rückzug in völlige Passivität. Hierin sehe ich die große Schwierigkeit für schulisches Handeln, aber auch den Anknüpfungspunkt für Chancen. So könnte das Reagieren des Lehrers auf Dinge, die das Kind mitgebracht hat, im Laufe der Zeit minimale

Verhaltensänderungen auslösen. Die Kinder müssen den Eindruck gewinnen, daß ihr Handeln etwas bewirkt, denn eben daran sind sie, folgt man BETTEL-HEIM, gescheitert.

Eine weitere Aufgabe der Schule für autistische Kinder ist es, die Funktion von Verläßlichkeit zu erfüllen. Das autistische Kind bekommt einen Ort, an den ständig wiederkehrende Erfahrungen gebunden sind. NIELEBOCK und RAMMINGER bezeichnen die Schule auch als die „väterliche Instanz" im Dreier-Setting von Schule - Alltag - Therapie oder Spielstunde. Durch die Beständigkeit des Immergleichen und durch die speziellen Gesetzmäßigkeiten der Schule, kann die „Existenz eines Anderen" eingeführt werden. [9] Es gilt, in der Schule Gesetze und Regeln einzuhalten, um nicht in die Position eines „Selbstbedienungsladens" zu gelangen, und es ist unerläßlich, diese Grenzen zu benennen. Genauso wichtig ist aber auch eine Akzeptanz und Einfühlung in den anderen. Der Lehrer sollte versuchen, den Besonderheiten der Kinder mit Respekt zu begegnen und ihnen grundsätzlich Sinnhaftigkeit zuzusprechen. [10]

Um dem Kind zur Aktivität zu verhelfen, schließt meine Interpretation von BETTELHEIM ein, ihm Zumutungen nicht zu ersparen: „Ich mute dir zu, dich mit Material und mit (Lern-) Gegenständen zu beschäftigen, mit denen du dich alleine nicht auseinandersetzen würdest. Die von mir gebotenen Lerngegenstände sind Repräsentanten unserer nicht-verrückten Welt, die du als bedrohlich und nicht aushaltbar erlebst. Ich versuche, die Bedrohung, die von diesen Dingen für dich ausgeht, zu sehen, und die Verhaltensweisen, die du zeigst, um der angenommenen Gefahr zu entgehen, Stück für Stück besser zu verstehen, und ich bin dazu da, dich zu unterstützen, diese Bedrohung langsam besser aushalten zu können. Ich werde trotzdem nicht darauf verzichten, dich mit diesen Lerngegenständen behutsam in Kontakt zu bringen, weil das wichtige Auseinandersetzungsmöglichkeiten einer Welt sind, die dich umgibt und in der du lebst." [11] Diese Gedanken HOFFMANS vermitteln recht genau, wie Einstellung und empathische Haltung des Lehrers aussehen könnten, ohne Forderungen nach Lernbereitschaft preiszugeben.

Mir ist im Verlauf meiner Arbeit in Wien ein Zitat von J. KORCZAK wichtig geworden, weil es die Hilflosigkeit pädagogischer Maßnahmen geißelt :

„Wann werden wir endlich aufhören, Salyzyl gegen Elend, Ausbeutung, Unrecht, gegen Verweisung und Verbrechen zu verschreiben? Wann, in Dreiteufelsnamen!"

Dieses Zitat soll auf ein Problem der Sonderpädagogik hinweisen. KORCZAK wendet sich gegen Verallgemeinerung der Behandlung und gegen die Denkweise, jemals die richtige Medizin zur Heilung von (Gesellschafts-)Symptomen zu finden und zu verordnen. Ich sehe den Pädagogen bei autistischen Kindern in der Rolle eines Weggefährten. Das schließt nicht aus, daß ich Ziele und Gedanken entwickelt habe, die mir für einen Handlungsrahmen mit konkreten Inhalten anregend geworden sind.

## 3. Das pädagogische Handlungsfeld in einer Schule für autistische Kinder

Im folgenden Teil soll zunächst auf die Symptomatik autistischer Störungen und ihre Auswirkungen auf die schulische Situation eingegangen werden. Dabei sind Bereiche wie visuelle Wahrnehmung, Motorik, Sprache und emotionales Verhalten besonders zu erwähnen.

Autistische Kinder haben häufig Schwierigkeiten bei der auditiven Verarbeitung von Informationen. Auffällig ist, daß sie auf übermäßig laute Geräusche nicht reagieren, sich aber bei leisem Papiergeraschel umdrehen. Es zeigt sich auch, daß sich manche Kinder vor allem für musikalische Geräusche und Klänge interessieren. Ein Junge, der fast nie sprach, hatte ein Glockenspiel entdeckt. Er brachte sich einfache Kinderlieder fast selbständig bei, was dafür spricht, daß sich diese Klangmuster in sein Gedächtnis eingeprägt hatten. Da er große Angst vor den Schlegeln zu haben schien, - er schrie und drehte sich panisch von ihnen weg, - ihm aber der Klang vermutlich gut gefiel, entwickelte er eine Fingerklopftechnik. Bemerkenswert war weiterhin, daß der gleiche Junge teilweise seine Musikstücke singend begleitete, während ich ihn sonst zu keinem anderen Anlaß sprechen hörte. Selten kam es vor, daß er singend auf seine Lehrerinnen oder mich zuging. Seine Singweise klang monoton und abgestumpft. Spekulativ wäre es, über die Bedeutung seiner Lieblingslieder „Happy Birthday" und „Bruder Jakob" nachzudenken. Vor allem bei dem letztgenannten Lied fielen mir seine Wiederholungen der Textpassage „schläfst du noch?" auf. Möglicherweise sollte dieser Text eine Botschaft vermitteln, mich wachrütteln. Offenbar ist Musik eine Sprache. Musik und Musikinstrumente können als vermittelnde Objekte betrachtet werden, über die der Lehrer in Kontakt mit dem Kind treten kann. Das autistische Kind konnte zusammen mit dem Lehrer über das wechselseitige Anschlagen von Tönen, abwechslungsweise Schüler-Lehrer, dazu geführt werden, sich Wechselbeziehungen mit seiner Umwelt widmen zu lernen oder sich überhaupt erstmals diese vorstellen zu können. Die meisten Kinder zeigen Sprachabnormitäten; bei manchen kommt es zu keiner oder sehr späten Sprachentwicklung. Viele haben Schwierigkeiten, komplexe sprachliche Konstruktionen zu verstehen; oft kommen sie auch bei sprachlichen Aufforderungen in Bedrängnis. Panikartige Angstzustände bereitet es einigen, wenn sie zum Reden aufgefordert werden. An der von mir besuchten Schule wurde deshalb bei einem Teil der Kinder die Gebärdensprache eingeführt. Abhängig von Entwicklungsstand und Belastbarkeit kann der Lehrer nach einer Phase nonverbaler Kommunikation dann die Lautsprache einführen. Der Prozeß könnte von einem Sprachheillehrer mit psychologischer Kompetenz unterstützt werden. Fast alle Kinder wiesen motorisches Ungeschick auf. Die Kinder zeigten vornehmlich steife, unbeholfene Bewegungen, die Muskulatur wirkte oft schlaff. Bei einem Raumwechsel fiel mir auf, daß sie hüpfend oder auf Zehenspitzen den neuen Raum erkundeten. Es schien, als fürchteten sie sich vor zu langen Berührungen mit fremdem Boden. Ihre Bewegungen drückten oft Unbeholfenheit aus. Es erscheint mir wichtig, an der Erarbeitung und Verbesserung eines Körpergefühls für autistische Kinder zu arbeiten. Um Grob- und Feinmotorik verbessern zu können, halte ich Sport- und Rhythmikunterricht für geeignet. Es gibt zahlreiche anwendbare Methoden aus den Bereichen der Körper- und Geistigbehindertenpädagogik, wie z.B. basale Stimulation. Das Gewahrwerden der Grenzfläche Haut - etwa durch Körperkontakte oder Herumtollen auf dem Boden - stellt die Grundlage für affektive, kognitive und soziale Entwicklungen dar. So erlebte ich eine Unterrichtsstunde, in der eine Lehrerin und ich versuchten, das Körpergefühl zweier Kinder zu verbessern. Beiden war es möglich, vorsichtig auf angebotene körperliche Kontakte einzugehen. Nach anfänglichem Zögern ließen die Kinder einen massageähnlichen Hautkontakt zu. Unter Anweisung der anderen Lehrerin „massierte" ich eines der autistischen Kinder an Füßen und Armen. Das oft völlig verkrampfte Kind konnte seine Spannungen etwas lösen und trotz anfänglicher massiver Bedenken äußerte es schließlich den Wunsch, daß wir das öfter machen könnten, es sei sehr lustig gewesen. Feinmotorik könnte in lebenspraktischen Übungen trainiert werden, so etwa durch Schneiden und Zubereiten von Nahrung. Dabei könnte die Lust und Freude autistischer Kinder beim Essen positiv genützt werden.

Wichtig für die motorische Schulung sind Materialien der Maria Montessori, z.B. Knoten- und Binderahmen. Viele Kinder sind im Grundschulalter nicht in der Lage, sich selbst an- und auszuziehen. Das Montessori-Vorschulmaterial bietet auch hierzu vielfältige Übungsmöglichkeiten. Bezüglich des emotionalen Verhaltens ist die Abkapselung und Unzugänglichkeit der Kinder dominierend. Fast allen ist gemeinsam, daß sie keine sozialen und emotionalen Bindungen einzugehen scheinen. Sie benutzen Erwachsene als Medium für die Erfüllung und Befriedigung eigener Bedürfnisse, indem z.B. - was typisch ist - . sie die Hand eines Erwachsenen nehmen, „lenken" und führen, damit diese etwas für sie tun kann. Behutsam muß sich die Schule auf diese Kinder und deren Bedürfnisse einstellen. Für das Gelingen des Schulaufenthaltes müssen dem Kind feste, verläßliche Bezugspersonen zur Verfügung stehen. Aufgrund der emotionalen Defizite sollte das Lehrerteam bereit und fähig sein, Haltefunktionen bzw. Hilfs-Ich-Funktionen zu übernehmen.

In Baden-Württemberg ist die Mehrzahl autistischer Kinder in Schulen für geistigbehinderte Kinder untergebracht. Es wird fast immer nach verhaltenstherapeutischen Methoden gearbeitet; lerntheoretische Prinzipien stehen im Vordergrund. Lernen aus Erfahrung und Lernen am Erfolg spielen eine wesentliche Rolle. Bestimmend sind zwei Arten der Verstärkung: positive Verstärkung als angenehme Konsequenz, während die negative zu Vermeidungsverhalten führen soll. Meine Kritik richtet sich gegen stupide Vermittlung mechanischen Könnens und auf schulische Arbeit, die ohne positive Konsequenzen für die Persönlichkeitsentwicklung bleiben. Es ist in jedem einzelnen Fall notwendig zu überdenken, wann und wo Verhaltenstraining nach dem Prinzip von Bestrafung und Belohnung eine Verletzung der persönlichen Bedürfnisse dieser Kinder bedeutet. Dies schließt nicht aus, Übungsanleitungen verhaltenstherapeutischer Ausrichtung in die schulische Arbeit aufzunehmen. Auch finde ich es grundsätzlich möglich, mit autistischen Kindern Wahrnehmungstraining nach DELACATO durchzuführen, wobei zu überlegen ist, ob nicht die Ursachen autistischer Symptomatik ganz außer acht bleiben. Bei rigider verhaltenstherapeutischer Arbeit schätze ich die Gefahr hoch ein, an den Problemen, Ängsten und Bedürfnissen der Kinder vorbeizugehen. Die Beschäftigung mit Lernprogrammen birgt immer auch die Gefahr, ein Medium zwischen sich und das Kind zu stellen; dies kann zur Verhinderung des eigentlichen Interaktionsprozesses führen.

Meine Forderungen an pädagogisches Handeln mit diesen Kindern liegen daher näher bei psychoanalytisch orientierten Konzeptionen. Ich verstehe dabei den Unterricht nicht als Ausdehnung psychoanalytischer Behandlung, sondern als einen von der therapeutischen Behandlung zu unterscheidenden Ort. Im übrigen schließe ich mich der Sichtweise TUSTINS an, die zwei Grundtypen autistischer Störungen unterscheidet. Hier gilt mein Interesse hauptsächlich autistischen Störungen, bei denen keine organischen Faktoren nachzuweisen sind.

Die zentrale Schwierigkeit bei der schulischen Arbeit liegt in der Abwehr, menschliche Beziehungen so aufzunehmen, wie wir sie gewohnt sind. Wie sehr wünschen wir es uns als Lehrer geliebt zu werden, und wie wenig können wir es aushalten, wenn uns Schüler keine Beziehungen entgegenbringen! Autistische Kinder machen zum größten Teil von der Sprache keinen Gebrauch und ängstigen durch ihre sonderbare, fremde Art und Weise. Ihr fehlendes Neugierverhalten ist kennzeichnend. Der Lehrer wird sich im Umgang mit diesen Kindern immer wieder fragen:

- Ist schulisches Lernen sinnvoll bei Kindern, die sich von der äußeren Welt abgekapselt haben oder ihr nur ganz isoliertes, geradezu skurril einseitig anmutendes Interesse entgegenbringen?

- Mit welchen Unterrichtsvorbereitungen, Arbeitsmaterialien und Unterrichtsmethoden gestalte ich Unterricht, um Kindern Zugang zu eben dieser Welt zu ermöglichen? Wie kann Lernen aussehen, wenn keine altersentsprechende Entwicklung und Reifung stattgefunden hat?
- Läßt sich ein dialogisches Prinzip des Lernens verwirklichen, wie es etwa Paolo Freire fordert?
- Welche Gefühle von Lust, Angst und Wut entwickle ich als Lehrer und wie kann ich dabei dennoch empfindungs- und handlungsfähig bleiben, bzw. auch wieder werden?

Mir haben diese Fragen geholfen, Neugier und Spannung in diesem pädagogischen Feld zu erhalten. Um wieviel nötiger erscheint es, sich psychischer Stabilität immer wieder zu vergewissern, wenn man sich dieses Arbeitsfeld zum Beruf gemacht hat!

## 4. Die Wiener Projektklassen für autistische und teilleistungsgestörte Kinder

Im folgenden berichte ich über Verlauf und Reflexion im Kontext meines Praktikums an der Wiener Heilstättenschule, Spezialklassen für autistische und teilleistungsgestörte Kinder. Die Arbeitsmethoden dieser Schule sind eher verhaltenstherapeutisch orientiert, doch bindet sich die Schule an kein strenges Konzept und der einzelne Lehrer hat relativ große Handlungsfreiheit. Ich empfand es als problematisch, daß an der Schule nicht psychoanalytisch orientiert gearbeitet wurde, da mir ein solches Konzept, etwa ausgerichtet an den Vorgaben BETTELHEIMS, sehr einleuchtet.

Die Projektklassen sind in einem eigenständigen Schulgebäude eines Wiener Außenbezirkes untergebracht. Das Schulhaus konnte nach Wünschen und Vorstellungen von Schulleiterin und Lehrerkollegium eingerichtet werden. Jedes Klassenzimmer verfügt über ein kleines Nebenzimmer. Das Schulgebäude hat außerdem Kuschelzimmer, Rhythmikraum, Sporthalle, Sprachheiltherapieraum, Küche, Bibliothek und Einzelförderungsraum. Ein Computerraum ist in Planung. Auch steht ein Schulgarten zur Verfügung.

In der Regel werden nicht mehr als sieben Kinder je Klasse beschult. Sie werden individuell nach ihren Möglichkeiten und Neigungen entsprechend den Lehrplänen der Volks-, Haupt- und Sonderschule unterrichtet. Der Unterricht gestaltet sich als Klassen - oder Einzelunterricht, u.U. auch als Intensivtraining. Die Kinder werden dabei je nach momentaner Belastbarkeit in das Angebot eingebunden. Die Lehrer arbeiten im Team-Teaching-Modell mit zwei Sonderschullehrern pro Klasse. Zusätzlich sind noch eine Sprachheillehrerin, ein Religionslehrer, eine Werklehrerin, eine Lehrerin für lebenspraktische Übungen und ein Zivildienstleistender beschäftigt. Geplant ist die Anstellung einer Reit - und einer Musiktherapeutin. Die meisten Kinder wohnen zu Hause und werden morgens von den Eltern oder mit Schulbussen gebracht. Viele Kinder besuchen nach dem Unterricht einen Hort für autistische Kinder, erhalten dort Mittagessen und werden bis zum Nachmittag betreut. Im Modellplan der Projektklassen ist eine enge Kooperation mit dem Hort vorgesehen, doch erweist sich diese Zusammenarbeit bereits im Ansatz als ausgesprochen schwierig, da die Betreuung dort zwar auch nach verhaltenstherapeutischen Richtlinien angelegt ist, doch offenbar eher rigide Techniken des Einübens von Kulturtechniken im Vordergrund stehen, jedenfalls mehr, als in den Projektklassen.

Einige Klassen fahren alljährlich ins Schullandheim, um dort Erfahrungen im Zusammenleben mit anderen und für ihre Gemeinschaft zu erproben. Einige schwer autistische Kinder können an diesen Fahrten nicht teilnehmen. Es wäre günstig wenn es gelänge, die Eltern dieser Kinder zur Mitreise zu bewegen, damit alle gemeinsam reisen könnten. Die einzelnen Klassen sind nicht durchnummeriert, sondern es wird von A bis G alphabetisch gezählt. Die Buchstaben sind eine neutrale Einteilung, sie drücken kein Äquivalent zum Leistungsstand der Klassen aus, „Sitzenbleiben" gibt es nicht, Beurteilungen erfolgen, außer im Hauptschulbereich und in Einzelsituationen, variabel. Leitschnur für Einteilungen und Zuordnungen ist vor allem das Maß an Fähigkeiten zur Zusammenarbeit und zu gegenseitiger Stützung. Bei älteren Schülern spielt zumindest bei der Gruppenarbeit der Leistungsaspekt eine Rolle. Fächer wie Mathematik und Deutsch werden in den oberen Klassen nach dem Hauptschullehrplan gruppenweise unterrichtet. Ein 10.Schuljahr kann auf Antrag genehmigt werden. Nach Gesetzeslage ist es möglich, unterschiedliche Schulabschlüsse anzubieten, doch ist die Schule selbst zu neu, um über tatsächliche Schulabgänger und deren Schulerfolg Angaben machen zu können.

## 4.1 Die Kinder

Die Schule wird von ca. sechzig Kindern im Alter zwischen sieben und sechzehn Jahren besucht. Als Krankheitsbild stehen Teilleistungsstörungen, auch mit autistischen Zügen, oder autistische Störungen nach Kanner'scher Ausprägung im Vordergrund. Einige Schüler haben zuvor einen Sonderschulkindergarten für autistische und teilleistungsgestörte Kinder besucht, wobei die Planer dieser Konzeption davon ausgehen, daß Teilleistungsstörungen viele Gemeinsamkeiten mit der autistischen Symptomatik aufweisen und daraus Konsequenzen für den Unterricht zu ziehen seien. Bei anderen Kindern wiederum kommen organische Defizite wie Taubheit oder neurologische Auffälligkeiten (Hyperaktivität) hinzu. Eines der Mädchen hatte ein epileptisches Anfallsleiden, ein anderes war mongoloid, und einige Kinder waren geistigbehindert. Die teilleistungsgestörten Kinder würde ich, - legte man unser deutsches Schulsystem zugrunde - dem Bereich der Förderschule oder der Schule für Erziehungshilfe zuordnen. Damit mache ich auf z. T. ganz erhebliche Verhaltensauffälligkeiten aufmerksam, die aber als Klassifikation oder gar als Kriterium für die Zuweisung an eine bestimmte Schulart niemals ausreichen. Der Hintergrund meiner Erfahrungen aus diesen Wiener Spezialklassen macht die problematische Zuordnung schwieriger Kinder zu bestimmten Schularten ohnehin schwierig bis unmöglich.

In den Klassen befanden sich zwei bis drei stark autistische Kinder mit keinem oder nur geringem Sprachvermögen und ausgeprägter Symptomatik. Nach meinen Beobachtungen wurden die autistischen Kinder in der Regel mit ihren spezifischen Bedürfnissen von den anderen Kindern freundschaftlich akzeptiert. Immer wieder konnte ich Versuche der „normalen", also der teilleistungsgestörten Kinder beobachten, sich an diese Mitschüler heranzutasten. Das Themengebiet „Behinderungen" war in allen Klassen häufiges Thema. Ein Junge erklärte mir, wer, auf welche Weise behindert sei. Sich selbst bezeichnete er als ein „bißchen behindert". Die autistischen Kinder schienen ihm vor allem fremd, leicht beängstigend. Es war allerdings erkennbar, daß er Anknüpfungspunkte an ihre Welt suchte. So beschäftigte er sich in der Pause mit einem mit Reis gefüllten Gefäß, das gerade einem autistischen Klassenkameraden als Objekt diente (das autistische Kind befühlte den Reis und ließ ihn immer wieder in eine Schüssel rieseln). Es gab keine nähere Begegnung zwischen den beiden; allerdings betrachtete jeder den andern auf seine Art und Weise.

Man wird nicht davon ausgehen können, daß sich durch solche Gemeinsamkeiten die Situation des autistischen Kindes verbessern kann. Allerdings eröffnet sich die Chance, daß die autistischen Kinder mit der realen Welt der anderen konfrontiert werden. Im Sportunterricht war bemerkenswert, wie die autistischen Kinder sich an den „normalen" orientierten. Den Handlungen und Hilfestellungen der Lehrer wurden teilweise weit weniger Bedeutung zugemessen als den Aufforderungen der anderen Kinder. Bei einer Balanceübung bestand ein autistisches Mädchen darauf, von einem nicht autistischen Kind geführt zu werden. Es gab jedoch autistische Kinder, die zumindest sichtbar, jede Beziehungsaufnahme zu anderen verweigerten und die den Erwachsenen für sicherer und einschätzbarer hielten. Für einen autistischen Buben, Christian, war es allmorgendliches Ritual, beim Betreten des Schulhauses seine Tasche fallen zu lassen und laut schreiend seine Klassenlehrerin, Frau F., aufzusuchen. Sie schien eine Hilfs-Ich-Funktion für das Kind einzunehmen. Der noch recht kleine Junge vermittelte mir, als habe er den Eindruck in sich zuverlässig verankert, Frau F. stehe für "zuverlässige Schule". Wenn es gelänge diese Erkenntnis nach und nach auszubauen, in ihm innerlich verläßlich zu verankern, wäre ein wesentliches Ziel schulischer Arbeit erreicht. Die Lehrerin stellt ein Stück der äußeren, realen Nicht - Ich - Welt dar, die der Junge akzeptiert hat. Wenn die Entwicklung weiteren günstigen Verlauf nimmt, könnte der Junge mit ihrer Hilfe seine Ich-Funktionen aufbauen; der Klassenlehrer schien für ihn keine Bedeutung zu haben. Nur wenige der von mir beobachteten Kinder vermieden sichtbaren Kontakt zu ihrer Umwelt, doch basierten viele der von mir wahrgenommenen Kontaktaufnahmen auf dem typischen Schema, den Erwachsenen als „Medium" für eigene Interessen zu benützen.

Als positiv schätze ich bei der bunten Mischung dieser Schülerschaft den Aspekt der Motivierung autistischer Kinder ein. Beim Studium einschlägiger Literatur, stieß ich immer wieder auf den Hinweis beträchtlicher Antriebsarmut dieser Kinder. In meiner Praktikumsschule gewann ich den Eindruck, als würden die autistischen Kinder durch normale Kinder zu Aktivitäten motiviert. Beispiele lieferten der Handarbeits- und Werkunterricht. Heute sehe ich mich auch in der Vermutung bestätigt, daß Zuschauen und Zuhören stärkere Förderung von Handlungen bewirken kann als allgemein angenommen wird. Im Unterschied zu einzelnen Integrationsversuchen an Regelschulen konnte nach meinem Ermessen in Wien besser auf die Bedürfnisse und Besonderheiten autistischer Kinder eingegangen werden. Die Lehrer waren durch die Anzahl der autistischen Kinder beinahe „gezwungen", sich mit ihnen, aber auch mit ihren eigenen Gefühlen, auseinanderzusetzen. Mehrfach wurde der Wunsch nach Supervision laut und oft besprachen sich die Lehrer noch lange nach Schulschluß. Bei Integrationsversuchen, in das nur ein autistisches Schulkind einbezogen wird, sehe ich bei geringer Reflektion der Psychodynamik durch das Kollegium die Gefahr, daß das Kind auf das Problem seiner Behinderung reduziert wird. In Schulen für geistigbehinderte Kinder kann es dazu kommen, daß die Autisten „untergehen". Eine optimale Förderung hängt aber vom Engagement des einzelnen Lehrers ab, der sich seinerseits in einem für ihn schlüssigen Konzept eingebunden und gestützt fühlen sollte.


## 4.2 Unterricht

Die unterrichtliche Vorgehensweise wurde individuell gestaltet, doch gab es in jeder Klasse spezielle Unterrichtsrituale, die für Verläßlichkeit und Struktur sorgten. Einige Klassen begannen den Tag mit einem Morgenkreis, in anderen wurde zum Schulschluß über gemeinsam Erlebtes gesprochen. Unterrichtsrituale im Schulalltag mit autistischen Kindern bekommen hohen Stellenwert ; sie bieten verläßlichen Hintergrund.

Während der Unterrichtszeit wählte man oft flexible Zusammensetzungen der Gruppen, je nach den Möglichkeiten der Kinder. Didaktisch-pädagogisches Ziel war es, möglichst intensiven Handlungsbezug zu erreichen, etwa durch mannigfaltige Lerngänge und Aktivitäten. Einige Klassen gingen einmal pro Woche in die städtische Bibliothek, um sich mit Literatur zu versorgen. Vor allem in den höheren Klassen bestand der Anspruch, Kinder auch auf das Leben nach dem Schulbesuch vorzubereiten. Geplant war damals Zusammenarbeit mit Werkstätten für Behinderte und Arbeitsversuche im Sinne der Berufsorientierung. Speziell bei den autistischen Kindern wurde versucht, vorhandene Defizite durch Förder- oder Trainingsprogramme zu verbessern. Diese Übungen gliederten sich in die folgenden Bereiche:

- Wahrnehmungsübungen:
  - Farben unterscheiden und zuordnen,
  - Formen zuordnen,
  - Klänge wiederholen,
- Schulung der Grob- und Feinmotorik:
  - Gleichgewichtsübungen,
  - Ballspiele, New Games,
  - Schneide-, Bastel- und Klebeübungen,
  - Kinästhetische Übungen,
  - Schreibübungen,
- Sprachübungen:
  - Verbesserung der Atemtechnik,
  - Zungenübungen,
  - Buchstaben- oder Wortübungen,
- Funktionsübungen:
  - Anziehen und ausziehen,
  - Toilette benutzen,
  - andere auf die Benötigung von Hilfe hinweisen.

Diese Übungen wurden meistens mit einzelnen Kindern ausgeführt. Für eine gelungene Bewältigung der Aufgaben erhielten die Kinder in der Regel eine Belohnung.

In diesem Zusammenhang möchte ich eine aufschlußreiche Schulstunde besonders hervorheben. Das Thema: „Der Beruf des Arztes". Der Unterricht fand bei sieben - bis achtjährigen Kindern statt. Vorangegangen war eine Unterrichtseinheit über Krankheiten und das Beschäftigungsfeld eines Arztes. Die Schüler hatten bereits zwei Filme über dieses Berufsfeld gesehen und auch in den zurückliegenden Tagen schon einiges darüber gelernt.

Für diese Stunde hatten die Schüler zusammen mit ihren beiden Klassenlehrern eine Schulärztin eingeladen und sich dazu Fragen überlegt. Die beiden stark autistischen Kinder der Klasse vermochten keine Frage zu stellen, nahmen aber mit spannungsvollem Gesichtsausdruck am Sitzkreis teil. Die Ärztin schlug vor, daß die Kinder sich gegenseitig mit dem Stethoskop abhören und den Mundraum ausleuchten mögen. An diesen praktischen Tätigkeiten konnten sich auch die beiden autistischen Kinder beteiligen.

Sie zeigten zwar ängstliche Reaktionen, etwa vor den medizinischen Gerätschaften und verweigerten einen Teil der „Untersuchungen", beteiligten sich aber an den Forschungen der anderen Kinder und waren teilweise dazu bereit, gemeinsam mit den Lehrern aktiv zu werden. Das Geräusch der Herztöne löste große Freude bei Johannes, einem der beiden autistischen Kinder, aus. Vielleicht war es für ihn wichtig zu hören, daß sein Herz überhaupt lebendig war.

Im anschließenden Unterrichtsgespräch berichteten die Kinder über das, was sie beschäftigt hatte. Danach stellten die Lehrer ihnen Fragen, um den Wissensstand zu prüfen und zu festigen. Johannes und der autistischen Margit wurden Fragen gestellt, auf die sie handlungsbezogen antworten konnten.

Der Lehrer fragte: „Was braucht man denn, um Fieber messen zu können?" Johannes ging zum Lehrerpult, um dort in einem Medizinkoffer das Thermometer zu suchen. Stolz präsentierte er es. Margit wäre zu einer solchen Leistung nicht in der Lage gewesen. Sie zeigte sehr viel mehr Unsicherheit. Während ein Teil der Klasse mit dem Lehrer inzwischen einer anderen Beschäftigung nachging, versuchten seine Kollegin und Margit mit Bildkarten zu arbeiten. Es gelang dem Kind über Fingerdeutungen auf den Bildkarten, sich auf Kommunikation in der ihr möglichen Art und Weise einzulassen.

Diese Unterrichtsstunden haben mich ermutigt, dem Rätsel Autismus näher nachzugehen, vielleicht auch, mich ihm mehr auszuliefern. Gerade im Hinblick auf die Abkapselung halte ich die Eröffnung und Erschließung von Dimensionen der dinglichen und sozialen Umwelt für wichtig. Dabei ist es eine gute Möglichkeit, Situationen aufzugreifen, die realen Bezug zur Umwelt besitzen. Und ergänzend dazu ist es sinnvoll, wenn, wie in dieser Stunde, Wahrnehmungsbereiche angesprochen werden: Ein praktischer, realer Bezug weist mehr Möglichkeiten auf als Welterschließung, die auf dem Training einzelner Sinnesfunktionen basiert, wie es routinemäßig bei autistischen Kindern angewendet wird.

Ich denke, daß die Schule für das Zustandekommen dieser ersten Beziehungen zur Umwelt über einen allmählichen Aufbau eines pädagogischen Bezuges eine Rolle spielt. Der geschilderte Junge, Johannes, der beim Betreten des Schulhauses alles fallen läßt, in panischer Angst nach seiner Lehrerin sucht, drückt mit seinem Verhalten zugleich „Verrücktes" und „Rätselhaftes" aus, gleichwohl zeigt sein Verhalten Züge und Verhaltensweisen vom Aufbau einer zwischenmenschlichen Beziehung, die für ihn von Bedeutung gewesen sein muß und an die er jetzt, möglicherweise, wieder anknüpft.

## 4.3 Intensivtraining

Dieses Unterrichtsangebot stellte die Schulleiterin, Frau N., zu fest vereinbarten Trainigszeiten selbst bereit. Angegliedert an ihr Rektorat besaß sie einen Therapieraum, in dem sich Materialien, wie Spiele, Puzzles, eine Staffelei, eine Rennbahn, Stofftiere befanden. Die Kinder suchten sie zu festen Zeiten auf. Mit ihrer ruhigen und bestimmten Arbeitsweise versuchte sie ihre lebensfrohe Stimmung auf die Kinder zu übertragen. Bei der Vorbereitung für das Intensivtraining befestigte sie von dem Kind, das als nächstes an der Reihe war, ein Foto mit Namen an ihr Regal. Dort standen vier unterschiedlich farbige Holzkisten, gefüllt mit Materialien. An einem Plan konnte das Kind sehen, nach welchen Farben es die Aufgaben in den Holzkisten zu lösen hatte. Die „Kistenmethode" wurde von Frau N. gewählt, damit jeweils ein kleines, überschaubares Aufgabengebiet zu bewältigen war. In der letzten Kiste befand sich ein Spiel oder eine sonstige Belohnung. Zwischen den einzelnen Aufgaben mußte das Kind die alte Kiste zurückbringen und die neue holen. In der Regel waren vier Kisten zu bearbeiten. Das Kistensystem schien mir sinnvoll, da die Kinder immer wieder neu motiviert wurden. Übersichtlichkeit und vorstrukturierter Rahmen wirkten sich günstig aus. Die Struktur der Aufgaben in den Kisten richtete sich nach den bereits genannten vier Bereichen:

Als Anregungen für den Wahrnehmungsbereich enthielt die Kiste ein Fühl- und Tastbilderbuch aus verschiedenen Stoff- und Filzarten. Das Buch diente gleichzeitig der Schulung der Feinmotorik, da verschiedene Gegenstände auf- und zu-, oder hin- und weggeknöpft oder -gedrückt werden konnten. Bei einigen Bildern gab es Reißverschlüsse oder Schnallen zu betätigen.

Bei den Interaktionen mit Clemens nahm Frau N. immer wieder dessen Kopf zwischen ihre Hände und drehte ihn zu sich, während sie mit ihm sprach. Diese Annäherung bewirkte zwar, daß er teilweise ihren Aufforderungen mehr Beachtung schenkte, in meinen Augen andererseits verunsicherte und beängstigte ihn diese Situation auch zusehends.

Ich hätte mir an dieser Schule einen therapeutischen Ort gewünscht, an dem die Kinder beim „Erwachen" und „Aushalten" ihrer Gefühle hätten begleitet werden können. Die inneren Abläufe der Kinder wurden von den Lehrern, vermutlich (und zugleich auch nachvollziehbar) aus Gründen der Abwehr, selten diskutiert. Ich hatte den Eindruck, daß Clemens sehr alleine mit seinen, ihn beängstigenden Empfindungen blieb. Er erhielt anschließend noch eine Aufgabe, bei welcher er Umrisse einer Figur ausmalen sollte, danach beschäftigte er sich mit einem Bilderlotto. Anschließend spielte Frau N. Seifenblasen mit ihm. Gegen Ende der Sitzung wurde Clemens immer unruhiger und biß sich sogar in seinen Handballen. Diesen autoaggressiven Wutausbruch sehe ich in Zusammenhang mit der intensiven Einzelarbeit. Clemens rannte umher, schrie und schlug seinen Kopf auf den Fußboden. Bei allem Respekt vor dem praktizierten Unterrichtskonzept bleibt die kritische Frage: Wer hilft Clemens bei der Bewältigung dessen, was unter anderem auch in der schulischen Situation des direkten Kontakts in ihm ausgelöst wird?

Neben der schulischen, Wissen vermittelnden Arbeit organisiert Frau N.. auch lebenspraktische Übungen mit den Kindern, wie z.B. regelmäßiges Einkaufengehen. Lebensmittelgeschäfte bilden in der Regel ein beinahe unüberwindbares Problem für autistische Kinder. Die vielen Waren und bunten Gegenstände reizen zum Verweilen, unter Umständen besitzt die Vielfalt der Güter auch etwas Beängstigendes. Es ist den autistischen Kindern nicht möglich, in einem normalen Zeitrahmen durch einen Einkaufsladen zu gehen. Zusätzlich belastend wirken sich die vielen fremden Leute und das Anstehen in Warteschlangen aus.Ich habe selbst zwei Anfälle autistischer Kinder in Einkaufsläden miterlebt und kann nachvollziehen, wie unangenehm diese Situation sein muß. Die Kinder steigerten sich so panisch und aggressiv in ihr Schreien und Toben, warfen mit Dingen um sich oder verletzten sich selbst, daß der ganze Laden in Aufruhr geriet. Die Reaktion des Normalbürgers waren strafende Blicke gegenüber den mit Schuldgefühlen belasteten Lehrern, die in solchen Situationen Qualen ausstanden.

Frau N.'s Ansatz ist es, die Eltern in dieser Richtung zu entlasten und den Kindern einen entspannten und unbeteiligten Partner zu bieten, indem sie in diesen Situationen das Kind aushalten kann und nicht in panische Gegenreaktion verfällt. Mit Ruhe und Bestimmtheit versuchte sie dem Kind über die Situation hinwegzuhelfen. Meine Überlegung und Forderung wäre, ergänzend dazu, behutsam, zusammen mit dem Kind die Ursachen für seine panische Reaktion zu erforschen und zu klären.

Annäherung an das lebensnahe Geschehen, also an eine gemeinsame Realität, erachte ich für einen wesentlichen Auftrag der Schule. Übungen, wie zum Beispiel das Einkaufengehen, betrachte ich deshalb für sehr wichtig. Für unabdingbar halte ich hierbei jedoch ein genügend aufgebautes Vertrauensverhältnis und folgende Fragen im Hinterkopf: „Kann das Kind die Belastungen aushalten?" und „Inwiefern setze ich das autistische Kind beängstigenden Situationen aus, mit denen ich es danach alleine lasse?"

## 4.4 Handarbeits- und Werkunterricht

Besonders innige Anteilnahme an künstlerischen Betätigungen ist mir immer wieder an autistischen Kindern aufgefallen, wie z.B. bei Annette, deren Eltern bereits etwas älter waren und sich gut in das Bild der von Kanner und Asperger beschriebenen Intellektuellenfamilien fügten. Der Vater besaß eine Voliere in einem Garten mit altem Baumbestand und mehreren Teichen. Jeder Besucher erhielt eine Führung, um mit den lateinischen Bezeichnungen von Flora und Fauna vertraut zu werden. Ich spiele hier auf autistische Züge sogenannter normaler Menschen an. Annette war in vieler Hinsicht ein stark autistisches Mädchen. Sie konnte stundenlang in die Luft starren, mit einem kalten und leeren Gesichtsausdruck. Sie vermittelte den Eindruck, in einer anderen Welt zu verweilen. Wenn man sie ansprach, schreckte sie in der Regel auf und schien für Minuten in unserer Welt anwesend zu sein. Das Kind wirkte teilweise beängstigend auf mich, wenn sie oft völlig zusammenhangslos irgendwelche Wort- oder Satzfetzen vor sich hinsprach.

Im Handarbeitsraum schien sie wie verwandelt. Sie beschäftigte sich mit vielen Dingen vertieft, kam nach meinen Beobachtungen nie in eine apathische Phase, sondern arbeitete kontinuierlich. Ich meinte in ihrem Gesichtsausdruck innere Befriedigung zu sehen. Es schien, als füge sie z.B. bei der Beklebung eines Ostereies Teile zusammen, um sich an der entstehenden Ganzheit erfreuen zu können. Es fiel mir auf, daß autistische Kinder oft Freude daran hatten, Teile in Systeme zu integrieren. Eigentlich stellt dies einen Widerspruch zu ihrem eigenen Verhalten dar. Autistische Kinder integrieren sich in der Regel nicht in Systeme und passen sich keinen Normen an, doch könnte man in ihrem gezeigten Verhalten auch eine Äußerung ihrer Bedürfnisse und Wünsche sehen. Trotz sonstiger motorischer Ungeschicklichkeiten zeigten die meisten von ihnen viel Engagement, Ausdauer und Geschick für Projekte, wie z.B. ein großes Gemeinschaftsknüpfbild. Diese Arbeiten entstanden in vielen Unterrichtsstunden und wurden von mehreren Kindern angefertigt. Geduld und Anteilnahme unserer Kinder beeindruckten mich dabei immer wieder. Für Annette war es schwierig eine begonnene Arbeit wieder abzubrechen. Ihrer Weigerung haftete etwas Zwanghaftes an. Man könnte aber auch vermuten, sie wehre sich dagegen, das Stück äußerer Realität wieder herzugeben.


## 5. Erfahrungen und Fragestellungen

Ich erlebte die Wiener Schule als lebendigen Raum, in dem sich viele Möglichkeiten boten, am Geschehen der äußeren Realität teilzunehmen. Die eingangs formulierte psychoanalytische Sichtweise ist der Schule fremd. Stellenweise habe ich das bedauert, da der Umgang mit Aggressivität und eigenen Gefühlen unreflektiert ablief. Auf meine zu Beginn aufgeworfenen Fragen habe ich nicht in allen Bereichen Antworten gefunden.

Autistische Kinder haben ein Recht, eine Schule zu besuchen, die auf ihre Bedürfnisse eingestellt ist, und dies kann nur gelingen, wenn die Gestaltung des Unterrichts wirklich an den Kindern ausgerichtet ist. Die Rede ist von flexiblem, individuellem, vielleicht unkonventionellem Unterricht, der den von KLAFKI geforderten Anspruch unmittelbarer Nützlichkeit für das Kind erfüllt. Der Lehrer müßte dabei nach Mitteln suchen, mit denen er einen Bezug zum Kind findet. Oft gehört hierzu eine Phase des Abwartens und Beobachtens. Auch schätze ich es, in Anlehnung an BETTELHEIM, hoch ein, dem Kind die Entscheidung zu überlassen, welches Leben es führen will. Es müßten Bedingungen geschaffen werden, die es ihm selbst ermöglichen, in freier Entscheidung aus seiner Welt herauszukommen. [12] Ob sich ein dialogisches Prinzip des Lernens mit autistischen Kindern durchführen läßt, ist fraglich. [13] Einige Ansätze stimmen vorsichtig hoffnungsvoll.

Meine Gefühle autistischen Kindern gegenüber waren sehr unterschiedlich geprägt und wechselten, auch je nach Situation. Einerseits faszinierten mich diese Kinder, auf der anderen Seite verängstigten sie mich aber auch. Wenn Annette ihre beschwörend klingenden, nicht zur Situation passenden Wortfetzen ausstieß, machte sich in mir ein unwohles Gefühl breit. Es war beängstigend, jemandem „ausgesetzt zu sein", von dem man nicht wußte, was in ihm vorging. Ebenso war es auch die Angst vor dieser „verrückten Welt", die die Kinder durch ihre ständigen Stereotypien übertrugen. Schwierig zu ertragen war auch ihr autoaggressives Verhalten. Kinder, die sich mit verzerrtem Gesicht in ihre Handballen verbissen oder mit ihren Köpfen gegen die Wände schlugen, beunruhigten mich. Warum fanden sie keine andere Möglichkeit Spannungen abzubauen und sich selbst als gute Objekte wahrzunehmen?

Auch die begrenzten Möglichkeiten der Kontaktaufnahme und die Beziehungen autistischer Kinder zu ihrer Umwelt machten mich nachdenklich. Bei FEUSER (1979) fand ich den Gedanken, daß uns autistische Kinder meist unmittelbar auf einer emotional-affektiven Ebene anrühren und damit zeigen können, daß sie bedeutungs- und beziehungsrelevante Reaktionen in ihrer Umwelt auslösen und auch selbst zu erfahren vermögen. Warum gehen so viele andere Autoren von dem Fehlen sozialer Beziehungen und Empfindungen bei Autisten aus? Offenbar gibt es erkennbare Sichtbegrenzungen.

Ich bin davon überzeugt, daß autistische Kinder Kontakt zu ihrer Umwelt aufnehmen, allerdings, einen Kontakt besonderer Art und Weise. Ein autistisches Kind tut nichts, um seinem Lehrer zu gefallen. Es weist uns in unserer Funktion - und auch als Person - immer wieder zurück. Ich hatte das Gefühl, als wollten mich unsere Kinder in eine Hülse ihrer Welt verwandeln, und es kostete mich Kraft, meine lebendigen und realen Strömungen aufrechtzuerhalten. Die ständigen Zurückweisungen sind nicht leicht zu ertragen. Im Grunde geht es um den Kampf der eigenen Existenz, die das psychotische Kind sich selbst abzuerkennen versucht.

Neben Faszination und Verängstigung als Begriffspaar, dem sich Gefühle zuordnen lassen, kann als ergänzender Zugang Vorsicht und eher Offenheit in der Begegnung mit autistischen Kindern genannt werden. Teils durfte ich mich etwas heranwagen, die fadenhaltende Hand beim Häkeln abgeben oder geduldiger Zuhörer beim Glockenspiel sein. Manchesmal wurden meine Hände für Fingertics verwendet oder aber war meine direkte Anwesenheit gar nicht geduldet. Da ich alle Klassen besuchte, konnte ich auch keine nur annähernd konstante Bezugsperson sein. Dennoch hatte ich mich von keinem Kind völlig abgelehnt gefühlt. Hans, der Glockenspieler, ignorierte mich, wenn ich neben ihm saß. Er ging auch nicht sofort darauf ein, wenn ich ihm Lieder vorschlug, doch konnte es sein, daß er irgendwann dieses Lied brummend auf mich zulief oder die Melodie spontan spielte. Manche Kinder ließen es zu, daß ich an ihren Lernprogrammen mit ihnen arbeitete. Als schwierig erlebte ich es, daß während des Unterrichts nichts verändert werden durfte. Ich sollte also genau die Verhaltensweisen annehmen, die sie von ihren Lehrern gewöhnt waren. Auch hier „kämpfte" ich manchesmal um meine Individualität.

Wichtig war mir die Erfahrung, daß ich bei allen Kindern „etwas spürte" - ich bleibe vorläufig bei dieser allgemeinen Formulierung. Ich empfand kein Kind als emotionslos oder als emotional unzugänglich, wohl aber nur mühsam, hinter sieben Bergen versteckt, erreichbar, oft wie in einer Festung, bei der alle Zugänge verschlossen schienen - und doch konnte es sein, daß sich unvermittelt doch ein Fenster auftat und ich hineinsehen durfte. Und vielleicht schauten die Kinder dann auch heraus. Die Situation wechselte meist zwischen tiefer Ratlosigkeit, angeregter Spannung und auch dem Gefühl von Dankbarkeit, dann nämlich, wenn ich gebraucht wurde.

## 6. Zusammenfassung

Ich verstehe die Schule für autistische Kinder als einen Ort, an dem versucht wird, dem Kind einen Zugang zur realen Welt zu ermöglichen. Ein gesamttherapeutischer Rahmen ist notwendig, da das Kind sehr ursprüngliche Ängste, Phantasien und Vorstellungen bei seinen Betreuern auslösen kann. Die Entscheidung über stationäre oder ambulante Behandlung muß individuell entschieden werden. Die Behandlungskompetenz der Betreuer, Therapeuten und Lehrer läßt sich durch Fortbildungen und psychoanalytisch orientierte Supervision oder Balint-Gruppen verbessern. Gibt es diese Form von Fortbildung als ständige Vergewisserung beruflicher Identität nicht, halte ich reflektiertes Arbeiten mit psychotischen Kindern für unmöglich.

Der Verein für Psychoanalytische Sozialarbeit Rottenburg hat eine solche Denkweise in seine Konzeption aufgenommen. Dies kommt meinem Verständnis am nächsten. Diese Institution arbeitet mit einem Mehrpersonen-Setting: Alltag (Heim), Spielstunden (psychoanalytische Einzelstunden), Schule, Orte des Geheimnisses (Orte außerhalb und innerhalb, die nicht von den Mitarbeitern kontrolliert werden können). [14]

Durch die Aufspaltung verschiedener Personenkreise (z.B. Lehrer, Therapeuten, Heimbetreuer) soll dem psychotischen Kind die Gelegenheit gegeben werden, die verschiedenen Teile seiner Person an verschiedene Personen zu binden. Durch diese Hilfs-Ich-Angebote sollen der inneren Struktur Entwicklungschancen geboten werden. Wichtig dabei ist, daß das Kind im Laufe der Zeit beginnt, die von ihm verschiedenen Personen als real und als von seinem Selbst getrennt anzuerkennen. [15]

Die Rolle des Lehrers in diesem Mehrpersonen-Setting ist es, einen strukturgebenden Ort anzubieten. Schule ist ein äußerer realer Ort, er vermittelt Beständigkeit in Gestalt von Schulräumen und bestimmten Regeln. Im Idealfall kann die Schule als Realraum genutzt werden; sie dient dann als „Übungsfeld für ein tatsächliches Draußen, an dem man nicht teilhaben kann, wenn man nicht gelernt hat, seine Verrücktheit soweit einzuschränken, daß die Gesetze der realen Welt unbeeinträchtigt bleiben." [16]

Mein Verständnis von Unterricht mit psychotischen Kindern ist es, diesen „Realraum" zu nutzen und einen lebenspraktischen Bezug aufzubauen. Dabei ist es wichtig, mit Dingen, die das Kind mitgebracht hat - reale Dinge und Phantasien - zu arbeiten und zu versuchen, neue Lerngegenstände einzuführen. Hierzu muß der Lehrer höchst „einfache" Stoffinhalte akzeptieren und u. U. auf archaische Themengebiete eingehen. Er ist hier gefordert, stellvertretend für das Kind zu formulieren, d.h., Wahrnehmungen und Übertragungsgefühle zu reflektieren und sie in die Arbeit mit dem Kind wieder einzubringen. Zumindest in der ersten Phase solcher Arbeit halte ich konsequenten Handlungsbezug und ganzheitliche Betrachtungsweise für wichtig. Positiv wäre es, wenn es dem Lehrer gelänge, über ein Medium, - z.B. Beispiel Musik - , einen Zugang zum Kind zu finden. Denkbar wären auch motivierende Materialien wie Ton und Fingerfarben. Um das Körperempfinden zu verbessern halte ich Wasserspiele für geeignet. Ziel des Unterrichts sollte es sein, autistische Kinder gruppenfähig zu machen. Vermutlich ist dies nur als Ergebnis langer Einzelbetreuung möglich, in der allmählich Erweiterung des sozialen Umfeldes angebahnt wird. Die Unterrichtsdauer würde ich an der Zumutbarkeit für das Kind bemessen und individuell abstimmen.

Unterricht mit autistischen Kindern stellt eine Art Gratwanderung dar. Auf der einen Seite muß der Lehrer ständig Angebot und Quantum daraufhin prüfen, wieweit diese für das Kind aushaltbar sind. Auf der anderen Seite darf der persönliche Freiraum des Kindes nie verletzt werden; Entscheidungen und Verantwortung müssen ihm überlassen bleiben. Im Extremfall müßte dies bedeuten, dem Kind zu überlassen, ob und wann es seinen psychotischen Zustand verlassen möchte.

Wesentliche Anregungen zur Funktion der Sprache verdanke ich F. NIELEBOCK und E. RAMMINGER. Sie befürworten, das Erleben des nichtsprechenden Kindes in Worte zu fassen, um für das Kind einen realen Bezug zu ersten sozialen Bedeutungen zu stiften. Ich sehe darin wichtige Möglichkeiten, aber auch Gefahren. Der Lehrer kann damit in die Rolle des „Entlasters" und „Enthüllers" kommen. Aus heutiger Sicht vermag ich zu erkennen, wie schwierig es ist, z.B. extremen Aggressionen ausgesetzt zu sein. Dennoch sind die Situationen in der Regel irgendwann faßbar in dem Sinn, daß man auch schwierige Kinder, wie sie in der Schule für Erziehungshilfe versammelt sind, ansprechen und erreichen kann. Beim autistischen Kind ist mein Eindruck anders. Es setzt uns diffusen Gefühlen aus, die ohne Reflexionsarbeit unbegreifbar sind und unbegreifbar bleiben. Bei Kindern, die mit ihren Emotionen nach außen agieren, fällt es leichter, mit deren Wut, aber auch mit der eigenen Wut zu arbeiten. Bei autistischen Kindern habe ich im Gegensatz dazu eigene Verwirrtheit oft stärker erlebt. Es bleibt: "Und was ist, wenn ich wirklich an die unsägliche Wut und den Schmerz dieser Kinder stoße?" Diese Frage bleibt berufsbegleitend für den Lehrer, der mit autistischen Kindern arbeitet.

Im Schulleiterzimmer der Wiener Heilstättenschule hängt ein Gemälde. Es hat für mich symbolischen Charakter. „Der Weg als Ziel" wäre der geeignete Titel . Zaghaft berühren sich darauf die beiden groben und undifferenzierten Hände. Das umgebende Umfeld ist chaotisch und enthält viele „umherwehenden" Elemente. Die Köpfe beider Gestalten sind vom Betrachter abgewandt. Es besteht weder Blickkontakt, noch direkter Bezug zur Welt. Es ist jedoch möglich, daß beide in dieselbe Richtung schauen, also ein Stück gemeinsamen Weg haben werden. In meiner Phantasie könnte die rechte Person ein Lehrer oder ein Betreuer sein, der einen kleinen Zugang zum Kind gewonnen hat. Der linke Arm des Kindes ist wesentlich differenzierter, während die Arme und Hände, die sich berühren, noch eisblockähnliche Form einnehmen. Die linke Person winkelt ihren Arm nur minimal entgegen, gerade deshalb bleibt Hoffnung, daß die beiden ein Stück gemeinsame Realität haben werden.

## 7. Anmerkungen

[1] BECKER zitiert in KAUFHOLD: Autismus heute, Band 2, 1990, S.233.
[2] vgl. KAUFHOLD, a.a.O. S.232.
[3] vgl. SCHMAUCH, 1977, S.20.

[4] vgl. KAUFHOLD, S.241 f.
[5] vgl. RÖDLER, 1983, S 67.
[6] vgl. FEDERN, S.13.
[7] vgl. NIELEBOCK und RAMMINGER, S.127.
[8] vgl. ebenda, S. 130.
[9] vgl. ebenda, S. 133.
[10] s.o. BAETHE, HARLE u. a., S.152.
[11] s.o. HOFFMAN, S.164.
[12] vgl. BETTELHEIM: Die Geburt des Selbst, 1977, S.XIII.
[13] Von Bedeutung für das Zustandekommen eines Dialoges fordert Freire bei der unalphabetisierten Bevölkerung Brasiliens, erstens die Bewußtseinswerdung und zweitens die Selbstbefreiung. Interessant finde ich, den Gedanken Freires auf autistische Kinder umzuformulieren, Die Kinder müssen zuerst die Nicht-Ich Erfahrungen realisieren und akzeptieren (erster Schritt der Bewußtseinswerdung), um dann ihr Selbst aus der autistischen Abkapselung befreien zu können ( Selbstbefreiung). Wird beides bewältigt, kann es zum dritten Stadium, dem Dialog kommen.
[14] vgl. NIELEBOCK und RAMMINGER, S.132
[15] vgl. BECHER in HASENCLEVER: Pädagogik und Psychoanalyse, 1990, S.72.
[16] vgl. NIELEBOCK und RAMMINGER, S.135.

# 8. Literaturangaben

BAETHE, B., HARLE,U., HOFFMANN,F :Von der Schwierigkeit,ein verläßlicher Ort zu sein. In: Verein für Psychoanalytische Sozialarbeit e.V. (Hrsg.): Innere Orte, äußere Orte, a.a.O., S.149.

BETTELHEIM, B.: Die Geburt des Selbst. München 1977.

BETTELHEIM,B.: Der Weg aus dem Labyrinth. Leben lernen als Therapie. Stuttgart 1975.

BETTELHEIM, B.: So können sie nicht leben. Die Rehabilitierung emotional gestörter Kinder. Stuttgart 1973 .

DELACATO, C. H.: Der unheimliche Fremdling - Das autistische Kind. Freiburg 1985 .

DZIKOWSKI, S., ARENS, C.(Hrsg.): Autismus heute. Band 2 - Neue Aspekte der Förderung autistischer Kinder. Dortmund 1990.

FEDERN, E.: Topik und Setting. In: Innere Orte, äußere Orte, S.12 ff.

FEUSER,G.: Grundlagen zur Pädagogik autistischer Kinder. Weinheim/Basel 1979.

HASENCLEVER, W.-D. (Hrsg.): Pädagogik und Psychoanalyse. Frankfurt/Main 1990.

HOFFMANN, F.: Von der Schwierigkeit, ein verläßlicher Ort zu sein. In: Innere Orte, äußere Orte, a.a.O., S.149ff.

JACOBS, K.: Autismus. Schulische Förderung und ambulante Therapie. Bonn 1984.

JACOBS, K.: Autistische Jugendliche. Berufliche Bildung und Integration. Bonn 1984.

KAUFHOLD,R.: Überlegungen zu einer psychoanalytisch fundierten Arbeit mit autistischen und psychotischen Kindern und Jugendlichen. In: Autismus heute, Band 2, Dortmund 1990, S.231 ff.

KEHRER, H. E. (Hrsg.): Kindlicher Autismus. Basel 1978.

LEMPP, R. (Hrsg.): Die Therapie der Psychosen im Kindes- und Jugendalter. Bern-Stuttgart-Toronto 1990.

MAHLER, M.: Symbiose und Individuation, Band 1. Psychosen im frühen Kindesalter. Stuttgart 1983.

NEIDHARDT, W.: Kinder, Lehrer und Konflikte - Vom psychoanalytischen Verstehen zum pädagogischen Handeln. München 1977.

NIELEBOCK, F., RAMMINGER, E.: Der Weg als Ziel. In: Innere Orte, äußere Orte, S.126 ff.

NISSEN, EGGERS, LEMPP, STRUNK: Kinder- und Jugendpsychiatrie. Berlin-Heidelberg 1989.

RÖDLER, P.: Diagnose: Autismus - Ein Problem der Sonderpädagogik. Frankfurt/ Main 1983.

SCHMAUCH, U.: Ist Autismus heilbar ? - Psychoanalytische Reflexion und therapeutische Verfahren in der Pädagogik. Frankfurt /Main 1977 .

TINBERGEN, N., TINBERGEN, E.: Autismus bei Kindern. Berlin-Hamburg 1984.

TUSTIN, F.: Autistische Barrieren bei Neurotikern. Frankfurt/ Main 1988 .

TUSTIN, F.: Autistische Zustände bei Kindern. Stuttgart 1989.

TUSTIN, F.: Psychotherapie mit Kindern, die nicht spielen können. Unveröffentlichte Rohübersetzung 1988.

Verein für psychoanalytische Sozialarbeit (Hrsg.): Innere Orte - Äußere Orte. Tübingen 1993.

Verein Hilfe für das autistische Kind (Hrsg.): Kongreßbericht - Autismus Europa. Hamburg 1983.

Verein Hilfe für das autistische Kind (Hrsg.): Grundlagen der Pädagogik autistischer Kinder unter besonderer Berücksichtigung ihrer schulischen Erziehung und Bildung. Hamburg o.J.

Verein zur Förderung autistisch Behinderter (Hrsg): Autistische Menschen verstehen lernen autistisch Behinderter. Stuttgart 1991.

WEBER, D.: Psychotische Störungen, insbesondere Autismus. Fernuniversität Hagen 1983.

WILLIAMS, D.: Ich könnte verschwinden, wenn du mich berührst. Erinnerungen an eine autistische Kindheit. Hamburg 1992.

WING, J.K. (Hrsg.): Frühkindlicher Autismus. München 1993 .

WINNICOTT, D.W.: Reifungsprozesse und fördernde Umwelt. München 1974.

WINNICOTT, D.W.: Familie und individuelle Entwicklung. München 1978.

WINNICOTT, D.W.: Vom Spiel zur Kreativität. Stuttgart 1992.

ZÖLLER, D.: Wenn ich mit euch reden könnte ... - Ein autistischer Junge beschreibt sein Leben. München 1991.

# Christoph Ertle/Frieder Schmitt:

# Auf dem Weg zur Professionalität des Kliniklehrers

## 1. Überlegungen zum Forschungsgegenstand (Ertle)

Zwei Jahre nach Beginn des Forschungsprojekts „Schüler im Klinikum" legt die Arbeitsgruppe erste Ergebnisse aus inzwischen vorliegenden Untersuchungen einem größeren Kreis Interessierter vor. Der Charakter thematischer Breite macht insofern Sinn, als wir in ein uns wenig bekanntes Feld pädagogischer Alltagsarbeit eingetreten waren und für den weiteren Weg auf bereits vorhandene Spuren angewiesen sind. Dabei haben sich die Projektmitarbeiter in den Entwicklungsprozeß der in Reutlingen entstandenen und entstehenden Arbeiten eingebracht, auch in der Hoffnung, über die Arbeitsergebnisse von Studierenden den eigenen Weg besser vorstellbar zu machen.

Im August 1994 begann eine Bündelung bereits laufender Einzelvorhaben wie z. B. Zulassungsarbeiten zu Staatsprüfungen für Lehrämter, Vorträge zu Fortbildungsveranstaltungen oder Auftragsarbeiten zu Sammelwerken unter das Gesamtthema „Schüler im Klinikum". Auch begann sich Interesse zu rühren für Untersuchungen, die unter der Anleitung Dritter entstanden waren und die von ihren Fragestellungen und Ergebnissen her den eigenen Vorstellungen entgegenkamen. Der Forschungsauftrag indessen fordert dazu heraus, eine eigenständige Linie zu suchen und gespannt auf Ungewohntes zuzugehen. Dabei stehen die Schule und deren Lehrer für kranke Kinder im Mittelpunkt, das Projekt nimmt also beim Arbeitsbündnis zwischen Schüler und Lehrer seinen Anfang und kehrt dorthin zurück. Das Ungewohnte und das, was uns als spannend erscheint, eröffnet sich aus der Distanz, die uns die Arbeitsbedingungen an der Hochschule bieten.

---

Dieser Aufsatz (Anteil Ertle) ist eine überarbeitete Fassung einer Arbeit, die ich am 8. Juli 1995 in Reutlingen, am 17. November 1995 in Waldkirch, am 2. März 1996 in Dresden, am 10. Mai 1996 in Uppsala und am 28. Juni 1996 in Donaueschingen vor Lehrern an Klinikschulen vorgestellt habe. Zu dieser vorliegenden gemeinsamen Fassung haben sich die Autoren entschlossen, weil damit die Diskussion um das umstrittene Kapitel „Qualifikationsprofil des Kliniklehrers" belebt werden soll.

Eine Reihe von Erfahrungen haben wir bisher gemacht. Dazu gehören der Erwerb einschlägigen Grundwissens ebenso wie erstes Kennenlernen feiner Linien im erzieherischen Feld der Schule für Kranke und des komplizierten Netzes von Schule und umgebender Institutionen, wie es spannender kaum sein könnte. Was ist damit gemeint? Vielleicht hat es etwas damit zu tun, daß diese zehnte Sonderschulart nach dem Schulgesetz des Landes Baden-Württemberg bis heute lediglich über eine kurz gefaßte Verwaltungsvorschrift verfügt, und man sich über die Ausbildung der künftigen Lehrer kaum Gedanken gemacht hat; es gibt keinen Sonderschullehrer für kranke Kinder. Ein bescheidenes Angebot konnte in den letzten Jahren für die Lehrerfortbildung bereitgestellt werden.

Mit der Randstellung dieser Schule - wenn es um die Voraussetzung der Lehrertätigkeit, um Bildungspläne oder um Selbstverständlichkeiten wie Räume und Inventar, mehr noch, wenn es um die Verankerung im Verständnis der öffentlichen Meinung geht - kontrastiert die Farbigkeit ihres Alltags. Wer Einblick erhält oder über längere Zeit Gelegenheit hatte, dort in einer Fallbesprechungsgruppe mit einem Kollegium zu arbeiten - so wurde es dem Autor zuteil - der mag über die Vielfalt an erfindungsreichem Unterricht, basierend auf teilweise schon selten zu nennendem Einfühlungsvermögen und pädagogischem Geschick der Lehrkräfte staunen. Man gewinnt den Eindruck, als sei Unterricht gerade unter den Extrembedingungen eines Krankenhausaufenthalts besonders ausgeprägt kreativ möglich, vielleicht, weil sich die Lehrer immer von neuem in ohnmächtigen Situationen wiederfinden und Kräfte mobilisieren müssen, sich diesen zu stellen. Muß deshalb nicht jedem formalistischen Bestreben im Bereich von Lehrerbildung oder curricularen Vorgaben mit Distanz begegnet werden? Kann auf Spezialausbildung nicht verzichtet werden? Oder lauern doch im Hintergrund die Folgen von ungeklärten Vorgaben für diesen Beruf, die zwar unsichtbar bleiben, auf längere Sicht aber Probleme bereiten könnten, etwa, wenn es um die nächste Generation der Kliniklehrer und deren Berufsqualifikation geht? Unter spannend verstehe ich heute, daß es Erkenntnisse gibt, die auf vergleichsweise provisorischen Arbeitsbedingungen beruhen. Ich nenne beispielhaft den Gesamtschulcharakter dieser Institution, ferner die besondere Motivation für Unterricht bei schwerkranken Kindern, deren häufig wechselnde Stimmungslagen mit ihren ganz eigenen Ausprägungen, ihren Brüchen und ihren Formen von Lernwillen und Verweigerung.

Zu den spannenden Seiten gehört auch die Attraktivität des Themas „Schüler im Klinikum" an der Hochschule, die sich in Gestalt abgeschlossener und laufender Staatsexamensarbeiten konkretisiert. Was läßt Studierende gerade diesen Themenbereich suchen? Ist es der ganz andere Charakter von Schule und Unterricht? Sind es die Schicksale der Kinder? Ist es der beschützende Raum der Klinik, der auch die Schule umfängt? Ist es das Interesse einer Begegnung mit bedrohlichen Situationen, die man, projektiv, an anderen nacherleben kann? Tatsache ist auch, daß Studierende aus allen in der Fakultät vertretenen Studienrichtungen, bzw. künftiger Lehrämter, sich zu diesem Themenbereich hingezogen fühlen.

Was bisher vorgelegt worden ist, ist Ergebnis praxisnaher Forschung, die ohne die betreuenden Kolleginnen und Kollegen an den Schulen nicht zu leisten gewesen wäre*. Die Arbeiten der letzten Zeit zeichnen sich durch Bezogenheit aus, die den Forscher im schulischen Alltag sieht, sei es als Praktikant, als Betreuer in einzelnen Fächern oder als Fachlehrer auf Zeit. Die Details zeigen, daß vieles über Erproben, Prüfen, erneutes Erproben abläuft. Forschen ist mühsam und kann ratlos machen. Und spätestens hier ist zu entscheiden, ob die Frage nach spezifischen Neigungen, Fähigkeiten und Wissensbezügen als Voraussetzungen für den Lehrerberuf an dieser Schule zu stellen ist und wie sie beschaffen sein sollten.

## 2.  Zur Problematik von Qualifikationsmerkmalen

Mit der staatlichen Einigung der Deutschen im Jahre 1990 tat sich eine neue Chance auf, kennenzulernen und mitzudiskutieren, wie man andernorts mit kranken Kindern arbeitet. Vergleicht man daraufhin die fundamentalen Arbeitsbedingungen und die wirtschaftliche Basis in den neuen Bundesländern, dann sollte sich ein Konflikt um Qualifikationsmerkmale doch eigentlich beruhigen, ehe er überhaupt beginnt. Dies wäre allzu oberflächlich gesehen; tatsächlich reicht die Diskussion inzwischen in wesentliche Bereiche hinein, die man in den neuen Bundesländern inzwischen sieht und sich zu Wort meldet. Diese Entwicklung ist eigentlich erst seit ca. einem Jahr spürbar, zumindest für uns, und verspricht, wenn man das zunehmende Selbstbewußtsein der Kollegenschaft realisiert, spannend und kontrovers zu werden.

---

* In der Form von Praxisanleitung für die Studierenden der Fachrichtung Verhaltensgestörtenpädagogik an der Fakultät für Sonderpädagogik Reutlingen besteht Zusammenarbeit mit der Schule am Klinischen Jugendheim der Kinder- und Jugendpsychiatrie Tübingen seit 1972. Schriftliche Arbeiten für das Staatsexamen und Diplomarbeiten in Erziehungswissenschaft sind seit Beginn des Forschungsprojekts "Schüler im Klinikum" möglich geworden.

So nachhaltig sich auch auf diesem Hintergrund die Frage nach Funktion und Qualifikation stellt, so ist für unsere Forschungsarbeit zu klären: Belastet man das Vorhaben nicht mit einer Kategorie, wie sie sich im Begriff „Qualifikationsmerkmal" ankündigt? Soll nicht Forschung den Blick weiten, während demgegenüber definitorische Elemente an Einengung in Gestalt von Berufspolitik und Karriere erinnern? Man kann in der Tat in eine Falle laufen, wenn mit Begriffen und Tugendkatalogen eine lebendige Diskussion zugedeckt und die Meßlatte anderer Lehrergruppen mitbenutzt wird. In einer Variante dieses Bildes sammelten wir erste Erfahrungen in Sachsen, als berufspraktisch vorzüglich ausgewiesene Kollegen in zunächst kaum nachvollziehbarer Weise westliche Merkmale unbesehen zu übernehmen gedachten und relativ wahllos Fortbildungsangebote sammelten. Mit schlechter, weil unverarbeiteter Theorie, drohte gute, kindorientierte Schulpädagogik, erschlagen zu werden. Hier bahnt sich indessen Ernüchterung an, und deshalb erscheint eine Diskussion im beabsichtigten Sinn möglich und erwünscht. Die Auseinandersetzung um berufliche Qualifikation verschiebt sich aus einer existentiell geführten in eine solche um professionelle Merkmale, und dazu möchte diese Veröffentlichung Anstöße liefern. Einige Grundüberlegungen sollen noch einmal in Erinnerung gerufen werden.

Die Sonderrolle der Schule für Kranke ist auffällig. Sie scheint quer zu allen anderen Schularten zu stehen; sie ist einerseits umfassend, andererseits von zeitlicher Begrenztheit wie keine andere. Ihr schulischer Auftrag rührt mitunter an die Extreme menschlichen Lebens, und dennoch kann sie, strenggenommen, keine Einrichtung der Sterbehilfe für junge Menschen sein, wenn auch klar ist, daß sie Kindern den Abschied vom Leben ermöglichen soll. Die Schülerschaft ist im voraus nicht bestimmbar, auch wenn Erfahrungswerte vorliegen. Vom Unterrichtsverständnis ist sie eher auf kurzfristige, häufig fraktionierte Angebote angewiesen, aber auch langfristiger Unterricht kann zur Regel werden. Die Schule ist Institution in der Institution - Ärzte, Psychologen, Sozialarbeiter, Pfleger und Schwestern können zu Kollegen werden, eine fast beneidenswerte Erweiterung der Perspektiven und für interdisziplinäre Zusammenarbeit eine Relativierung eigener Machtvollkommenheit. Dieser Status kann auch beschwerlich werden und fortwährend Rechtfertigung provozieren. Schließlich besteht die pädagogische Aufgabe darin, Denkverbote zu lockern, gelegentlich auch Trostlosigkeit zu lindern und dabei eine Art Brückenbaufunktion zur Welt draußen zu leisten.

Es gibt nach meinen bisherigen Beobachtungen in der Kollegenschaft einerseits eine defensive Argumentationslinie: sie bewegt sich entlang mehr oder weniger rechtfertigender Begründungen, die zwei unheimliche Verfolger vermuten läßt, nämlich Regelpädagogik und Sonderpädagogik. Diese Linie lautet: „Aber wir arbeiten doch genauso wie die anderen ..." Ein unüberhörbarer Klageton hat Leitmotiv-Charakter bekommen. Die andere Linie ist durch Lust und Interesse gekennzeichnet. Hier kann von einer aggressiven Argumentationslinie die Rede sein, aggressiv in der Bedeutung von ausgreifend, auf eine Sache zugehend. Sie bietet sich auch deshalb an, weil sich die Schule für Kranke neben zunehmendem Interesse bei Praktikanten der Fakultät für Sonderpädagogik Reutlingen auf dem Hintergrund der Kostendämpfung im Gesundheitswesen auch der Prüfung ihrer Daseinsberechtigung ausgesetzt sieht.

Zur weiteren Entfaltung und Begründung professioneller Überlegungen bedurfte es verstärkten Austauschs, auch über staatliche Grenzen hinweg. Im Jahr 1992 versuchte der 2. Kongreß der Europäischen Krankenhauslehrer unter der Themenstellung „Der Patient als Schüler - der Schüler als Patient" einen Kippeffekt in die Betrachtung einzuführen, der die changierenden Positionen widerspiegeln sollte. Und ähnlich verhält es sich mit den genannten defensiven und aggressiven Linien. Die erste ist auf dem Hintergrund der schweren Belastung allzu verständlich. Aber es könnte auch dazu führen, daß die besondere Konstellation nicht mehr den Weg freigibt für notwendige Offenheit gegenüber Unterrichtsformen oder Inhalten - man ist froh, einen halbwegs persönlich verläßlichen Alltagsrahmen gefunden zu haben. Die andere wird für das Überleben dieser Schulart nötig sein. Verkürzte Liegezeiten drohen das pädagogische Konzept zugunsten ökonomischer Vorgaben zu verdrängen. Selbstvergewisserung und Überprüfung beruflicher Identität sind unabdingbar. Man wird argumentieren müssen, weshalb diese Schule unverzichtbar ist und weshalb eine Auflösung fatale Folgen hätte.

Im Rahmen eines der Hauptreferate beim Kongreß 1992 hatten sich Johanna Maria LANGE u.a. der Frage angenommen, welchen basalen Themen sich die Krankenpädagogik zu stellen habe. Im Schlußkapitel widmete sich die Autorin der Qualifikation dieser Lehrergruppe und stützte sich dabei auf Vorarbeit von v. BELOW und SCHMITT. Beide Autoren hatten sich für ihre Vorlagen des Sachverstandes von Arbeitsgruppen des Verbandes Deutscher Sonderschulen (VDS) bedient, um über den Diskurs allmählich zu einer Vorlage für erweiterte Diskussion in der fachlichen Öffentlichkeit zu kommen. Die abschließende zusammengefaßte Thesensammlung kann als persönliche Überzeugung von J.M. LANGE verstanden werden. Während v. BELOW in einer gegliederten Übersicht Informationen über das Umfeld der Arbeit mit kranken Schülern - Qualifikationen für sonderpädagogische Aufgaben und persönliche Befähigung des Krankenpädagogen zu Kapitelüberschriften - erhebt, und dabei auch zu den Unterkapiteln (Medizin, Soziologie, Psychologie, Geschichte und Recht) wesentliche Angaben macht, kann daraus nicht zwingend erschlossen werden, inwiefern die genannten Merkmale typisch bzw. charakteristisch für den Lehrer an Klinikschulen sind. Die Frage nach der Qualifikation spitzt sich zu, wenn man die inzwischen verbreitete und in ihrer Absicht begründete Synopse von

LANGE, SCHMITT u.a. (1989) mit heranzieht. Diese Synopse trägt die Überschrift: „Qualifikationen und Tätigkeitsfelder von Lehrerinnen und Lehrern an Schulen für Kranke". Sie ist das Kernstück in der folgenden Diskussion.

## 3. Zielkatalog „persönliche Eignung" - realistische Vorgaben und idealistisches Übergewicht

Während der Leser die Rubrik Tätigkeitsfelder nachvollziehen mag, die Rubrik Arbeitsbereiche in der vorgestellten Form unstrittig ist, kann die dritte Rubrik persönliche Eignung (Zielkatalog) kritischer Aufmerksamkeit sicher sein. Als erster Versuch dieser Art verdient er zunächst Würdigung, fordert aber zugleich zur Ergänzung und Korrektur heraus.Mustert man diesen Zielkatalog durch, so ergibt sich folgende Bewertung:

1. Die Forderung nach *mehrjähriger Berufserfahrung* an Regelschulen halte ich für wünschenswert, vielleicht sogar für geboten. Der Kontrast zwischen Regel - und Klinikschule, die Übersicht zu fachdidaktischen und methodischen Elementen kann sich nicht allein aus der speziellen Situation herleiten, sondern er muß selbst erfahren worden sein. Mit diesem Punkt läßt sich die Hoffnung entwickeln, daß auch künftig Lehrer aus allen Schularten Zuneigung zu diesem pädagogischen Feld entwickeln und dort ihre Berufsidentität finden.

2. Der Anspruch, es bedürfe der *Kenntnisse spezifischer Krankheitsbilder* bedarf keiner Rechtfertigung. Zumindest Grundwissen kann die Sonderschullehrerausbildung vermitteln, doch bleiben Details und Zusammenhänge der allmählichen Erfahrung und der direkten Beobachtung einem langen Prozeß vorbehalten, innerhalb dessen das Zusammenspiel von Krankheit und aktuellem Zustand studiert werden muß. Denn diese Kenntnisse bilden die Basis dafür, wie Bildungsprozeß und Lernvorgang eingefädelt werden können. An dieser Stelle wird entschieden, ob sich die „Berufsidentität Lehrer" stabilisiert, oder ob der Lehrer in die undankbare Rolle eines Lehrers mit angelesenem medizinischem Wissen gerät und dabei immer nur die zweite Geige spielt.

3. Unstrittig ist auch die Forderung nach *Bereitschaft zu personorientiertem Unterricht.* Es sollte vielleicht besser davon die Rede sein, der Lehrer müsse darauf verzichten können, stets vor einer Klasse zu agieren, ohne dies als Lehrerstatus minderer Qualität anzusehen. Einzelunterricht erfordert eine andere Art von Zufriedenheit: man ist Kindern näher, diese sind ungeschützt durch die Klassenkameraden, die Kinder sind mehr ausgeliefert; andererseits können sie ganz stark sein - eine labile Balance läßt rasche Kippungen zu. Einzelunterricht setzt die Fähigkeit voraus, „allein sein zu können" (wie es Winnicott formulierte) und Pausen oder Schweigen nicht mit Fragen abzukürzen. Handlungsmuster dafür gibt es nicht, sondern gefragt ist eher nüchterne Selbstprüfung, die aller-

dings aus einer guten Lehrerbildung Impulse empfängt. Ich halte auch an dieser Stelle die Balintgruppe für das geeignete Schulungsinstrument und verweise auf Arbeiten von H. G. GARZ.

4. Ein Merkmal ist notwendigerweise strittig: die *Forderung nach sonderpädagogischer Ausbildung*. Es hat sich gezeigt, daß mit diesem Topos Dienstbesprechungen gedehnt werden können, weil Sonderpädagogik, Sonderschule qua Klinikschule und besondere Qualifikation ständig durcheinander gebracht werden.

Die Schule für Kranke ist ohne Regelschullehrer nicht vorstellbar: d.h. GHS, Real- und Gymnasiallehrer, in einigen Bereichen auch Berufsschullehrer bilden zusammen mit den Sonderschullehrern ein Kollegium, das diese Schule unvergleichlich macht. Wenn Sonderpädagogik in diesem Kontext verhandelt wird, dann als Forderung nach gründlicher diagnostischer Kompetenz, damit Verständnis in der Erstellung und Bewertung von Gutachten und somit von Entwürfen von Handlungsplänen. Ganz unerläßlich ist auch gründliches Wissen über das komplexe Netzwerk, innerhalb dessen pädagogische, medizinische, soziale und administrative Ämter, Beratungsstellen, Dienste und Selbsthilfegruppen miteinander verbunden sind.

Es zeigt sich hier, wie weit Sozialpädagogik, Sozialpädiatrie und Sozialpsychiatrie in pädagogische Belange der Schule hineinreichen. Die Fakultät für Sonderpädagogik Reutlingen hat aus dieser Notwendigkeit die Konsequenz gezogen und ein Basiswissen über Institutionen, vermittelt über konkrete Begegnungen, zu Lehr- und Prüfungsthemen gemacht. Das Echo auf entsprechende Lehrangebote zeigt, daß dieses vernetzte Denken gesucht wird. Auch die Fähigkeit zur Beratung und Gesprächsführung kann dazu gezählt werden. Von hier aus stößt das Projekt neue Überlegungen für die Ausbildung an.

5. Einige anderen in der Synopse aufgeführten Qualifikationen halte ich indessen weniger für falsch als vielmehr für unspezifisch, bzw. für alle Lehrerberufe obligatorisch. Ich denke, daß Forderungskataloge dieser Art die Krankenhauslehrer hinter einen Stand der Diskussion zurückführen, der, bei Licht besehen, am Krankenbett längst erreicht war. Ich nenne deshalb nur summarisch die problematischen Punkte: Empathie (gemeint ist wohl eher die Fähigkeit zur Empathie) kann niemals Markenzeichen nur einer Berufsgruppe unter den Lehrern sein, ebensowenig wie Selbstbewußtsein, physische und psychische Stabilität, engagierte Professionalität, Teamfähigkeit, Konfliktfähigkeit, Aufgeschlossenheit, Flexibilität oder gar Bereitschaft zur Fortbildung. Sie können sinnvoll werden, wenn sie innerhalb konkreter kasuistischer Arbeit aufgezeigt, nachgewiesen und auf dem Hintergrund eines Theoriekonzepts erklärbar sind. Mißlingt dies, erleiden sie das Schicksal vergleichbarer Tugendkataloge: sie

werden zur Kenntnis genommen, mehr nicht. Gelingt es aber, dann können sie Handlungsspielräume eröffnen und begründete fachliche Diskussion anregen. Ich skizziere dies am Beispiel der *Forderung nach Flexibilität*.

Der Kliniklehrer wird ständig vor Situationen gestellt, in denen er geplanten Unterricht variieren muß und im Rahmen dauerhafter Neuorientierung Schule anbietet. Neben Inhalten fordern auch Unterrichtsorganisation und der Bereich Medien und Arbeitsmittel flexiblen Umgang. Einsichtig wird die Forderung jeweils immer im Kontext von Kasuistik. Eng damit zusammen hängt vermutlich auch das ständige Kommen und Gehen innerhalb der Schülerschaft. Sieht man von den Kliniken mit regelhaften Langzeitpatienten ab, so erfordern die kürzeren Liegezeiten in der Angebotsform mehr und größere Beweglichkeit. Der Episodencharakter von Unterricht kann zugleich für Schüler existentiell bedeutsam werden; dann werden einzelne Tage oder gar Stunden ganz anders gewichtet als das Gleichmaß der schier endlosen Zeit von zwei Jahren Regelschule. Andere Qualifikationsmerkmale lassen sich nicht ohne weiteres aus den Vorlagen entnehmen, sondern sind eigens zu formulieren. Dazu zählen:

6. Wer seine Lehreridentität in einer souveränen Rolle des Meisters vor seiner Klasse mit vitalem Verlangen nach Stoff und Arbeit sieht, wird in der Klinikschule Probleme haben: hier ist man nicht nur auf Kooperation angewiesen, in der Situation einer ganz anderen Art von Souveränität, u.U. zerrinnt Zusammenarbeit ganz, und man findet sich am Ende einer Hierarchie wieder, die freilich auch wieder auf den Kopf gestellt werden kann. Man kann zum fünften Rad am Wagen werden, Pläne werden gekippt, Vorbereitung umgebogen, während andere Berufsgruppen dominieren. Es ist in einem ganz anderen Maße *Bereitschaft* gefordert, *Macht zu teilen*, ganz abzugeben, oder auch heftig zupacken zu können. Dies macht empfindsam und setzt Empfindsamkeit gleichzeitig voraus - „klare Linien" gibt es auch, aber sie sehen anders aus, eben so, daß der Kliniklehrer von dem Provisorium nicht erdrückt wird und dennoch darin Kontinuität sehen kann. Hier wird noch Forschungsarbeit zu investieren sein.

7. So wesentlich Einzelunterricht und Unterricht mit Episodencharakter sind, so wenig darf *Gruppenunterricht* zur Nebenform verkommen. Vorliegende Untersuchungen einer Klinikschule erhellen, daß gerade noch 20% - 25% des Unterrichts als Gruppenunterricht angeboten werden; sog. „organisatorische Mängel" dominieren dabei in der Begründung. Ich gebe zu bedenken, ob solche Argumente nicht auch in den Vordergrund geschoben werden können, um andere, den Einzelunterricht favorisierende, zu stärken. Kein Zweifel: Einzelunterricht mag unmittelbar stärkend wirken und mehr den Stoff direkt vermitteln. Was zu kurz kommt, ist die Klassen- oder auch Kleinklassensituation als Lern- und Arbeitsrahmen, die ein Moment von Realität vermitteln kann und Schülern das Gefühl gibt, „unter sich" zu sein. Es kann hier auf entsprechende Erfahrungen in der Schule am Universitätsklinikum „Carl Gustav Carus", Dres-

den verwiesen werden, wo Unterricht zunächst als Gruppenveranstaltung angeboten wird. Vergleichbares gilt für einen Teil des Unterrichts an der Schule für Kranke in Freital, Sachsen. Gruppenunterricht vermag die kindgemäße Relativität in der Leistungsbeurteilung eher sicherzustellen, vermag herauszufordern und zugleich im gemeinsamen Schicksal, Patient zu sein, Solidarität zu fördern. Ich gebe diese Argumente zu bedenken und rege an, dem Gedanken von „Schule" auch unter erschwerten Bedingungen seinen unverwechselbaren Charakter zu erhalten.

8. Klassenlehrer haben ihre Klasse, die sich für ein Jahr oder auch mehr miteinander auf ein Arbeitsbündnis einlassen. Dieser äußere Rahmen - Zimmer, Schulzeiten, Stundenplan, Arbeitsformen - steht im wesentlichen fest. In Kliniken kommen und gehen die Kinder, manche kommen mehrmals, einige ganz oft, andere für den Rest ihres Lebens und müssen bis zum Ende auch schulisch versorgt werden. Während die Leitlinie der Regelschule darauf ausgelegt ist, die Kinder auf das Leben vorzubereiten und dazu Wissen und Kompetenz zu mehren, kann es in der Schule für Kranke darum gehen, Kinder auf ihr Ende vorzubereiten. Es wirkt wie ein Widerspruch in sich: Kompetenzerweiterung im Blick auf das Ende? Also kein Unterricht, sondern Sterbehilfe? Man kann auch sagen: Lebenshilfe, um auch damit sterben zu können. *Die Pädagogik hat zweifellos die Lebenskräfte zu stärken*, solange dies gewünscht wird. Solange Kinder noch Unterricht haben möchten und können, und sei dieser Wunsch auch noch so verdeckt, solange ist Unterricht anzubieten. Es erscheint jedoch einsichtig, daß dabei nicht mehr Stoffpläne oder altersstufengemäße Methoden das Feld beherrschen, sondern individuelle Wünsche zum „Plan" werden können. Ich denke, man kann auch bei schwerkranken Kindern „heimliche Lehrpläne", u.U. entzifferbare Pläne vorfinden - sie können im Zweifelsfall auch einseitig auf ein Fach oder einen Themenbereich bezogen sein. Wer in einer Schule für Kranke unterrichtlich tätig werden möchte, muß sich auf einen solchen Wechsel eines wesentlichen Paradigmas einstellen und fragen, ob solche Offenheit mit seinen Berufsvorstellungen übereinstimmt.

9. Kleingruppen- oder Einzelunterricht grenzen den Spielraum an didaktischen Formen erheblich ein; *Methodenwechsel*, in der Regelschule zumindest propagiertes Mittel den Unterricht zu bereichern, ist in der Schule für Kranke reichlich bereitzuhalten. Oft hat sich der Lehrer selbst in die Schülerrolle zu begeben, dann etwa, wenn vorbereiteter Unterricht für eine Kleingruppe nicht zustandekommen kann, weil ein Schüler nicht zum Unterricht fähig ist, und so bereitet der Lehrer Unterricht für sich als sein eigener Schüler vor. Eigentlich kann hier von einer wertvollen Erfahrungsbasis gesprochen werden, die sich ständig verändern kann. Dies braucht keineswegs nach jedermanns Geschmack zu sein. Für den Kliniklehrer ist es obligater Alltag.

Die genannte Tagung in Waldkirch (1995) war veranstaltet worden von HOPE (Hospital Organisation of Pedagogues in Europe), einem Zusammenschluß von Kliniklehrern in Europa. In einer ersten Bestandsaufnahme zeigte sich, daß Fragen nach der Qualifikation eng mit dem wachsenden Selbstverständnis, aber auch mit dem instabilen Status der Klinikschule zusammenhängen. Auch in anderen europäischen Ländern kann sich die Arbeit mit kranken Schulkindern keines verbrieften Rechts als Dauerlösung erfreuen: Kostendämpfung, medizinischer Fortschritt und damit einhergehende verkürzte Liegezeiten, unbefriedigender Zustand der Lehrerfortbildung mögen vorerst als Stichpunkte genügen. Als wesentliche Positionen traten während der Tagung in Waldkirch zutage: die Teilnehmer plädierten für die Notwendigkeit eines „another look to the child", zu beginnen sei „from looking to the stage of a sick child to focus the child and his needs, renewing the school treatment".

Auch an anderer Stelle gab es wesentliche Anstöße: so sei Klinikunterricht vom gleichen Konzept wie Regelunterricht geprägt, wobei die Notwendigkeit einer Konzentration auf einen Focus bestimmend ist. Als Forschungsdesiderate im didaktischen Bereich wurden Gruppenunterricht mit Kindern unterschiedlicher klinischer Abteilungen und Fachunterricht in den musischen Fächern vorrangig genannt. Hier kann auf Arbeiten verwiesen werden, die inzwischen vorgelegt wurden.

Die weitere Diskussion und Entwicklung der Qualifikationsmerkmale für Klinikschullehrer gehört zu den Kernstücken dieses sonderpädagogischen Bereichs. Es ist erfreulich, daß der Austausch mit einem der Co-Autoren des Qualifikationspapiers, F. SCHMITT, im Rahmen einer Tagung an der Staatlichen Akademie für Lehrerfortbildung Donaueschingen fortgeführt werden konnte.

## 4. Von Qualifikationen und Qualität in der Schule für Kranke (Schmitt)

Die Frage nach den besonderen schulpädagogischen Bedürfnissen kranker Schülerinnen schließt die Frage nach den besonderen Qualifikationen und Eignungsmerkmalen von Lehrern an Schulen für Kranke mit ein. Mangels eines eigenen Studienfaches „Krankenpädagogik" zeigt die Diskussion über die Bedürfnisse kranker Kinder und über die spezifische Professionalität im Umgang mit kranken Kindern die unbefriedigenden Merkmale von Zufälligkeit, Selektion und Verallgemeinerung; so eine kontinuierliche Diskussion überhaupt stattfindet, beschränkt sie sich auf Fortbildungsveranstaltungen im relativ kleinen Kreis, meist ohne Sicherung und Publizität der Arbeitsergebnisse.

Ein wissenschaftliches Paradigma „Krankenpädagogik" gibt es nicht. Dies kann man den Lehrern vor Ort nicht anlasten, zumal sie fast täglich Opfer dieses Mangels werden. Versuche, dem Mangel abzuhelfen, verdienen daher Respekt, unabhängig von der Qualität der sporadischen Beiträge.

Eine internationale Arbeitstagung des Verbandes Deutscher Sonderschulen in Vorderbüchelberg (Baden-Württemberg) 1991, hat die Diskussion um „Qualifikationen und Tätigkeitsfelder von Lehrerinnen und Lehrern an Schulen für Kranke" erneut aufgegriffen; eine gleichlautende Synopse, welche die Ergebnisse thesenartig zusammenfaßt, wurde unter der Koordination von Johanna Maria LANGE (Münster) und mir erstellt und ab 1992 auf verschiedenen Veranstaltungen einer breiteren Öffentlichkeit vorgestellt. Als „Orientierung auf einen Blick" erfuhr das „Qualifikationspapier" eine unerwartete und unbeabsichtigte Wirkung; den Autoren war offensichtlich mehr bewußt als den Lesern, daß dieses Papier keinen Anspruch auf letztgültige Wahrheiten stellen kann und die thesenartige Auflistung notwendigerweise kasuistischer Beschreibungen, Ergänzungen und Korrekturen bedarf. Diesem Thema hat sich das Forschungsprojekt „Schüler im Klinikum" der Falkultät für Sonderpädagogik Reutlingen unter Leitung von CHRISTOPH ERTLE angenommen. Damit hat ein „bescheiden" angelegter Beitrag aus der Schulpraxis Eingang in die wissenschaftliche Diskussion gefunden und - wiederum im üblichen kleinen Rahmen von Fortbildungsveranstaltungen, zuletzt in Donaueschingen 1996 - einen erfreulichen Diskurs zwischen ERTLE und mir initiiert. Mit dem vorliegenden Beitrag komme ich ERTLES kritischer Anregung nach, die vorgefertigten Begriffe des Qualifikationspapiers durch praxisbezogene Erläuterungen verständlich zu machen und den Außenstehenden unspezifisch erscheinende Qualifikationsmerkmale durch ihre, Insidern bekannte, Spezifizität zu begründen (vgl. ERTLE 1996).

Diskussion und Kritik des Qualifikationspapiers geraten bereits in eine Schieflage, wenn unberücksichtigt bleibt, daß dieses lediglich für Insider, besonders in Schulleitungsfunktion, verstanden war, z. B. um bei Bewerbungsgesprächen, Behördenkontakten und internen Konzeptdiskussionen auf eine Argumentationshilfe in Stichworten zurückgreifen zu können. Insider können auch mühelos die Querbezüge innerhalb der einzelnen Rubriken erkennen; die Kaprizierung auf die Rubrik „Persönliche Eignung (Zielkatalog)" stellt eine unzulässige Einengung des Interesses dar, da sie die ohnehin abstrakten Stichworte noch mehr ihres Kontextes beraubt.An einem Beispiel ist dies zu verdeutlichen:

„Bereitschaft zu personenorientiertem Unterricht" erscheint als unspezifische oder inhaltsleere Chiffre, solange sie nicht in Beziehung gesetzt wird mit mehreren Stichworten aus der Rubrik „Erziehung und Unterricht im therapeutischen Feld", z.B. mit „Auswahl relevanter Lerninhalte unter Berücksichtigung von Krankheitsbild - gegenwärtiger Lebenssituation - Neigungen und Vorlieben - individuellem Leistungsstand - Arbeitsplänen der Stammschulen". Unter

Beachtung solcher Querbezüge erscheint das Eignungsmerkmal „Personen-orientierung" nicht mehr als unspezifisch - weil für alle Lehrberufe obligato-risch - es wird vielmehr deutlich, daß Unterricht im Krankenhaus nicht in er-ster Linie als Wissensvermittlung anhand vorgeschriebener Bildungspläne ver-standen werden kann; es wird damit auch deutlich, daß Unterricht im Kran-kenhaus kein Nachhilfeunterricht ist und Lehrer an Schulen für Kranke somit keine Nachhilfelehrer sind. ERTLES Kritik bezieht sich ausschließlich auf den Zielkatalog „Persönliche Eignung". Deshalb beschränke ich mich im folgenden auf diese Rubrik unter der Prämisse mitgedachter Querbezüge zu anderen Ru-briken.

## 4.1 Mehrjährige Berufserfahrung an regulären Schulen

An Schulen für Kranke sollten keine Berufsanfänger arbeiten. Von Lehrern mit längerer Berufserfahrung kann erwartet werden, „daß sie über realistische Er-fahrungen der regulären Anforderungen an Schulen verfügen, didaktisch Wich-tiges von weniger Bedeutendem zu unterscheiden wissen und Sensibilität und Gelassenheit im Umgang mit unterschiedlichsten Schülerpersönlichkeiten er-worben haben" (SCHMITT 1989). Da reguläre Schule als organisiertes Lernen in Gruppen verstanden wird, ist es wünschenswert, daß mit diesem Verständnis auch das Lernen an Schulen für Kranke angegangen wird und, sofern keine organisatorischen Hindernisse oder kindbezogenen Einschränkungen entgegen-stehen, Gruppenunterricht als Organisationsform erster Wahl gilt. Mit der For-derung nach mehrjähriger Berufserfahrung ist  also auch qualifiziertes pädago-gisches Handeln in der Schule für Kranke verbunden, entsprechend den Erfah-rungen mit Unterrichtsorganisation an regulären Schulen. Schulen für Kranke sollen keine Nischenschulen werden für Lehrer, die sich der Forderung nach Gruppenunterricht nicht stellen wollen oder können. Daß an Schulen für Kranke aus vielfältigen und berechtigten Gründen Einzelunterricht stattfinden muß, schmälert nicht die begründete Forderung nach Gruppenunterricht.

## 4.2 Sonderpädagogische Kenntnisse - Kompetenz in Beratung und Gesprächsführung

Es ist nicht wünschenswert, daß an Schulen für Kranke ausschließlich oder überwiegend Sonderschullehrer unterrichten sollen. Nicht nur aus Gründen der je nach Schulart unterschiedlichen Schülerschaft ist eine solch einseitige Zusammensetzung des Kollegiums abzulehnen: Schulen für Kranke benötigen den inneren lebendigen Austausch unterschiedlicher professioneller Ansätze.

Nicht strittig sollte jedoch ein gemeinsames sonderpädagogisches Paradigma sein, nach dem Schulpädagogik sich in der Vernetzung mit anderen Hilfe-Systemen als individuelle Hilfe zur Bewältigung von Kranksein und Krankenhausaufenthalt versteht. Kranksein, zumal unter den Bedingungen eines Krankenhausaufenthaltes, stellt für jedes Kind eine Variable dar, die den Bildungs- und Erziehungsprozeß erheblich beeinträchtigt. Diese Beeinträchtigung bzw. Behinderung macht besondere schulische Maßnahmen und individuelle Hilfen erforderlich. Die didaktische Relevanz der Störung des Bildungs- und Erziehungsprozesses legitimiert auch die institutionelle Fassung der Schule für Kranke als Sonderschule (vgl. BERNDT 1987, 81).

Auch wenn Kompetenz in Diagnostik, Begutachtung, Beratung und Gesprächsführung, entsprechend der Ausbildung und dem professionellen Repertoire von Sonderschullehrern fast täglich von allen Lehrenden an Schulen für Kranke gefordert wird, ist Sonderpädagogik im Umgang mit kranken Kindern nicht als handwerkliche Technik, sondern als Haltung zu verstehen. „Die Echtheit unseres persönlichen Empfindens, Denkens und Handelns erhält pädagogisch mehr Bedeutung als jede neue organisatorische, didaktische und therapeutische Maßnahme" (HAEBERLIN 1996). Sonderpädagogische Kompetenz erweist sich in Tugenden wie Geduld, Hoffnung, Gelassenheit, Humor und Güte. Nur so erscheint Schule für Kranke ihren primären Auftrag erfüllen zu können, jungen kranken Menschen Zuversicht und Selbstvertrauen zu vermitteln, damit sie trotz Krankheit mit Freude und Erfolg lernen können.


## 4.3    Kenntnisse spezifischer Krankheitsbilder

Zu glauben, an Schulen für Kranke benötige man umfassende medizinische Kenntnisse, ist abwegig; gebraucht werden umfassende pädagogische Kenntnisse. Generalisierende Vorstellungen über einzelne Krankheiten entsprechen kaum der medizinischen Denkweise, dem pädagogischen Handlungsverständnis sind sie eher hinderlich. Was man über ein einzelnes krankes Kind wissen muß, erfährt man vom Arzt im Rahmen einer, hoffentlich guten, interdisziplinären Kooperation.

Kenntnisse über eine Krankheit werden in dem Sinn benötigt, als Schule die Krankheit thematisieren kann, um dem Kind zusätzliche Hilfe zum Verständnis seiner Symptome zu geben. Diese Aufgabe muß allerdings von Ärzten, Pflegern und Lehrern gemeinsam verantwortet werden. Lehrer können kranken Kindern auch beim Einüben eines auf die Krankheit bezogenen Repertoires von Verhaltensmöglichkeiten und bei der Vermeidung von Sekundärsymptomatiken behilflich sein z.B. bei der Berechnung von Broteinheiten bei Diabetes-

Erkrankung. Das Interesse gilt aber qua eigener Profession weniger der Krankheit als dem Kranksein eines Kindes, da nur auf dieser Ebene professionelle Handlungsmöglichkeit besteht.

Selbst im psychiatrischen Bereich, wo eine scheinbare historisch begründete „Verwandtschaft" von Medizin und Heilpädagogik besteht, plädiere ich für größtmögliches Desinteresse von Lehrern an Krankheiten und Diagnosen, aber für ein größtmögliches Interesse an konkreten Entwicklungsmöglichkeiten jedes einzelnen Kindes. Für die pädagogische Arbeit ist eine gewisse Unbefangenheit notwendig, um mit Kindern und Jugendlichen eine tragfähige Beziehung eingehen zu können. Nur so kann die kreative Potentialität jeder Person und Fähigkeit zur Beziehung zur Entfaltung kommen. Davon lebt Pädagogik und nur darin kann sie sich als erfolgreich erweisen, hier im Sinne von heilsam.

## 4.4  Fähigkeit zur Empathie

Empathie, nach allgemeinem Verständnis die „Fähigkeit, sich in andere hineinzuversetzen" (Duden), ist ein schillernder und mißverständlicher Begriff, weshalb wohl alle Lehrer für sich in Anspruch nehmen können „empathisch" zu sein. Wenn man unter Empathie „professionelle Besorgtheit" im Sinne Winnicotts versteht, sind von vornherein alle falschen Assoziationen ausgeräumt, die in Richtung Mitleidshaltung weisen.

Empathie ist insofern reife und erarbeitete Leistung, als sie im Interesse der eigenen Psychohygiene ständige Vergewisserung angemessener Nähe und Distanz verlangt. Für die Krankenpädagogik bedeutet dies, nötige Gelassenheit aufzubringen und erforderliche Solidarität mit dem kranken Kind zu leisten, ohne unter der emotionalen Last der dauerhaften Konfrontation mit krankheitsbedingtem Leid zu zerbrechen. BERNDT gebraucht ein aus meiner Sicht zutreffendes Bild: „... dem Kind die Tränen abwischen, aber nicht mit ihm weinen" (S.137).

Eine weitere professionelle Herausforderung liegt darin, den Unterricht auf einer guten Beziehung zum kranken Kind zu begründen, zugleich aber nur solche Bindungen einzugehen, welche die zwingende Lösung der Beziehung von vornherein mitbedenken. Je kürzer die Zeiten eines klinischen Aufenthalts werden, desto begrenzter werden die Möglichkeiten, das Kooperationsverhältnis Unterricht durch eine „punktgenaue" Beziehung zu beginnen, zu entfalten und zu beenden. In der prinzipiell befristeten Dauer der Situation und der dadurch bedingten Begrenzung pädagogischer Möglichkeiten, liegt die Gefahr des Verschleißes von Emotionalität und Mitmenschlichkeit. Auf diese Gefahr muß bei Bewerbungsgesprächen deutlich hingewiesen werden.

## 4.5 Physische und psychische Stabilität

Kein anderes Qualifikationsmerkmal erscheint auf den ersten Blick als so nichtssagend und unspezifisch wie dieses, und dennoch wissen alle in der Krankenpädagogik Tätigen, welch hochspezifischer und zugleich sensibler bis peinlicher Punkt damit angesprochen ist. Peinlichkeit betrifft die Tatsache, daß Schulen für Kranke, vornehmlich in der Vergangenheit, als Refugium für Lehrer, die an regulären Schulen gescheitert waren, angesehen wurden. Eine entsprechende Zuweisungspraxis der Schulbehörden hat an fast jeder Schule solche „Fälle" hinterlassen. Dies ist verhängnisvoll für die betroffenen Kollegen selbst wie für dieses Schulsystem insgesamt, das in dem offenen Beobachtungsfeld einer klinischen Einrichtung dadurch in schlimmen Mißkredit geriet. Über das Thema zu sprechen, so z.B. auf jeder Fortbildungsveranstaltung, fällt leicht, darüber zu schreiben wird eher vermieden. Ich greife das Problem dennoch auf.

Handelt es sich um Lehrer mit psychischen Auffälligkeiten, verbietet sich nicht nur ihr Einsatz im Bereich der Kinder- und Jugendpsychiatrie; er ist an Schulen für Kranke grundsätzlich problematisch. Das offene System Klinik kann zu einer Folterkammer werden, wenn Dauerbeobachtung nicht ausgehalten und vielfältigste Kränkungen und Entwertungen, durch Kinder und Erwachsene, nicht mehr verkraftet werden können. Wo mangelnder Realitätssinn und geistige Rigidität selbstkritische Haltung verwehren, entfallen alle Möglichkeiten, auf die eigene Psychohygiene zu achten: alle Chancen, die erforderliche interdisziplinäre Kooperation zu leisten, sind dann verbaut. Welche Belastung sich in einem Kollegium ergibt, wenn das Schicksal und der Gesundheitszustand einzelner Kollegen mehr Aufmerksamkeit erfordern als die eigentliche Aufgabe, sich kranken Kindern und Jugendlichen zuzuwenden, kann nicht drastisch genug dargestellt werden. Wenn ein Kollegium dauerhaft leidet, hat Krankenpädagogik keine Basis mehr. Verhängnisvoll ist, daß Schulbehörden diesem Aspekt oftmals so wenig Bedeutung beimessen.

Um Mißverständnissen vorzubeugen, es geht nicht um Ausgrenzung von Menschen mit Behinderungen, sondern um die Verantwortung, sie vor zusätzlichen Beeinträchtigungen und überfordernden Arbeitsbedingungen zu schützen. An Schulen für Kranke können sehr wohl Kollegen mit chronischen Erkrankungen oder Behinderungen arbeiten; es wäre nicht nur unrealistisch, von einer abstrakten Normgröße Gesundheit auszugehen; es wäre eine inhumane Haltung, kranke Erwachsene von der Betreuung kranker Kinder und Jugendlicher von vornherein auszuschließen. Damit würde das Anliegen der Mitmenschlichkeit und Solidarität, das der Krankenpädagogik innewohnt, als verlogene Attitüde entlarvt. Zu bedenken ist aber, daß eine Vielfalt von gesundheitlichen Einschränkungen einen Arbeitsplatz in der Klinik als ungeeignet ausweist. Ich nenne nur einige Beispiele:

Eine sehr starke Beeinträchtigung der körperlichen Bewegungsfähigkeit stößt in der Enge eines Stationszimmers auf zusätzliche Grenzen; in der Abteilung Kinder- und Jugendpsychiatrie ist Beweglichkeit dringend notwendig, um Kindern und Jugendlichen, wenn nötig, auch hinterherlaufen zu können. Wer übertriebene Ängste vor Ansteckung hat, ist an einer Schule für Kranke fehl am Platze. Für Menschen mit erhöhter Infektanfälligkeit ist die Klinik wegen des Risikos der Fremd- und Eigengefährdung kein geeigneter Arbeitsplatz. Vielleicht kann man sich auf folgende Regel verständigen: Kopf und Herz sollten von Ängsten und Sorgen um die eigene Gesundheit relativ frei sein, um sich ohne Vorbehalte kranken Kindern und Jugendlichen zuwenden zu können.


## 4.6  Selbstbewußtsein, Teamfähigkeit, Konfliktfähigkeit

Mit der Beschreibung physischer und psychischer Stabilität sind die Kriterien „Selbstbewußtsein, Teamfähigkeit und Konfliktfähigkeit" bereits angesprochen. Dennoch lohnt sich eine separate Betrachtung dieser Qualifikationsmerkmale. Aufgaben und Ort schulischer Krankenpädagogik verweisen auf unabdingbare Notwendigkeit, mit Berufsvertretern therapeutischer, pflegerischer und psychosozialer Hilfen zusammenzuarbeiten und Krankenpädagogik als Teil eines ganzheitlichen Rehabilitationskonzepts zu profilieren, das Diagnose, Förderung und Beratung in sich vereint. Nirgendwo im gesamten Schulsystem, auch nicht im Sonderschulbereich, ist kontinuierliche Zusammenarbeit mit anderen Berufsgruppen und Einrichtungen in diesem Ausmaß etabliert. Auf diese Aufgabe sind jedoch Lehrkräfte aufgrund ihrer beruflichen Ausbildung und Erfahrung an regulären Schulen nicht vorbereitet. Als Erschwerung kommt hinzu, daß das diagnostische und unterrichtliche Angebot der Schule für Kranke kontinuierlich als Ergänzung zur Medizin eingebracht wird und nicht Medizin, Therapie, Jugendhilfe und andere Maßnahmen als gelegentliche Ergänzung zur Pädagogik einbezogen werden. Relativ große Klinikschulen sind auch nur ein pädagogisches „Minisystem" in einem ganz auf Medizin eingerichteten „Maxisystem". Es gilt, selbstbewußt und offensiv auf unterschiedliche Menschen und Berufsvertreter zuzugehen und schulpädagogische Fachvertreter zu sein in Abgrenzung zu und in Kooperation mit anderen Berufsgruppen. Wer darauf wartet, im hektischen Betrieb einer Klinik wahrgenommen und angesprochen zu werden, wartet in aller Regel vergebens und riskiert, daß man über ihn, aber nicht mit ihm spricht. Der direkte Schutz der Schulleitung kann kaum in Anspruch genommen werden: Weitgehend auf sich allein gestellt, sind vom einzelnen Stationslehrer alle pädagogischen, kommunikativen und organisatorischen Aufgaben eigenverantwortlich zu leisten, eine Rolle, die es an regulären Schulen kaum gibt. Welches Maß an Durchsetzungsfähigkeit und Konzilianz erforderlich ist, um im hierarchischen Gefüge einer Klinik zurechtzukommen, ohne sich als paramedizinische Hilfskraft vereinnahmen zu lassen, ist, von außen gesehen, kaum nachvollziehbar. Absprachen darüber, was im Augenblick Vorrang hat, Medizin oder Pädagogik, können schwierig sein. In jeder klinischen Einrichtung herrscht Raumnot. Das Suchen nach einem pädagogisch geeigneten Ort bedeutet oft Kampf um Räume. Mangelnde Korrespondenz, Kompetenzgerangel und gelegentliche Konfrontation sind als strukturimmanentes Problem geradezu vorprogrammiert. Um effektiv und möglichst störungsfrei arbeiten zu können, müssen Qualifikationsprofile und gegenseitige Erwartungen der verschiedenen Kooperationsberufe einer permanenten Klärung unterzogen werden. Eine lohnende Aufgabe für selbstbewußte Menschen!

## 4.7 Engagierte Professionalität; Flexibilität

Wer an einer Schule für Kranke unterrichtet, kann unmöglich mit dem Raster „26 Deputatsstunden à 45 Minuten" im Kopf arbeiten. Jede Station hat ihre Eigenheiten, ihren eigenen Rhythmus, ihre besondere Arbeitsstruktur und -organisation; auf einer Station kann man vielleicht schon um 8 Uhr anfangen, auf der anderen geht vor halb 9 Uhr gar nichts. Untersuchungen, Visiten, Besuche zerschneiden den Vormittag, das Mittagessen findet am späten Vormittag statt, eine plötzliche Entlassung einer Schülerin am Vorabend entzieht dem Stationslehrer am folgenden Morgen fast 20 Prozent seines Unterrichtsauftrags; mehrere Neuaufnahmen an einem Vormittag verlagern die Aufmerksamkeit vom unterrichtlichen Arbeiten mit dem Kind auf Gespräche mit Eltern, Pflegern, Ärzten. Keine noch so flexible Phantasie reicht aus, zu beschreiben, was dem Lehrer auf Station an einem Tag alles widerfahren kann, welche besonderen Aufgaben anstehen, welche kindbezogenen Einzelentscheidungen zu treffen sind, welche Stimmungen und Verstimmungen zu berücksichtigen sind. Die Deputatsstunden sind, allein auf den Vormittag geplant, nicht unterzubringen, und die tatsächlichen Anforderungen an einen Stationslehrer sind quantitativ und qualitativ von anderer Art, als daß sie mit dem rigiden Zeitschema einer regulären Schule zu bewältigen wären. Wo es zum Arbeitsbeginn keine Klingel gibt, kann es selbstverständlich auch am Ende keine Klingel geben, und wo es keinen Sinn ergibt, im 45-Minuten-Zeittakt zu denken, entfällt auch die simple Addition von 26 Schulstunden.

Wenn Schule im Krankenhaus Sinn machen soll, bedarf es der Muße, des freiwilligen und freizügigen Umgangs mit Zeit. Nur so erscheinen die vielfältigen, menschlich herausfordernden Aufgaben in befriedigendem Maße lösbar. Lehrer an Schulen für Kranke müssen sich zu großzügiger zeitlicher Präsenz am Arbeitsplatz verpflichten, nicht weil sie angesichts der Arbeitszeiten der klinischen Mitarbeiter ein schlechtes Gewissen haben müßten, sondern weil die innere Freiheit, die sie zur täglichen Pflege der Beziehung zum Kind und für den sorgfältigen Umgang mit Eltern, Station und Stammschule benötigen, diese Selbstverpflichtung abverlangt. Im regulären Schulsystem wird immer deutlicher gefordert, daß die Arbeitszeit von Lehrern in der Schule über die Summe der Deputatsstunden hinausgehen müsse. Die Forderung sollte an Schulen für Kranke eingelöst werden durch den selbstverständlichen Konsens der Kollegien, daß die Arbeitszeit Deputatsstunden, Besprechungen, Beratungsgespräche und gemeinsame Vorbereitungen beinhaltet.

Ein Aspekt zum Thema Flexibilität erscheint mir noch wichtig: nicht selten verstehen die Lehrenden ihren einmal zugewiesenen Arbeitsplatz auf einer Station als Lebensstellung. Ein Verhängnis für ihre eigene Entwicklung, eine Anmaßung gegenüber der Schulleitung, die in ihren Überlegungen zur Personalführung behindert wird, und elne Barriere für Innovation und Entwicklung der Schule als Ganzes. Der Kampf um den Verbleib auf einer liebgewordenen Station gerät oft zur groben Illoyalität, wenn Mitarbeiter der Station als Unterstützung in Anspruch genommen werden - zum Schaden für die Schule. Daß sich eine Station gern für einen bestimmten Lehrer einsetzt, ist verständlich aus deren Suche nach Verläßlichkeit innerhalb der hohen Fluktuation des klinischen Personals. Die Schule für Kranke kann jedoch keinen Ausgleich für strukturelle Defizite einer Klinik leisten, will sie nicht ihre innerschulische Entwicklung vernachlässigen oder schädigen. Die Prüfung der eigenen Flexibilität und Bereitschaft, sich auch auf andere Schulstellen im Klinikum umsetzen zu lassen, sollten sich alle Lehrer schon bei ihrer Versetzung an eine Schule für Kranke und danach immer wieder aufs neue zur Aufgabe machen.

## 4.8 Aufgeschlossenheit, Bereitschaft zur Fortbildung

Die Überlegungen zu den einzelnen Qualifikationsmerkmalen gingen von der Situationsbeschreibung aus, wonach es kein wissenschaftliches Paradigma Krankenpädagogik gibt. Alltagsphilosophien und frei zusammengestellte Mischungen wissenschaftlicher Ansätze von Schulpädagogik und Sonderpädagogik bestimmen weitgehend Berufsverständnis und konkrete Ausübung des Berufs. Schulen für Kranke haben auch keine Nachbarschulen, mit denen man sich auf kurzem Wege verständigen und austauschen kann.

Wenn die einzelnen Schulen und die in den Schulen wiederum z.T. sehr isolierten Lehrer nicht in ihrem eigenen System verharren wollen, müssen Gelegenheiten zu professioneller Diskussion gesucht und Foren zu regelmäßiger Fortbildung geschaffen werden. Der Diskurs beginnt innerhalb der Schule, wo sich die Beiträge aus unterschiedlichen Stationen zu einem Schulkonzept formen müssen. Weil es keinen eigenen Studiengang gibt, ist die Reflexion über den Berufsalltag oft mühsam und die Entwicklung eines Schulprofils sehr schwierig. Viele Schulen, d.h. viele aufgeschlossene Kollegien haben sich das Thema „innere Schulentwicklung" zu eigen gemacht; viele Kollegen gönnen sich auf eigene Rechnung Supervisionsveranstaltungen oder die Teilnahme an Balintgruppen. Da an Schulen für Kranke Schüler aller Schularten unterrichtet werden, sind Kenntnisse der verschiedenen Bildungspläne und schulartspezifische Einzelkenntnisse zu erwerben. Die vielfältigen Fortbildungsangebote auf allen Ebenen der Schulaufsicht, Angebote freier Träger, klinische Kongresse und Symposien zu psychosozialen und pädagogischen Fragen können von einzelnen Kollegen angenommen und besucht, die Ergebnisse im Kollegium vorgestellt und diskutiert werden.

In einer klinischen Einrichtung muß Pädagogik ein belebendes Element sein, das dem Alltag kranker Kinder und Jugendlicher nicht nur Struktur verleiht, sondern im besten Wortsinne Impulse für neue Erfahrungen des Lebens und Lernens gibt. Wie sollte dies Lehrern gelingen, die selbst nicht aufgeschlossen, neugierig und bildungsbereit sind?

Symptomatische Darstellung und kasuistische Beschreibung von Qualifikationsmerkmalen von Lehrern an Schulen für Kranke kann nicht nur eine Abbildung der Realität leisten, sie enthält auch notwendigerweise ein appellatives Element. „Appellieren", ich bemühe noch einmal den Duden, heißt: „sich mahnend, beschwörend an jemand wenden". Dies ist in der Tat mein Anliegen, denn ohne Anstrengungen im praktischen wie auch im intellektuellen Sinne wird Krankenpädagogik in Zeiten äußerster Sparmaßnahmen eine zu vernachlässigende Größe. „... die verkürzten Liegezeiten lassen offenbar keine originelleren Überlegungen zu, als daß manche Schulträger mit dem Gedanken von Auflösung spielen" (ERTLE 1996, S.109). Sind erst einmal die Schulen für Kranke abgeschafft, wird auch die in vielen Bundesländern bereits eingerichtete Notlösung Krankenhausunterricht nach und nach an Bedeutung verlieren. Enden wird die Entwicklung auf dem primitiven Stand des punktuell angeordneten Nachhilfeunterrichts in Einzelfällen. Dies wäre ein Verhängnis für alle kranken Kinder und Jugendlichen.

Deshalb hoffe ich, daß das „Qualifikationspapier" mit seiner Rubrik „Persönliche Eignung (Zielkatalog)" ein gut verstandener und erstrebenswerter Katalog bleibt und nicht das Schicksal von „Tugendkatalogen" erleidet: „sie werden zur Kenntnis genommen, mehr nicht" (ERTLE 1996, S.112).

# 5. Zusammenfassung (Ertle, Schmitt)

Die Diskussion um Qualifikationsmerkmale kann dem Arbeitsfeld Klinikschule neue Impulse verleihen und die Frage nach der Professionalität wirksam voranbringen helfen. Bestehende Vorschläge müssen aufgegriffen und daraufhin überprüft werden, wo sie spezielle Interessen zur Sprache bringen und wo sie Forderungen an die allgemeine Lehrerbildung vortragen. Die Glaubwürdigkeit vorgetragener Merkmale hängt davon ab, ob es gelingt, sie an kasuistische Zusammenhänge zu binden. Merkmale müssen anschaulich und nachprüfbar sein. An dieser Vermittlungsstelle ist noch Arbeit zu investieren. Soweit wir bisher sehen, ist das Arbeitsfeld „Schüler im Klinikum" in der Bundesrepublik Deutschland wenig fest geprägt und offen für neue Anregungen. Ähnliches gilt für das Thema im Rahmen einer vergleichenden europäischen Krankenpädagogik. Als geeignetes Trainingsfeld für die Erprobung der Qualifikationsmerkmale bietet sich vorzugsweise die Lehrerfortbildung an. Möglichkeiten bieten die entsprechenden Kurse in privater und staatlicher Regie. Es sollte gelingen, auf vorschnelle Einigungen in wesentlichen Positionen zu verzichten; insofern liegt uns viel daran, an kultiviertem Streit um klärungsbedürftige Inhalte festzuhalten. Die Schule für Kranke ist ein viel zu lebendiges Arbeits- und Forschungsfeld, als daß sie sich in ein System einfügen lassen sollte.

# 6. Literaturangaben

BERNDT, W.: Alltag und Krankheit. Soest 1987.

BITZENBERGER, S.: Kunstunterricht in der Sekundarstufe II der Schule am Klinischen Jugendheim. Praktikumsbericht (unveröffentlicht), Reutlingen 1995.

COURLANDER, H.: Der Lehrer im Krankenhaus, eine neue Generation? In: Newsletter 4/96 ed. by HOPE (Hospital Organisation of Pedagogues in Europe).

DÖRR, G.: Unterrichtsprojekt „Stationszeitung" mit Schülern der Unterstufe im Klinischen Jugendheim. Wiss. Hausarbeit (unveröffentlicht), Reutlingen 1995.

DUTSCHEK, E.M.: Diabetes mellitus bei Kindern im Grundschulalter - pädagogische Konsequenzen. Wiss. Hausarbeit (unveröffentlicht), Schwäb. Gmünd 1993.

ERTLE, C. : Forschungsprojekt „Schüler im Klinikum". In: Sonderpädagogik 24 (1995), S. 238-242.

ERTLE, C.: Zum Qualifikationsprofil des Kliniklehrers - Anmerkungen zu einer kontroversen Diskussion. In: Pädagogische Impulse 29 (1996), S. 107-115.

ERTLE, C. / NEIDHARDT, W. (Hrsg.): Unterricht mit Kindern in Not. Bad Heilbrunn 1994.

ERTLE, C. / VOLK-MOSER, A.: Das Forschungsprojekt „Schüler im Klinikum" stellt sich vor. In: Pädagogische Impulse 28 (1995), S. 188-191.

ERTLE, C./ VOLK-MOSER, A.: „Schüler im Klinikum", Überlegungen zur Entwicklung eines Forschungsprojekts im vereinten Deutschland. In: Z.f.Heilpäd. 47 (1996), S. 134-140.

FRITZ, A.: Kooperation Schule für Kranke - Stammschule bei onkologisch erkrankten Kindern. Wiss. Hausarbeit (unveröffentlicht), Reutlingen 1994.

GARZ, H.G.: Ist der Umgang mit verhaltensauffälligen Kindern lernbar? In: ERTLE, C., NEIDHARDT, W. (Hrsg.). Unterricht mit Kindern in Not. Bad Heilbrunn 1994, S. 114-132.

HAEBERLIN, U.: Selbständigkeit und Selbstbestimmung für alle - pädagogische Vision und gesellschaftliche Realität. In: Z. f. Heilpäd. 47 (1996) S. 486 - 492.

LANGE, J. M.: Die Schule für Kranke. Grundsätzliche Überlegungen zur Krankenpädagogik". In: Der Patient als Schüler. Der Schüler als Patient. Wien 1993, S 41-50.

LANGE, J. M.; SCHMITT, F.: Ergebnispapier Arbeitsgruppe Vorderbüchelberg, In: Päd. Impulse 26 (1993), S. 187-189.

LOCK, S.: Kunstunterricht in der Schule einer kinder- und jugendpsychiatrischen Einrichtung. Wiss. Hausarbeit (unveröffentlicht), Reutlingen 1996.

SCHIFFERMÜLLER, V.: Krebskranke Kinder und Schule - eine qualitativ / quantitative Studie. Wiss. Hausarbeit (unveröffentlicht), Ludwigsburg 1994.

SCHMITT, F.: Berufsbild Lehrerin/Lehrer an Krankenhausschulen. In: Sonderschule in Baden-Württemberg 22 (1989), S. 150-153.

SINN, S.: Beiträge zur musisch-ästhetischen Erziehung bei kranken Kindern und Jugendlichen. Wiss. Hausarbeit (unveröffentlicht), Reutlingen 1996.

VOLK-MOSER, A.: Zwischen Zukunftshoffnung und Resignation. In: Sonderpädagogik 25 (1995), S. 218 ff.

# Autorenspiegel

**Birri-Dutschek, Eva Maria**, geb. 1970, Studium an der Pädagogischen Hochschule Schwäbisch-Gmünd (1990-1993). Vorbereitungsdienst für das Lehramt an Grund- und Hauptschulen (bis Juli 1995). Während des Studiums und der Zeit des Vorbereitungsdienstes Praktika und Projekte am Olgahospital Stuttgart und der Fakultät für Sonderpädagogik Reutlingen. Zur Zeit Lehrerin an einer Sekundarschule in der Schweiz.

**Dörr, Gabriele**, geb. 1971, 1. Staatsexamen für das Lehramt an Sonderschulen nach Studium an der PH Ludwigsburg und der Fakultät für Sonderpädagogik, Herbst 1995

**Ertle, Christoph**, geb. 1936, Lehrerstudium, 1958 Schuldienst, ab 1962 Studium der Pädagogik, Psychologie, Geographie in Tübingen und Freiburg, Staatsexamen, M.A., Dr. phil., Psychoanalytiker (DPV); Professor für Verhaltensgestörtenpädagogik, Fakultät für Sonderpädagogik Reutlingen.

**Fritz, Alexandra**, geb. 1971, Studium der Sonderpädagogik in Schwäbisch Gmünd und Reutlingen, Lehramt für Körperbehindertenpädagogik / Lernbehindertenpädagogik, Erweiterungsfach Frühförderung. 1. Staatsexamen 1995.

**Funk, Marie-Louise**, geb. 1968, Studium der Verhaltensgestörtenpädagogik an der Fakultät für Sonderpädagogik Reutlingen. Während des Studiums Praktikum an der Schule für autistische und teilleistungsgestörte Kinder. Nach 1. Staatsexamen Referendariat an einer Schule für Erziehungshilfe (1995-1996).

**Hilff, Günter**, geb. 1944, 1965 - 1969 Studium der Germanistik, Geographie und Pädagogik in Münster und Mainz, 1. und 2. Dienstprüfung für das Lehramt an Realschulen, 1971 - 1973 Studium der Sonderpädagogik in Reutlingen, Fachrichtungen Körperbehinderten- und Verhaltensgestörtenpädagogik, seit 1973 Lehrer an der Kinder- und Jugendpsychiatrie Tübingen, seit 1974 Ausbildungslehrer für die Fakultät für Sonderpädagogik Reutlingen.

**Kotzian-Hörist, Christine**, geb. 1954 in Niederösterreich, Studium an der Pädagogischen Akademie des Bundes 1972 - 1975, Lehrerin an verschiedenen Schultypen seit 1975, Ausbildung zur Psychagogin, Studium an der Universität Wien, Pädagogik, Heil- und Sonderpädagogik, seit 1989 Lehrerin an einem Wiener Kinderspital, 1997 Mag. phil.

**Lock, Susanne**, geb. 1969, Studium für Grund- und Hauptschule PH Ludwigsburg (1990-1993), Studium der Sonderpädagogik an der Fakultät für Sonderpädagogik Reutlingen (1993-1996). Studium Diplom in Erziehungswissenschaften an der Universität Gesamthochschule Duisburg (seit 1996).

**Polzer, Hans-Jörg**, geb. 1951, Lehrerstudium, seit 1976 Schuldienst, 1978 - 1980 Aufbaustudium für Sonderpädagogik an der PH Reutlingen, seit 1988 Schulrat, seit 1995 Regierungsschuldirektor für Sonderschulen am Oberschulamt Stuttgart.

**Schiffermüller, Volker**, geb. 1969, 1990-1994 Studium Lehramt Grund- und Hauptschule an der PH Ludwigsburg, unterbrochen von einem Auslandssemester an der Université Jean Monet in St. Etienne/Frankreich. Von Februar 1995 bis Juli 1996 Referendariat.

**Schmitt, Frieder**, geb. 1944, Sonderschulrektor; nach Tätigkeit an verschiedenen Förderschulen seit 1987 Leiter der Klinikschule Freiburg i. Br.

**Schuldt, Sieglinde**, geb. 1952, Lehrbefähigung für Grund- und Hauptschulen 1975, sonderpädagogisches Aufbaustudium in Heidelberg bis 1977, seit 1987 Sonderschulrektorin an der Schule für Kranke in längerer Krankenhausbehandlung, Bad Friedrichshall.

**Volk-Moser, Andrea**, geb. 1954, Innenarchitekturstudium, ab 1976 Studium der Anglistik, Geschichte und Pädagogik an der Pädagogischen Hochschule Ludwigsburg. Ab 1982 Schuldienst. Berufsbegleitend Diplomstudiengang in Schulpädagogik, nach Abschluß Referentin für Öffentlichkeitsarbeit am Ministerium für Kultus und Sport. Seit 1994 Wissenschaftliche Mitarbeiterin im Forschungsprojekt „Schüler im Klinikum" an der Fakultät für Sonderpädagogik Reutlingen der PH Ludwigsburg.